Gunther Augustin/Hartmut Brocke

Arbeit im Erziehungsheim

Ein Praxisberater für Heimerzieher

4. Auflage

Beltz Verlag · Weinheim und Basel

Gunther Augustin, Jahrgang 1945, Jurist und Dipl.-Päd. 1974-1982 wissenschaftlicher Assistent an der PH/TU Berlin, Fachbereich Sozialpädagogik. Seit 1982 Dozent an einer Fachschule für Erzieher in Berlin. Wissenschaftlicher Mitarbeiter der Qualifizierungsvereinigung Berliner Sozialpädagogen e. V. (QuaBS).

Hartmut Brocke, Jahrgang 1948, Dipl.-Päd. und Sozialarbeiter (grad.). 1978-1981 Geschäftsführer und Praxisberater am Sozialpädagogischen Institut Berlin, seit 1982 dort Mitarbeiter im Bereich Stadterneuerung.

CIP-Kurztitelaufnahme der Deutschen Bibliothek

Augustin, Gunther:
Arbeit im Erziehungsheim : e. Praxisberater für
Heimerzieher / Gunther Augustin ; Hartmut Brocke. –
4., aktualisierte Aufl., (10.-11. Tsd.). –
Weinheim ; Basel : Beltz, 1988
    (Edition sozial)
    ISBN 3-407-55725-6

NE: Brocke, Hartmut:

1. Auflage 1979
4., aktualisierte Auflage 1988 (10.-11. Tsd.)

© 1988 Beltz Verlag · Weinheim und Basel
Gesamtherstellung: Druckhaus Beltz, 6944 Hemsbach
Lektorat: Richard Grübling
Umschlagabbildung: sehStern, Berlin (West)
Printed in Germany

ISBN 3 407 55725 6

Vorwort

„Ich will Erzieher werden, weil ich die Kinder liebe." Etwa die Hälfte derjenigen, die Erzieher werden wollen, geben u. a. diese Begründung für ihre Berufswahl an. Die meisten sagen dies mit Überzeugung. Dies mindert nicht die Gefahr, von der Wirklichkeit bitter enttäuscht zu werden. Denn jeder von denen, die so denken und sprechen, entdeckt irgendwann, daß man Liebe nicht per se und an jedermann verteilen kann, daß die Entstehung intensiver Bindungen zu anderen Menschen ein mühsamer, widersprüchlicher und vor allem wechselseitiger Prozeß ist, der zudem vor allem von den Bedingungen abhängt, unter denen er stattfindet. Wer aber gezwungen ist, seine Arbeitskraft, einen Großteil seiner Lebenszeit und sozialen Fähigkeiten für die Mittel, die er zum Leben braucht, herzugeben, verliert die Freiheit der Wahl der Bedingungen, er wird selbst zur Bedingung im Leben derer, denen er professionell begegnet. Dieses Erziehungsbuch heißt eben deshalb: *Arbeit im Erziehungsheim*. Was eigentlich erzieht im Erziehungsheim? Welche Rolle spielt der Erzieher (jenseits seiner Wunschbilder) selbst im Prozeß der Beeinflussung des Lebens und der Perspektive „seiner" Kinder? Welches Modell bieten die Beziehungen der Erzieher untereinander an? Wieviel Versorgung muß sein, wieviel Behütung verhindert Selbständigkeit? Wessen Interessen bestimmen den Alltag im Heim (oder anderswo auf den pädagogischen Äckern?)
Daß die Arbeitsbedingungen der Erziehenden nicht ohne Einfluß auf die tatsächlichen erzieherischen Wirkungen sind, das hat sich inzwischen einigermaßen herumgesprochen. Wie aber diese Bedingungen geschaffen werden, wie sie einander bedingen und wie sie auf die Kinder und ihre Gruppen einwirken, das ist so konkret bislang nicht herausgearbeitet worden. Am Schreibtisch, neben dem Regal voll (fach-)pädagogischer Schriften wäre dies auch nicht möglich gewesen. Die Verfasser mußten sich selbst zunächst einlassen auf den Versuch der Veränderung konkreter Lebensbedingungen von Kindern und Jugendlichen im Heim. Und sie mußten dies zudem im sozialen Prozeß, in der tätigen Auseinandersetzung mit Freunden und Gegnern tun. Menschen lernen, indem sie sich auf Widersprüche einlassen und auf andere Menschen. Die Gruppe, innerhalb derer die Autoren dieses Bandes (zuweilen mit schmerzhafter Heftigkeit) lernen konnten, nennt sich QuaBS, ein Fortbildungsverein auf Selbsthilfebasis in Berlin (West).

***

Am Anfang war der Zorn. Die Empörung über Zustände in der bislang sorgfältig abgeschirmten sogenannten Öffentlichen Erziehung gab den vorwiegend studentischen Initiativen Dynamik und Richtung. Anfangs wurden die Erzieherkollegen in den Heimen undifferenziert als Handlanger des repressiven Systems angesehen, mit denen auseinanderzusetzen sich nicht lohne. Am Fach Sozialpädagogik der PH Berlin gab es zu jener Zeit einige Studenten, die zugleich als Erzieher, Praktikanten oder Angestellte im Erziehungsdienst im Heim arbeiteten. Ihre Doppelexistenz zwang sie, sowohl im Heimbereich Veränderungen anzustreben als auch die Meinungen ihrer Studienkollegen in Frage zu stellen. Diese Kollegen wurden so zum Motor der ersten großen Streikkampagne im Heimbereich und der Installierung einer Heimerzieherfortbildung an der PH Berlin.

Die Fortbildungsreihe begann im Sommersemester 1971. Der Beginn war schwierig genug. Bestand doch Einigkeit zwischen den beteiligten Erziehern, Dozenten und Studenten nur in der weitgesteckten Perspektive: Alle wollten die Lage der Heimkinder wirksam verbessern.

Während aber die Fortbildungsbesucher aus der Heimpraxis nach neuen Interpretationsmöglichkeiten für die sie einengenden Aufsichtspflichtbestimmungen, nach handfesten Ersatzmöglichkeiten für die bisher in den Heimen üblichen Sanktionsmethoden suchten, boten ihnen die Hochschulangehörigen ideologiekritische Vorlesungen und brillante Vorträge über die Erziehungsvorstellungen von Pestalozzi und Karl Marx an. Glücklicherweise gehörten zum damaligen Konzept der Fortbildung auch kleine Gruppen, die die Vorträge kritisch diskutierten. Tatsächlich aber setzte sich in diesen Gruppen das Erzieherinteresse durch, ihre Alltagsprobleme zu diskutieren.

Die erste Veränderung der Erzieherfortbildung wurde durch den Teilnehmerschwund erzwungen. In der zweiten Runde waren in- und ausländische Alternativmodelle von Heimerziehung Gegenstand der Darstellungen und Analysen. Gemeinsam fuhren 100 Sozialpädagogen nach Kopenhagen, besuchten die dortigen Einrichtungen, waren enorm beeindruckt und kamen mit einem Manifest zurück, das in der Folge einen starken Einfluß auf die Reformbemühungen in der Berliner Heimerziehung hatte. Doch dann geriet die Erzieherfortbildung in den Strudel der Fraktionskämpfe der Studenten und Dozenten. In Selbsthilfe-Absicht gründeten Erzieher ihren eigenen Fortbildungsverein, die Qualifikationsvereinigung (später Qualifizierungsvereinigung) Berliner Sozialpädagogen. Von nun an sollten die Kenntnisse der Universitätsangehörigen unter der Regie von Erziehern abgefragt werden. (So ganz hat das nicht geklappt, aus QuaBS ist heute eher eine Selbsthilforganisation von Fortbildern geworden.) Immerhin, das Grundkonzept von QuaBS:

- Fortbilden kann nur, wer die Heimrealität genau kennt und stets neu zu erforschen bereit ist;
- Fortbildung muß im Heim selbst stattfinden und die ganze, durch ihren gemeinsamen Arbeitsauftrag verbundene Kollegengruppe beim Prozeß einer verändernden Praxis begleiten;

– die Fortbilder sind keine überlegenen, im Auftrag der Träger agierenden Wissensverteiler, sondern gleichberechtigte Kollegen, deren Nutzen in ihrer Feldunabhängigkeit gründet;
– genaue Analysen sind unentbehrlich, um Zusammenhänge aufzudecken, nicht aber um den Fortbestand der Zustände zu legitimieren oder sich selbst aus der Notwendigkeit zu ändernder Praxis zu entlassen;
– große Tagungen und Kongresse sind nur gut, wenn sie als Folge der in vielen Heimen auftretenden gemeinsamen Probleme dazu beitragen, heimübergreifende Initiativen auszulösen;

dieses Konzept setzte sich durch und bestimmte eine inzwischen nahezu 5jährige Praxis. Im Laufe dieser 5 Jahre ist sehr viel Material entstanden, Material, das im Kontext von Praxis entstand und bislang schlecht weitergegeben werden konnte, eben weil der Kontext nicht aufgeschrieben war. Gunther Augustin und Hartmut Brocke haben das Material von QuaBS nun verfügbar gemacht. Dabei ist ein Buch entstanden, das zu lesen Vergnügen bereitet. Jenes Vergnügen, das Bert Brecht meinte, als er davon sprach, daß das Denken das großartigste Vergnügen der menschlichen Rasse sei.

Berlin (West), im November 1978   Gunther Soukup

Inhaltsverzeichnis

Ihr habt gehört und ihr habt gesehen.
Ihr saht das Übliche, das immerfort Vorkommende.
Wir bitten euch aber:
Was nicht fremd ist, findet befremdlich!
Was gewöhnlich ist, findet unerklärlich!
Was da üblich ist, das soll euch erstaunen.
Was die Regel ist, das erkennt als Mißbrauch
Und wo ihr den Mißbrauch erkannt habt
Da schafft Abhilfe!

Bertolt Brecht

Anstelle einer Einleitung: Interview mit uns selbst

Frage: Könnt Ihr mir erklären, wer Ihr seid und warum Ihr ein Arbeitsbuch für Erzieher* geschrieben habt?

Antwort: Im Rahmen unseres sozialpädagogischen Diplomstudiums an der Pädagogischen Hochschule Berlin haben wir uns vorwiegend mit dem Feld Heimerziehung beschäftigt. Der äußere Anlaß, dieses Buch zu schreiben, war die zum Abschluß geforderte Diplomarbeit.

Frage: Wie kann man denn als Student ein Buch *für* Erzieher schreiben?

Antwort: Wir mußten uns zu diesem Unternehmen auch Mut machen. Innerhalb unseres Studiums haben wir längere Zeit als Projektfortbilder gearbeitet. Dies war einerseits dadurch möglich, daß an der PH Berlin das Diplomstudium praxisorientiert organisiert ist. Im Rahmen eines Theorie-Praxis-Seminares haben wir uns zusammen mit Studienkollegen unter der Anleitung von Prof. Gunther Soukup sowohl die notwendigen theoretischen Voraussetzungen als auch praktische Erfahrungen in Erziehungsheimen aneignen können. Andererseits sind wir wissenschaftliche Mitarbeiter eines Selbsthilfevereins Berliner Erzieher, der „Qualifizierungsvereinigung Berliner Sozialpädagogen e. V." (QuaBS), in deren Auftrag wir die projektorientierte Fortbildung durchführten. Beide Lernfelder zusammen sowie eine sozialpädagogische Praxis vor Beginn des Studiums erlaubten uns, praktische Erfahrungen zu sammeln, diese wissenschaftlich zu verarbeiten und wiederum in die Fortbildungsarbeit einzubringen.

Frage: Ich möchte trotz dieser Antwort noch einmal fragen, warum Ihr so ausdrücklich *für* Erzieher schreibt? Was für ein Bild von einem Erzieher habt Ihr denn vor Augen?

Antwort: Während unserer Fortbildungsprojekte haben wir zusammen mit den Erzieherkollegen daran gearbeitet, die negativen Folgen von Heimerziehung für die betroffenen Minderjährigen durch die Verbesserung der Arbeitsbedingungen der Erzieher zu mildern. In langen und mühsamen gemeinsamen Anstrengungen lernten wir von den Erziehern, mit welchen Schwierigkeiten sie es in ihrer Erziehungspraxis zu tun haben. Wir versuchten, die im Heim herrschenden Bedingungen im Interesse der Erzieher wie der Heimminderjährigen langfristig zu verändern und, wenn man

---

* Wir halten es für selbstverständlich, daß immer auch Erzieherinnen gemeint sind, haben also lediglich aus Gründen der sprachlichen Vereinfachung nicht jeweils darauf hingewiesen

so will, ein Stück innere Heimreform einzuleiten, indem wir schrittweise alternative Praxis planten und durchführten. Bei diesem Versuch kommt den Erziehern eine zentrale Rolle zu; denn notwendige Veränderungen müssen von den im Heim arbeitenden und dort lebenden Personen getragen werden. Deshalb wenden wir uns mit unserem Arbeitsbuch auch in erster Linie an die Erzieherkollegen, die bereits im Beruf stehen.

Frage: Glaubt Ihr denn, daß Erzieher im Erziehungsdienst nach dem täglichen Arbeitsstreß noch in der Lage sind, ein Buch zu lesen?

Antwort: Das ist sehr schwierig zu beantworten. Einerseits wissen wir, daß durch die Arbeitsbedingungen und durch die spezifischen Anforderungen, die der Erzieherberuf stellt, zumindest tendenziell Resignation und Routine herbeigeführt werden. Andererseits haben wir aber auch erlebt, daß die Kollegen im Heim sehr wohl bereit sind, sich zu engagieren und weiterzubilden, wenn sich die Inhalte direkt auf ihr Heim beziehen und konkreten Nutzen für ihre Arbeit erkennen lassen. Deshalb haben wir das Buch mit vielen Arbeitsmaterialien versehen, die direkt für die eigene Arbeit genutzt werden können.

Frage: Jetzt noch eine Frage zum Aufbau des Buches. Ich habe es gerade durchgeblättert. Dabei sind mir die seltsamen Überschriften und Geschichten aufgefallen, die aus dem Heimalltag berichten.

Antwort: Für die vorliegende Form haben wir mehrere Gründe. Wir meinen, daß ein Buch, das eine komplizierte Materie behandelt, nicht unbedingt abstrakt und trocken sein muß. Wenn der Leser ab und zu schmunzelt und den Text flüssig lesen kann, haben wir eine unserer Vorstellungen verwirklichen können. Wir haben die Inhalte der einzelnen Kapitel deswegen in der vorliegenden Form so bestimmt und ausgewählt, weil wir in erster Linie problemorientiert schreiben wollten. Da die von uns aufgegriffenen Probleme Bestandteile der Alltagspraxis sind, hielten wir es für angebracht, sie so zu beschreiben, wie sie im Erzieheralltag auftauchen. Wir hoffen, daß der Leser sich und seine Praxis in den Beispielen und Kurzgeschichten wiederfinden kann. Das Buch ist auch deswegen ein Arbeitsbuch, weil wir mehr Fragen als Antworten für den Leser bereithalten. Unser Ziel ist es, den Leser zur Mitarbeit zu „verführen"; wir haben auch deshalb viele Arbeitsmaterialien mit eingebracht, um eine Übertragung auf die Realität der eigenen Einrichtung zu ermöglichen. Wir fänden es ideal, wenn dies im Team geschehen würde.

Frage: Ich muß noch einmal auf die einzelnen Kapitel zurückkommen. Wieso habt Ihr gerade diese Problembereiche herausgegriffen?

Antwort: Das ist ganz einfach zu beantworten. Wir haben in erster Linie die Probleme ausgewählt, die uns Erzieher als die ihren benannte haben. Sie sind ein Ausdruck der Arbeitssituation im Erziehungsheim. Ein Kapitel über die Finanzen haben wir hinzugeschmuggelt; denn nach unserer Meinung hört Pädagogik nicht beim Kind auf, sondern muß alle Bedingungen aufgreifen, die für die Erziehung von Bedeutung sind. Dazu gehören auch das Geld und die Geldbeschaffung. Da dieser Bereich leider immer noch häufig als „Verschlußsache" betrachtet wird, haben wir versucht, wenigstens einige Grundzüge der Finanzierung vorzustellen, damit auch die Erzieher mit ihnen umgehen lernen.

Frage: Könnt Ihr mir zum Schluß noch verraten, was Ihr mit Eurem Buch erreichen wollt?

Antwort: In erster Linie wollen wir der Routine und Resignation entgegentreten. Wir haben während unserer Praxis immer wieder erleben müssen, wie unendlich mühsam die Entwicklung von Alternativen gegenüber den festgefügten Strukturen ist. Hoffnungen, Wünsche und Vorstellungen, wie Heimerziehung besser sein könnte, sind bei den Erziehern (noch) vorhanden. Wir möchten – gerade im letzten Kapitel – Inhalte und Methoden offenlegen, die wir und andere Mitarbeiter der „Qualifizierungsvereinigung" erfolgreich erprobt und durchgeführt haben. Diese Erfahrungen sollen von denen genutzt werden können, die in der Berufspraxis stehen. Wir wollen dazu ermutigen, sich nicht mit der Wirklichkeit abzufinden, sondern eine andere und bessere Erziehungspraxis planvoll einzuleiten. Wenn dieses Arbeitsbuch die lesenden Erzieher dazu provoziert, haben wir unser Ziel erreicht.

Berlin, Januar 1978

1 „Heimkind werden ist nicht schwer ..."

Dieses erste Kapitel soll die Grundlagen von Heimerziehung beleuchten. Dabei wollen wir so vorgehen, wie der Erzieher damit konfrontiert ist.

Bei jeder Neuaufnahme ist der Heimerzieher genötigt, die soziale Geschichte des „Neuen" zu erkunden. Darüber hinaus wird er die momentane Gruppenstruktur seiner Heimbewohner reflektieren müssen, um Ansatzpunkte herauszufinden, wie dem „Neuen" die Integration in die bestehende Gruppe erleichtert werden kann.

Bei dieser Aufgabe hat der Gruppenerzieher nicht allzuviel Unterstützung. Nicht nur, daß er sich von der ersten Minute an dem „Neuen" gegenüber verhalten muß, ohne zu wissen, ob sein Verhalten eher richtig oder falsch ist, der Erzieher hat auch nicht in jedem Falle die Zeit, all' jene Faktoren zu bedenken – der normale Betrieb muß ja weiterlaufen.

Der Minderjährige hat, wenn er zur Aufnahme in ein Heim kommt, bereits einen mehr oder weniger langen Weg innerhalb der öffentlichen Fürsorge hinter sich. Er ist – in Form seiner Akte – ein „beschriebenes Blatt". Warum dieser Minderjährige letztlich in *dieses* Heim und nicht in ein anderes eingewiesen wird, warum er überhaupt in ein Heim kommt und nicht in eine Pflegestelle, Wohngemeinschaft o.ä., sind Entscheidungen, die nicht von den pädagogischen Mitarbeitern des Heimes getroffen wurden. Diese können die Richtigkeit der getroffenen Maßnahme nicht nachprüfen. Sie müssen darauf vertrauen, daß die dargestellte Definition der Einweisungsgründe ihre Richtigkeit hat.

Das Heim ist die ausführende Stelle von Verträgen des Jugendamtes mit den Erziehungsberechtigten bzw. der Ort, an dem einer richterlichen Entscheidung entsprochen wird.

Zwischen dem Heim und den natürlichen Erziehungsberechtigten besteht kein die rechtliche Beziehung regelndes Verhältnis, wohl aber ein direkter Kontakt.

Erziehung ist ein Vorgang, der auf die Entwicklung von Menschen bewußt Einfluß nehmen will. Der Erzieher muß wissen, welche Voraussetzungen der neu aufgenommene Heimbewohner mitbringt. Wie sah seine Familiensituation aus? Welche Folgen hat dies für sein Verhalten im Heim? Ist der in der Gruppe herrschende Erziehungsstil nicht eine Überforderung für den „Neuen"? Wie paßt er/sie sich in die bestehende Gruppe ein? Unterscheidet er/sie sich von den anderen Heimbewohnern?

Zu diesen Fragen bieten wir innerhalb des Kapitels einen Analysebogen an.

Die persönliche Geschichte des neuen Heimbewohners ist aber nur eine Seite des

Problems. Ebenso wichtig sind die Fragen an die Einrichtung selbst. Welche Lernmöglichkeiten trifft der „Neue" an?

Wir müssen uns deshalb schon hier die Frage stellen, die uns in jedem folgenden Kapitel begleitet:

Was erzieht?

Wir wollen aber nicht vorgreifen. Es folgt nun die Beschreibung einer Aufnahmeprozedur, mit der wir uns dann die weiteren Probleme erarbeiten wollen.

An dieser Stelle möchten wir gleich einem möglichen Mißverständnis vorbeugen: Auch wir wissen, daß die nachstehende Aufnahmeprozedur in vielen Heimen anders gehandhabt wird. Es gibt unterschiedliche Aufnahmekriterien und unterschiedliche Aufnahmemodi. Wir meinen aber aufgrund unserer Erfahrungen, daß wir mit guten Gründen diese Differenzierungen hintenanstellen können. Die Konzeption und die Aufnahmewirklichkeit sind allzuoft zwei verschiedene Dinge. Grundsätzlich ändert sich nichts an den Problemen, die auftauchen werden, auch dann nicht, wenn bestimmte Heime nur ganz bestimmte Minderjährige aufnehmen.

Daß dieses „Auskonzeptionieren" von bestimmten Minderjährigen ein Problem besonderer Art ist, wollen wir nicht verschweigen. Diejenigen, die sich die Minderjährigen aussuchen, müssen sich die Frage gefallen lassen, wo die anderen, die abgewiesen werden, dann schließlich landen.

EINE NEUAUFNAHME

a) aus der Sicht einer Erzieherin

b) aus der Sicht des Eingewiesenen

Telefon (Heimleiter): „Hallo! Hier spricht Meier, Fräulein Christa, kommen Sie doch bitte 'mal nach vorn ins Büro. Die Familienfürsorge ist mit einer Neuaufnahme da, in Ihrer Gruppe ist doch noch ein Platz frei. Ich wünsche, daß Sie bei der Aufnahme dabei sind und dann den Jungen in die Gruppe bringen!"
„Ausgerechnet jetzt, ist gut, ich komme sofort 'rüber!"

Mann, jetzt sitzen wir hier schon ganz schön lange 'rum, ich kann das Gequatsche über mich kaum noch hören. Jetzt kommt noch eine, dann geht der ganze Kram noch einmal von vorne los. Scheiße, ich bleib' doch nicht hier, wie vergammelt das hier schon aussieht, da hätte ich auch zu Hause bleiben können. Hier sieht's auch nicht besser aus, aber die Nase hat sie gerümpft, die Fürsorgerin, und als wir dann auf'm Amt waren,

Mist, ich wollte eigentlich vor dem Mittag noch die Bettwäsche abziehen und wegbringen. Hoffentlich dauert's nicht so lange, der Neue kann dann ja helfen. Natürlich bei uns in die Gruppe. In Gruppe I haben die ein $^3/_4$ Jahr zwei Plätze frei gehabt, wir haben nie so'n Glück. Jetzt rotiert erst mal wieder die Gruppe, und wir müssen von vorne anfangen. Hoffentlich fügt er sich ein und macht nicht so'n Zeck wie Heinz damals. Schnell den Kaffee noch, jetzt muß ich aber 'rüber.

Mhmm, das is' er. 12 Jahre alt, schätz' ich, sieht nicht so eingeschüchtert aus. „Guten Tag."

„Frau Kant (Fürsorgerin), das ist Fräulein Christa, die Erzieherin aus der Gruppe 2." – „Angenehm." – Wo hab' ich die bloß schon 'mal gesehen? Egal, Hauptsache es geht schnell.

Heimleiter: „Das ist Norbert, er wird eine Weile bei uns bleiben. Dies ist Deine Gruppenerzieherin, ich glaube, Ihr werdet Euch schon verstehen. Ich möchte Sie kurz informieren, warum Norbert bei uns im Heim ist. Seine Mutter konnte nicht mehr für ihn sorgen, da sie häufig auch über Nacht nicht zu Hause ist. Der Vater lebt nicht mit der Mutter zusammen. Norbert hat zwei Brüder, die von anderen Vätern sind; einer ist auch im Heim, der andere hat eine eigene Wohnung. Norbert hat ihn häufig besucht und auch 'mal da geschlafen. Die Polizei mußte sich mehrmals mit Norbert beschäftigen. Er hat es zu einer gewissen Fertigkeit im Stehlen gebracht, dies war dann auch der Auslöser für seine Heimeinweisung. Seine Bande, mit der er zusammen war, war berüchtigt, ist aber jetzt von der Polizei zerschlagen. Norbert war der jüngste, so daß angenommen wird, daß die anderen

hat sie sich erstmal die Hände gewaschen und dauernd telefoniert. Das geht jetzt schon den ganzen Tag so. Auf 'ne Zigarette hätte ich jetzt Lust, na, vielleicht nachher; gut, daß sie mir nicht die Klamotten gefilzt haben, die würden sie mir glatt abnehmen.

Ob sie das ist, die da über die Platten kommt? Sieht ja Gottseidank noch ganz jung aus, nicht so'ne Schachtel wie die Fürsorgerin. Ob ich aufstehen muß, wenn sie reinkommt? Schließlich hat die jetzt das Sagen. Quatsch, ich bleib' sitzen. „Tach!" Komisch, bis jetzt habe ich noch kein Kind hier gesehen, soll doch'n Kinderheim sein.

Jetzt geht's wieder los. Wetten, daß die gleich wieder auf's Klauen kommen! Jetzt macht der mich erst mal schlecht.

Wenn ihr was Schlechtes über meine Mutter sagt, hau' ich gleich wieder ab. Stimmt ja, sie ist 'ne Schlampe, aber das geht nur mich und meine Mutter, höchstens noch meinen Bruder 'was an. Mein Vater war sowieso n'fauler Sack.

Na bitte, jetzt kommt die Klautour!

Wenn ihr wüßtet, die Bande war in Ordnung, ich hab' auch immer meinen Anteil bekommen. Wenn die jetzt nicht alle im Knast wären, würden die mich hier herausholen. Von wegen hereingezogen, ich war wichtig.

18

ihn hereingezogen haben. So, das sollte erst 'mal genügen. Fräulein Christa wird Dich jetzt in die Gruppe führen und Dir erzählen, wie der Hase hier so läuft, Du wirst schon sehen. Haben Sie noch Fragen? Das psychologische Gutachen werden wir von uns aus arrangieren. Die Akte, Frau Kant, senden Sie uns bitte diese Woche noch zu. Vielen Dank, meine Herrschaften."

So, jetzt geht's los, endlich raus aus dem Kabuff. Ja, droh' nur, mir kannste keene Angst machen, ich mach' sowieso, was ich will. Phee, Gutachten, denen werde ich was erzählen, daß 'se nur so heulen vor Rührung, det kann ick.

Dafür bin ich nun 'rübergekommen, geklaut hat der, und in 'ner Bande war er auch, hoffentlich tauchen die hier nicht auf.

Na, dann werd' ich ihn mir 'mal greifen. „Komm, Norbert, wir gehen 'rüber, hast Du Sachen mit?"

Das mit der Bande scheint'se zu beeindrucken, merk' ich mir für später.

„Nein."

Verdammt, dann muß ich noch welche organisieren. Hat ungefähr die Größe von Armin, muß der eben 'mal was hergeben. „Wir werden schon was für Dich finden, bis Deine Sachen geschickt werden."

„Na, nun laß uns 'mal, die besprechen hier noch ein paar Formalitäten. Ich heiße übrigens Christa, aber die anderen sagen Christel zu mir, kannst Du auch sagen, wenn Du willst." Der sagt gar nichts. Wenn wir hier draußen sind, werde ich ihn erst 'mal fragen, wie alt er ist.

Wahrscheinlich Anstaltsklamotten, aus meinen Jeans kriegen die mich nicht raus. Der Pullover bleibt auch mir.

Na wenigstens muß man hier nicht 'Tante' sagen, schon 'n Vorteil. Christel, mhm, warum nicht.
Ob das da drüben das Haus ist? Warum sehe ich hier bloß keine Kinder, nur kaputte Fahrräder? Die werden wohl in der Schule sein. Ob ich auch in 'ne andere Schule muß?

„Wie alt bist Du?"
Das glaub' ich nicht, hätte ihn auf zwölf geschätzt.
„Wirklich?"

„Vierzehn."

Armer Kerl, hat er wohl den anderen auch vorgemacht, mir kann er aber nichts vormachen. Ist ein bißchen mickrig für dreizehn. Na, nicht dran rühren, hat's vielleicht nötig. Sonst wird er sauer.
„Ich zeig' Dir erstmal das Haus; hier ist der Gruppenraum, da essen wir auch, dort die Küche, das ist das Erzieherzimmer, oben sind die Zimmer. Du wirst mit Armin zusammenschlafen.

„Na ja, ich werde in 'nen paar Monaten vierzehn, jetzt bin ich noch dreizehn." Hat'se mitgekriegt, astrein, wirkt auch gar nicht beleidigt. Scheint wirklich das Haus da zu sein.
'N Riesenflur, da ist die Küche, wo schlaf ich denn? Aha, ein Fernseher ist da, Plattenspieler, sieht ganz schön angegammelt aus. Mit Ordnung scheinen die's nicht so ernst zu nehmen. Zusammenschlafen?

19

„Hier ist das Zimmer. Dort schlafen Dagmar und Bärbel, dort ist ein Dreierzimmer, in dem ganz kleinen Zimmer schläft Christian allein. Er geht schon in die Lehre. In diesem Zimmer schlafen die Kleinen, Benny, Tina und Kläuschen, und hier ist das Zimmer von Heinz und Dieter. Du wirst sie ja bald alle kennenlernen. Um 1 Uhr ist Mittag, da sind sie alle da; nur Christian kommt erst abends, der kriegt dann sein Mittag um sechs."

„Komm, setz Dich ein bißchen zu mir, ich muß noch die Betten abziehen."

„Gefällt's Dir?"

„Das müssen wir mit Armin besprechen. Kannst Du 'mal halten?"

Hoppla, da wird's Streit geben. Ich werd' dem Neuen 'mal helfen, sonst kriegt der nie Vertrauen. Mann, schon halb eins, ich muß decken.

„Die Treppe runter, neben der Küche. Schließ nicht ab, das Schloß ist verklemmt!"

„Und wenn Du fertig bist, kannst Du ja 'mal im Gruppenraum den Tisch abdecken, es ist gleich Mittag. Anschließend holen wir von der Küche das Essen ab, dann zeig' ich Dir gleich das Gelände."

Scheint ein ganz normales Heimkind zu sein. Heute abend bin ich verabredet, hoffentlich kommt die Bereitschaft pünktlich. Wer is'n dran, ich glaube Monika.

Mann, ist die Bude klein, wo ist denn da mein Platz? Doppelbetten! Ich will oben schlafen, ob der andere schon oben schläft? Sieht so aus. Was, Weiber haben die auch hier, verdammt! Ob ich den anderen dazu kriege, unten zu schlafen? Mann, Kleine und Große und Weiber! Die pennen alle hier oben?

Bin gespannt, wie die sind, werde denen gleich mal zeigen, daß sie mit mir nicht machen können, was sie wollen.

„Mhm, kann ich oben schlafen?"

Werde dem schon zeigen, wer oben schläft, wenn's nicht klappt, hau ich ab, so'ne volle Bude mit Weibern und Babies. Au weia, was das bloß noch alles gibt! Jetzt muß ich erst 'mal eine rauchen.

„Ich muß 'mal! Wo is'n das Klo?"

Verdammt, die ahnt was! Egal, schließlich bin ich jetzt n' Heimkind. Wenn sie mich erwischt, stell' ich mich dumm, bin ja neu schließlich.

Nichts wie raus hier, sonst muß ich auch noch Betten abziehen, wozu haben die hier Weiber!

Erst 'mal in Ruhe eine rauchen. Ich will oben schlafen. Mann oh Mann, jetzt sitz' ich in der Tinte, wenn's schlimm wird, hau ich ab.

Wir wollen hier die Geschichte abbrechen und uns einige Merkmale bei der Aufnahme vergegenwärtigen:

● Eine Neuaufnahme kommt meist überraschend. Sie wurde zwar erwartet, aber nicht zu diesem Zeitpunkt.

● Sie stellt für den Gruppenerzieher eine Mehrbelastung dar und wirkt als Störfaktor.

● Die Informationen über den „Neuen" sind nur unvollständig. Zunächst ist der Gruppenerzieher auf seine Erfahrung angewiesen.

● Akten und Gutachten liegen meist noch nicht vor bzw. befinden sich im Büro des Leiters.

● Die Zuordnung zur Gruppe ist relativ willkürlich, d. h., andere als pädagogische Gründe sind ausschlaggebend (z. B. ein freier Platz).

● Im Erleben der Aufnahmeprozedur gibt es wesentliche Unterschiede.

    ► *der Erzieher:* trotz der Neuaufnahme muß er für den normalen Ablauf sorgen (Störfaktor). Auch eine Neuaufnahme ist für ihn Routine. Die Kollegen, die danach zum Dienst kommen, finden den „Neuen" einfach nur vor.

    ► *der Eingewiesene:* ist in einer Ausnahmesituation und orientierungslos.

    ► *die Kindergruppe:* muß den „Neuen" in ihrem Gruppengefüge verkraften. Die eingespielten Gruppenstrukturen geraten in Gefahr, der „Neue" muß zeigen, was er für ein Kerl ist (Testsituation, Provokationen).

    ► *der Leiter:* muß die verwaltungstechnischen Dinge erledigen.

    ► *die Fürsorgerin:* ist den „Fall" erst einmal los.

● Die bestehenden sozialen Kontakte des Eingewiesenen, z. B. seine „Bande", die Mutter, der Bruder, sind für die Heimerzieher nicht kalkulierbare Faktoren, die sich störend auswirken können. Deshalb sind die Erzieher zunächst vorsichtig im Umgang mit den Außenkontakten des „Neuen".

1. Welche grundsätzlichen Bedingungen regeln die Beziehungen des Minderjährigen?[1]

BEZIEHUNGEN

ELTERN/KINDER   ERZIEHER/KINDER

Rechtliche Voraussetzungen für den Erziehungsauftrag:

ELTERN/KINDER	ERZIEHER/KINDER
a) Art. 6,2 GG formuliert als Normalfall das „natürliche" Recht und die Pflicht der Eltern zur Pflege und Erziehung ihrer Kinder.	a) Der Erzieher übernimmt den Erziehungsauftrag nicht durch „natürliches" Recht am Kind, sondern durch seinen Arbeitsvertrag, den er nicht unter Absprache mit den direkt Betroffenen, sondern mit den Trägern der Öffentlichen Erziehung abschließt.
b) Daraus folgt, daß die Eltern ohne besondere Kenntnisse und zusätzliche Zeit für Erziehungsaufgaben ihre Kinder aufzuziehen haben.	b) Die Erziehung im Heim erfolgt professionell unter bestimmten Mindestqualifikationen als bezahlte Arbeit nach Tarifverträgen.
c) Erst im Konfliktfall, nämlich wenn die Familie offensichtlich versagt, greift der Staat, auch gegen den erklärten Willen der Eltern, regelnd ein (vgl. z.B. §§ 1666 und 1671 BGB, § 64 JWG).	c) Die Erzieher bekommen Heimkinder als Produkte einer gescheiterten Erziehung zugewiesen. Scheitert auch hier der Erziehungsanspruch an der Lebenswirklichkeit, so bleiben nur noch Heimwechsel, Strafanstalt und/oder psychiatrische Behandlung als Alternative.

---

1 QuaBS 1. Patient Familie – Patient Heim? Arbeitshilfe 7

2. Welche unterschiedlichen Erfahrungen regeln die Beziehungen des eingewiesenen Minderjährigen?[2]

BEZIEHUNGEN

ELTERN/KINDER	ERZIEHER/KINDER
Die Familie als Erfahrungsraum	
a) Die Familie erscheint als Schicksalsgemeinschaft, deren Mitglieder ausgewiesen und deren Verhältnisse zueinander genau festgelegt sind. In der Familie wird über die Familie selbst nicht nachgedacht. Es ist eben so. Auftretende Mängel im emotionalen und materiellen Bereich werden nicht ausdrücklich der Familienstruktur angelastet, sondern in gegenseitigen Schuldvorwürfen ausgelebt.	a) Der zentrale Mangel der Kinder/Jugendlichen im Heim ist das Bewußtsein, nicht einer Familie anzugehören. Aus diesem Mangelbewußtsein entsteht der Wunsch, in einer „normalen" Familie aufzuwachsen, obwohl die realen Erfahrungen in ihren Herkunftsfamilien nicht das „Normale" darstellen, d.h. ihre Wünsche orientieren sich an etwas, das sie erst in die jetzige Situation gebracht hat.
b) In der Kleinfamilie sind die Eltern die Versorgungs- und Bezugspersonen, die ausschließlich für die Erziehung zuständig sind.	b) Die Erzieher sind beliebig austauschbare Bezugspersonen (Schichtwechsel, Heimwechsel u.ä.).
c) Eltern erziehen „ihre" Kinder.	c) Erzieher erziehen „fremde" Kinder.
d) Der Lohn der Eltern dient dem Erhalt der eigenen Familie.	d) Der Lohn der Erzieher dient nicht dem Unterhalt der Kinder/Jugendlichen im Heim.

---

2 QuaBS 1. Arbeitshilfe 7a

23

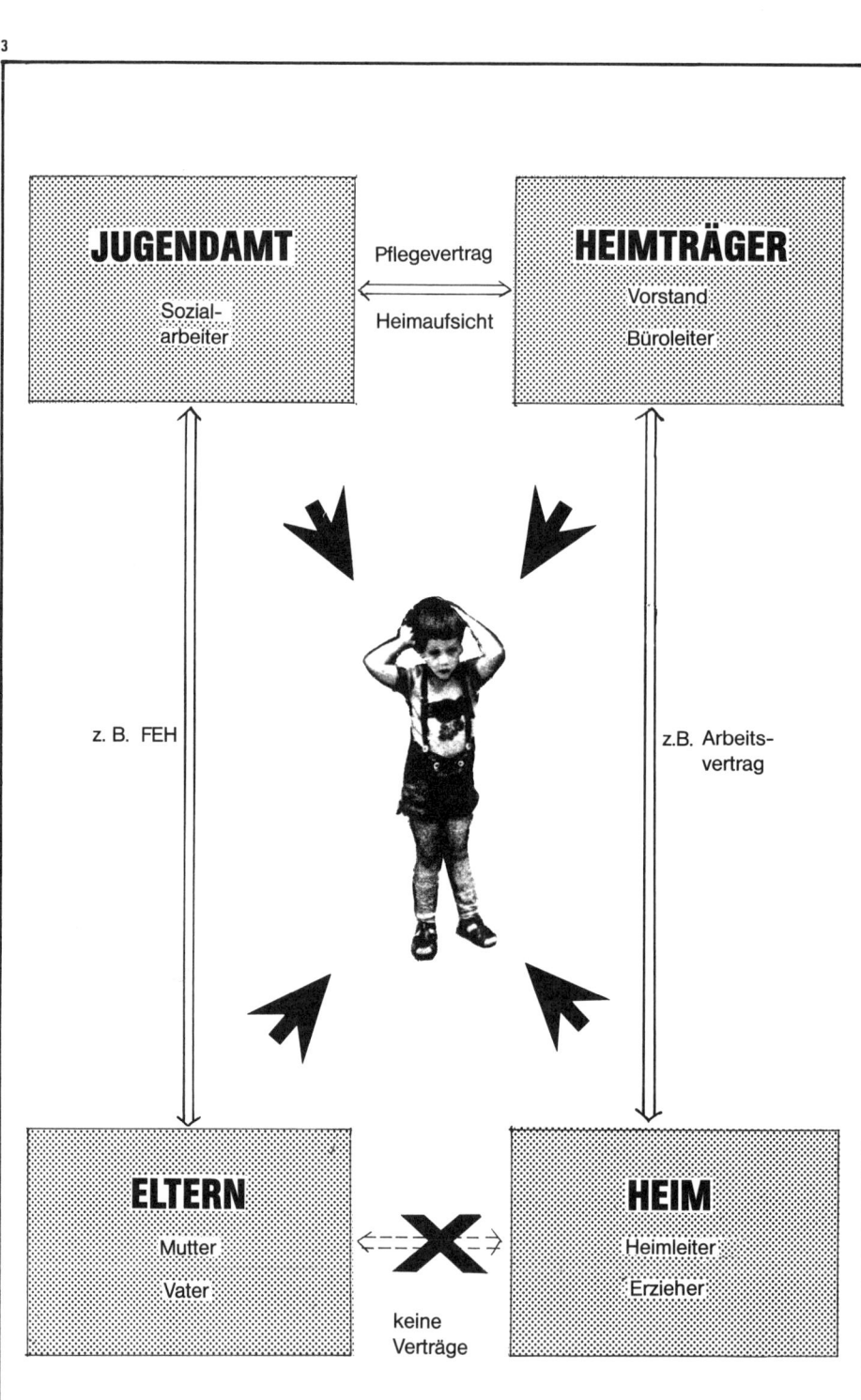

„Heimkind werden ist nicht schwer ...". Nun, ganz so einfach, wie dieser Titel suggeriert, ist es nicht. Kinderaufzucht ist Privatsache und der Ort dafür die Familie. Es müssen schon erhebliche Schwierigkeiten öffentlich werden, bevor „privates Schicksal" staatlich geregelt werden kann. Die Familie steht in unserer Gesellschaft unter einem besonderen rechtlichen Schutz. Erst wenn genau definierte Rechtstatbestände vorliegen und unsere Rechtsordnung davon ausgeht, daß die betroffenen Familien sich nicht mehr selbst helfen können bzw. die Minderjährigen geschützt werden müssen, kann der Staat eingreifen.

Rechtsgrundlagen der Heimerziehung[4]

a) Hilfe zur Erziehung nach §§ 5,6 JWG auf Grund einer Ermächtigung der Personensorgeberechtigten oder – nach Erlöschen, Entzug oder Verwirkung elterlicher Rechte – des Personensorgerechtspflegers.
b) Eingliederungshilfe nach § 39 des Bundessozialhilfegesetzes (BSHG), Eingliederungshilfe für Behinderte.
c) Freiwillige Erziehungshilfe nach § 62 JWG auf Antrag der Personensorgeberechtigten.
d) Fürsorgeerziehung nach § 64 oder § 67 Abs. 2 JWG auf Grund eines Beschlusses des Vormundschaftsrichters oder nach § 9 JGG auf Grund einer Anordnung des Jugendrichters.
e) Jugendrichterliche Weisung nach § 10 Abs. 1 Nr. 2 des Jugendgerichtsgesetzes (JGG).
f) Unterbringung nach § 66 Abs. 2 JWG zur Vorbereitung eines Sachverständigengutachtens auf Beschluß des Vormundschaftsgerichts.
g) Einstweilige Unterbringung in einem geeigneten Erziehungsheim nach § 72 Abs. 3 JGG zur Abwendung der Untersuchungshaft auf Grund eines Beschlusses des Jugendgerichts.
h) Einstweilige Unterbringung in einem geeigneten Erziehungsheim nach § 71 Abs. 2 JGG zur Verhütung eines Mißbrauchs der Freiheit oder Bewahrung vor einer weiteren Gefährdung der Entwicklung auf Grund eines Beschlusses des Jugendgerichts.
i) Unterbringung zur Beobachtung während eines Strafverfahrens nach § 73 Abs. 1 JGG auf Grund eines Beschlusses des Jugendgerichts.
j) Vorübergehende Inobhutnahme nach den §§ 63, 64 des Gesetzes zur Ausführung des Reichsgesetzes für Jugendwohlfahrt und zur Regelung der öffentlichen Jugendhilfe (AGRJWG).

---

4 Drucksachen des Abgeordnetenhauses von Berlin. V. Wahlperiode, Nr. 1274, S. 5

Dies sind die Rechtsgrundlagen, auf Grund derer ein Minderjähriger in ein Heim eingewiesen werden kann. Für den Heimerzieher haben sie nicht die Bedeutung, da er die Heimbewohner ja nicht nach ihren Rechtsgrundlagen unterschiedlich behandelt. Für ihn sind sie nur in der Beziehung von Interesse, als sie für den Personensorgeberechtigten das Recht festlegen, jederzeit sein Kind wieder aus dem Heim herausholen zu können. Dies ist bei den häufigsten Einweisungsgrundlagen – nach den §§ 5, 6 JWG und bei einer FEH, § 62 JWG – möglich, wenn eine Herausnahme aus dem Heim in die Familie auch selten vorkommt.

Verlassen wir jetzt den rechtlichen Rahmen und wenden wir uns wieder der Herkunftsfamilie der minderjährigen Heimbewohner zu. Wir haben zu prüfen, warum bestimmte Familien „Lieferanten" für unsere Heime sind und warum es nur bestimmten Familien gelingt, der gesellschaftlichen Erwartung gerecht zu werden, ihre Kinder privat aufzuziehen. Um diese Frage beantworten zu können, müssen wir uns die Funktionen von Familie anschauen und die unterschiedlichen Bedingungen, denen sie unterworfen sind, vergleichen.

Eine Funktion der Familie ist die des Konsumentenverbandes[5]. Sie verweist uns auf den ökonomischen Bereich, anders ausgedrückt: Sie fragt nach den Mitteln, über die eine Familie verfügen kann.

---

5 Vgl. zum Funktionswandel der Familie. Petra Milhoffer: Familie und Klasse, S. 52 ff.

Was Kinder kosten[6]

Jedermann weiß zwar, daß Kinder viel Geld kosten. Wie hoch die Einbußen an Konsummöglichkeiten für junge Familien durch die Geburt eines Kindes jedoch sein können, macht man sich selten deutlich. Insbesondere wenn es in der Verwandtschaft keine Pflegepersonen für die Kleinkinder gibt und die jungen Eltern keinen Krippenplatz bekommen oder aus guten Gründen auf die Krippe nicht zurückgreifen wollen, trifft der Wegfall eines Lohnes oder Gehaltes das junge Ehepaar mit der Gewalt einer privaten Wirtschaftskatastrophe. Dies sei an folgenden Beispielen demonstriert. Sie zeigen auch, daß die Verluste *nicht alle* jungen Familien *mit gleicher Härte* treffen.

	Lohn/Gehalt vor der Geburt (DM)	nachher (DM)	Familieneinkomm. vorher (DM)	nachher (DM)	Verlust in % A	B
Er: Dreher	1 420	1 490				
Sie: Verkäuferin	950	—	2 370	1 490	37,1	45,6
Er: Leitender Angest.	3 300	3 420				
Sie: Med.-Techn.-Assist.	1 400	—	4 700	3 420	27,2	31,5

A = Nomineller Einkommensverlust
B = Wenn man die Pflegekosten des Kindes mit weiteren DM 200,– einbezieht

Zum Vergleich: War die Ehefrau bislang als mithelfende Familienangehörige in einem selbständigen Familienbetrieb tätig und gestatten die allgemeinen Lebensumstände, daß sie diese Tätigkeit weiter ausführt, so gibt es einerseits keine Einkommenseinbußen, und andererseits treten in der Einkommenssteuer Vergünstigungen von bis zu 9% ein. (Steuerersparnisse waren bei den obigen Beispielen ebenfalls berücksichtigt.) Es muß weiter bedacht werden, daß die unabwendbaren Kosten für Miete, Heizung, Ernährung und Reinigung relativ konstant sind und permanent steigen. Dies bedeutet, daß der Teil des Einkommens, von welchem Anschaffungen, Reisen, „Luxusbedarf" finanziert werden können, erst nach diesem Minimum anfängt. Gerade dieser Bereich des „freien Geldes" geht durch das Kind (nahezu) völlig verloren, jedenfalls beim ersten Beispiel.

Sie sehen, für Familien mit geringem Einkommen stellen Kinder eine erhebliche Belastung dar. Diese Belastung kann von diesen Familien nur durch „Konsumverzicht" abgefangen werden. Dieser muß sich zwangsläufig auf die Beziehung zu den Kindern auswirken, noch dazu in einer Gesellschaft, die den Status nach dem Besitzstand regelt. Es handelt sich dabei um eine Norm, die nicht nur von außen an diese Familien herangetragen wird, sondern durch Erziehung in die eigene Vorstellungswelt übernommen wird.

Sie können jetzt einwenden: Es ist doch klar, daß man sich einschränken muß, wenn

---

6 QuaBS 1. Arbeitsmaterialien 9

man Kinder in die Welt setzt. Bedenken Sie jedoch die Möglichkeit, daß Sie sich dann fast nichts mehr leisten können. Denn:

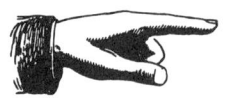

Haste was – biste was.
Haste nichts – biste nichts.
Du hast wenig und willst trotzdem wer sein.
Um so wichtiger wird das Wenige, was du hast.
Das mußt Du herzeigen, denn:
Haste was – biste was.
(Und wie ist das mit den Nachbarn?)

Das Bild, wie Familien zu sein haben, hat sich nicht willkürlich hergestellt. Es ist historisch vermittelt. Wie sich die Gesellschaft vom Agrarstaat zum Industriestaat entwickelte, wandelten sich auch die Funktionen der Familie.
Merkmal der bäuerlichen Großfamilie war die Produktions- und Konsumentengemeinschaft. Jedes Mitglied der Großfamilie hatte seinen Platz innerhalb dieser Struktur. Alle anfallende Arbeit diente dem gemeinsamen Zweck der Sicherung des Lebensunterhalts, auch wenn einzelne Produktionsbereiche speziell einigen Familienmitgliedern zugeordnet waren. Der Produktions- und Konsumbereich war überschaubar und einsichtig. Wenn die Alten nicht mehr im Wald oder auf dem Feld arbeiten konnten, übernahmen sie eine andere Funktion, etwa die der Kinderbetreuung, und stellten damit sicher, daß die noch Arbeitsfähigen für andere notwendige Arbeiten verfügbar waren. In diesem System war es nicht notwendig, eine Rentenversorgung zu haben, geschweige denn ein Altersheim oder einen Kindergarten, da die arbeitsfähigen Kinder die Altersversorgung der Arbeitsunfähigen übernahmen.
Ganz anders sieht das Bild bei der heutigen Kleinfamilie aus. Sie ist nicht mehr ein Produktionsverband, sondern nur noch ein Konsumentenverband. Der Lebensraum ist nicht mehr mit dem Arbeitsplatz identisch. Alle Familienmitglieder streben auseinander, die Eltern zur Arbeit, um die für sie und ihre Kinder notwendigen Reproduktionsmittel zu erarbeiten. Damit dies gesichert werden kann, ist die Kleinfamilie auf Institutionen angewiesen, die ihr dies ermöglichen, auf Kindergarten, Hort etc. bzw. die Schule, damit die Nachkommen sich die zur Arbeit notwendigen Qualifikationen erwerben können. Außer den Kernfamilienmitgliedern gibt es dort keine unmittelbare Funktion mehr für die anderen, wie wir sie in der bäuerlichen Großfamilie finden – sie würden nur die Konsumfähigkeit der Familie einschränken. So finden wir z. B. die Alten in ihrer eigenen Sozialwohnung oder im Altersheim, wo sie von ihrer Rente oder der Sozialhilfe leben.

Funktionswandel der FAMILIE [7]

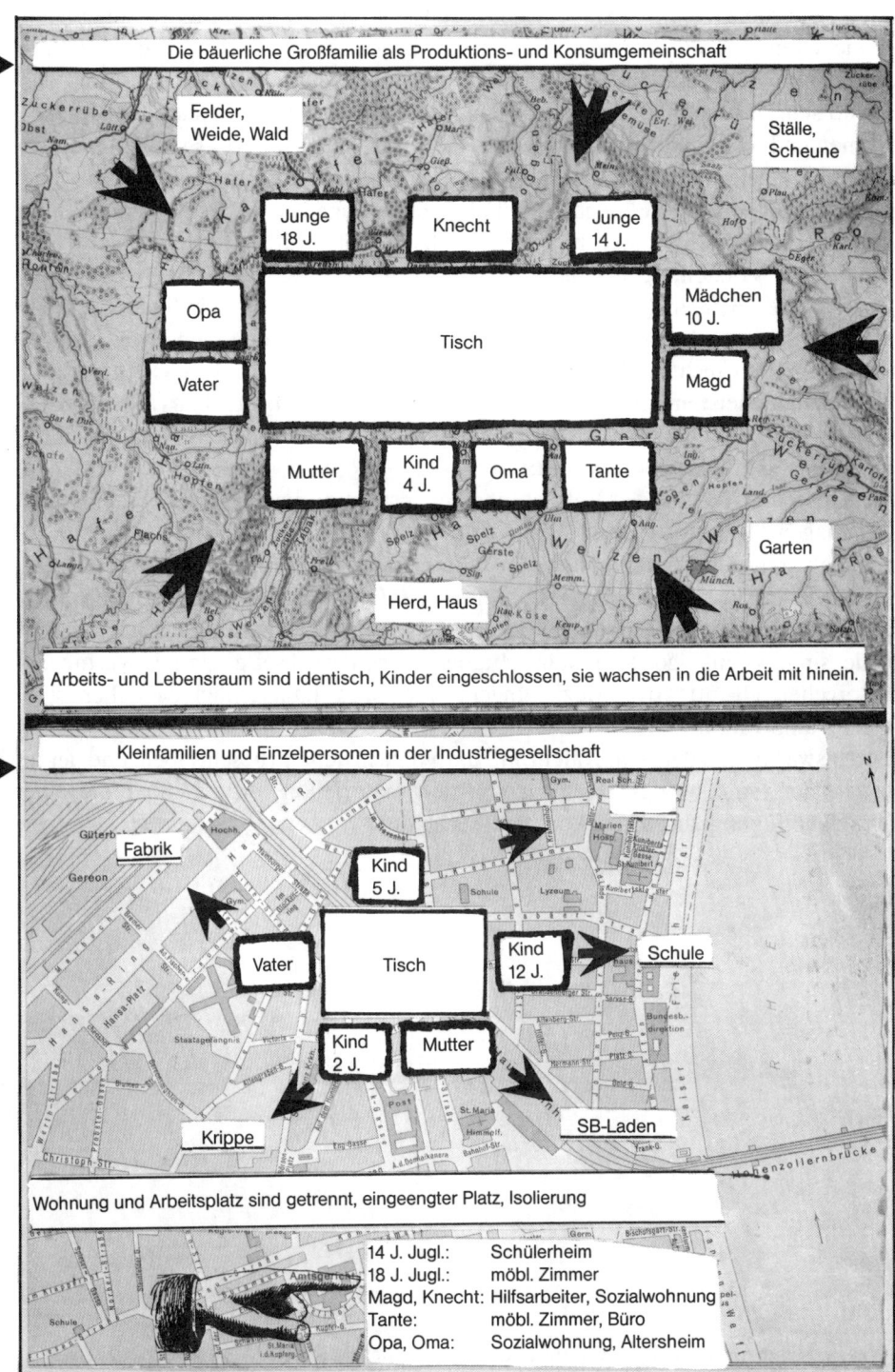

Die bäuerliche Großfamilie als Produktions- und Konsumgemeinschaft

Felder, Weide, Wald

Ställe, Scheune

Junge 18 J.

Knecht

Junge 14 J.

Opa

Mädchen 10 J.

Tisch

Vater

Magd

Mutter

Kind 4 J.

Oma

Tante

Garten

Herd, Haus

Arbeits- und Lebensraum sind identisch, Kinder eingeschlossen, sie wachsen in die Arbeit mit hinein.

Kleinfamilien und Einzelpersonen in der Industriegesellschaft

Fabrik

Kind 5 J.

Vater

Tisch

Kind 12 J.

Schule

Kind 2 J.

Mutter

Krippe

SB-Laden

Wohnung und Arbeitsplatz sind getrennt, eingeengter Platz, Isolierung

14 J. Jugl.:	Schülerheim
18 J. Jugl.:	möbl. Zimmer
Magd, Knecht:	Hilfsarbeiter, Sozialwohnung
Tante:	möbl. Zimmer, Büro
Opa, Oma:	Sozialwohnung, Altersheim

7 QuaBS 1. Überarbeitete Arbeitshilfe 12

Diese beiden Bilder von Familie unterscheiden sich erheblich. Aus den ökonomischen Anforderungen des Standes der gesellschaftlichen Produktionsbedingungen entwickelten sich die Formen der Familie. Diese Formen – besser diese Funktionen – prägten auch das Bild, wie eine „normale" Familie zu sein hat, und das Bewußtsein der Familienmitglieder. Das Bild von Familie wird idealisiert und hält Normen und Rollenvorstellungen bereit, die wir während unserer Erziehung (durch Identifikationslernen) zu einem Teil von unserem Selbst gemacht haben. Die gesellschaftlichen Vorstellungen (die Familienideologie), wie „ideale" Familien zu sein haben, hinken aber stets hinter der realen gesellschaftlichen Entwicklung her, zumal diese Vorstellungen sich an denen orientieren, die die Macht (Herrschaft) haben, diese Normen (z. B. das Recht) auch durchzusetzen. Wir finden deshalb weniger vermögende Familien in einer Situation vor, die von ihnen etwas fordert, was sie faktisch nicht einhalten können. Was sich die finanziell besser gestellten Familien noch leisten können, um den Vorstellungen zu entsprechen (z. B. muß die Mutter nicht unbedingt arbeiten gehen, um den Unterhalt der Familie mit zu sichern), ist den anderen verwehrt.

Wir haben uns jetzt bei der Betrachtung der Institution Familie die ökonomischen Grundlagen erarbeitet, die den Rahmen für die wesentlichen affektiven Beziehungsmöglichkeiten der Familienmitglieder untereinander bestimmen. Diese Beziehungen der Eltern zu den Kindern unterliegen ebenfalls den idealisierten Bildern, wie Eltern zu ihren Kindern zu sein haben und umgekehrt. Da diese Vorstellungen sehr rigide sind, kann eigentlich kein Mitglied diesen wechselseitigen Erwartungen entsprechen. Die affektiven Beziehungen, so wie sie sich tatsächlich darstellen, sind deshalb ambivalente[8].

Die Auswirkungen der Ambivalenzen[9], die wir nachstehend beschreiben, und deren Bewältigung sind wieder abhängig von den materiellen Mitteln, über die eine Familie verfügen kann. Dazu kommen wir später.

---

8 Vgl. A. Mitscherlich: Auf dem Weg zur vaterlosen Gesellschaft, S. 218 ff.
9 Vgl. P. Brückner: Zur Sozialpsychologie des Kapitalismus, S. 106 ff.

Ambivalenzen in der Beziehung von Eltern und Kindern[10]

einerseits	andererseits
wird die Liebe zum Kind von sich selbst und der Umwelt gewünscht und gefordert.	läßt sich Liebe (libidinöse Besetzung) nicht als bloße Forderung erheben, sondern erfordert materielle und psychische Möglichkeiten. Sympathiekontakt kann nicht geheuchelt werden.
einerseits	andererseits
wird erwartet, daß die Beziehungen die Eltern und Kinder glücklich machen.	besteht eine Beziehung immer aus scheinbaren Gegensätzen wie z. B. Liebe und Ablehnung, Zärtlichkeit und Aggression. Dabei kann besonders beim Kind die Gefühlseinstellung, die jeweils vorherrscht, in rascher Folge umschlagen. Da die Forderung, „glücklich zu sein", eindeutig gestellt ist, läßt sie sich nicht erfüllen. Das Harmoniestreben ist gefährdet und macht Angst.
einerseits	andererseits
besteht ein Anspruch, das Kind als Bereicherung der Familie zu sehen.	„in ökonomischer Hinsicht – Familien sind schließlich Konsumentenverbände – sind Kinder die einzigen, die nichts zur Hebung des Konsumniveaus beitragen" (Brückner). Ist das Konsumvermögen der Familie stark eingeschränkt, so muß das hinzukommende Kind als ernstzunehmende materielle Belastung bewertet werden. „Was den Eltern an Befriedigung eigener Wünsche durch deren Unterordnung unter die Sorge für das Kind entgeht, vermag starke Feindseligkeit und aggressive Gereiztheit zu erwecken" (Mitscherlich).

Wir können uns vorstellen, welchem materiellen und affektiven Druck solche Familien ausgesetzt sind. Es fehlt uns aber immer noch die genauere Eingrenzung der „Besonderheiten" von Familien.

Untersuchen wir deshalb einmal die biographischen Daten einer Gruppe in einem familienanalog gegliederten Dauerheim. Wohlgemerkt, diese Daten sind nicht erfunden, nur die Namen wurden geändert. Wir sehen dort auch unseren Norbert wieder, der vorhin zur Neufaufnahme anstand.

Danach finden Sie statistisches Material, das zusätzlich belegen soll, daß hier nicht der Zufall unsere Behauptung stützt: Nur ganz bestimmte Familien kommen in eine solche Situation, in der sie mit der Aufzucht ihrer Kinder nicht zu Rande kommen.

---

10 QuaBS 1. Arbeitshilfe 8

Biographische Einweisungsgründe aus einer Gruppe im Dauerheim[11]

Bärbel (13): Erste Heimeinweisung mit 2 Jahren. Damals war der Vater mit seither unbekanntem Aufenthalt aus der Familie geflüchtet. Vorangegangen waren Spannungen zwischen den Ehepartnern. Hauptstreitpunkt: *Geld.* Er konnte sich nach der Geburt des Kindes sein Hobby nicht mehr leisten (Segeln). Nach seinem Weggang lernte die Mutter einen neuen Freund kennen. Dieser verlangte, daß sich die Mutter von dem Kind trennte. Daraufhin kam Bärbel in das erste Heim. Dieses ist jetzt das dritte Heim.

Kläuschen (4): Er ist seit seiner Geburt in Heimen. In der ersten Zeit war er gemeinsam mit seiner – damals 16jährigen – Mutter in einem Heim für Mutter und Kind. Eines Tages lernt die Mutter einen jungen Mann kennen, mit dem sie ins Ausland gegangen sein soll. K. kam in ein Säuglingsheim, war längere Zeit in Krankenhäusern (Hüftkorrektur) und kam dann in das Heim, das Vorläufer seines jetzigen gewesen ist. Über den Aufenthalt der Mutter ist nichts bekannt. Sie war selbst Heimkind.

Dagmar (12): Dagmar kam mit 7 in das Heim. Es ist ihr erstes. In der Schule war aufgefallen, daß sie nie Hausaufgaben machte und häufig blaue Flecken hatte. Der Lehrer brachte in Erfahrung, daß sie oft von Vater und Mutter geschlagen wurde. Die FaFü stellte fest, daß die Familie mit fünf Kindern in Küche und anderthalb Zimmern lebte. Der Vater ist Bauhilfsarbeiter, die Mutter hatte als Hauswartsfrau 6 Aufgänge zu versorgen. Die physisch und nervlich schwache Frau war völlig überfordert. Diese Überforderung entlud sich häufig in Mißhandlungen der Kinder. Der Heimaufenthalt war zunächst als vorübergehende Entlastung geplant. Die Eltern erklärten sich bereit, FEH zu beantragen. Sie machen aber keine Anstalten, D. und ihre 3 Geschwister, die im gleichen Heim leben, zurückzuholen. Nur die beiden jüngsten Kinder sind noch zu Hause.

Bernd (10): Bruder von Dagmar

Dieter (16): Die Ehe der Eltern wurde in seinem 2. Lebensjahr geschieden. Gründe sind nicht bekannt. Der Vater hat die elterliche Gewalt, die Mutter ist in der BRD wieder verheiratet. Der Vater, als Dreher, konnte zunächst das Kind selbst versorgen, als aber die Großmutter, die den Haushalt führte, verstarb, ging D. nicht mehr regelmäßig zur Schule. Deshalb kam er mit 8 in das Heim, in welchem er auch jetzt lebt.

Christian (17): ist Vollwaise. Seine Mutter starb, als er 10 Jahre alt war. Sie nahm sich das Leben, hatte wohl die Absicht, auch das Kind zu vergiften. C. konnte gerettet werden. Im Abschiedsbrief der Mutter wurde der Selbstmord damit erklärt, daß der Ehemann, ein Geschäftsmann, der vor 2 Jahren tödlich verunglückt war, einen so gewaltigen Schuldenberg aus Spekulationen hinterlassen habe, daß es aufgrund der Pfändung unmöglich sei, weiterzuleben. Die Mutter hatte zwar Abitur, aber keine Berufsausbildung, so daß sie nur einfachste Bürotätigkeit stundenweise ausführen konnte.

---

11 QuaBS 1. Überarbeitete Materialien 13

Heinz (14): Heinz ist erst seit einem Jahr im Heim. Er fiel in der Schule dadurch auf, daß er dort immer einschlief. Nachforschungen des Jugendamtes ergaben, daß seine Eltern eine Eckkneipe betrieben. Die Einrichtung des Lokals und die Pachtzinsen an die Brauerei erforderten einen starken, auch zeitlichen Einsatz der Eltern. Der Vater war zuvor Industriearbeiter und will keineswegs in die Fabrik zurück. Da die Eltern sich – wenn überhaupt – nur mittags um das Kind kümmern konnten (Betrieb von 16–5 Uhr), war das Kind die meiste Zeit sich selbst überlassen.

Benny (3 $^1/_2$): Die Eltern des Jungen leben im Obdachlosenasyl. Beide haben Alkohol-Entziehungskuren hinter sich. Früher war der Ehemann Fernfahrer. Seit ihm der Führerschein wegen Trunkenheit am Steuer abgenommen wurde, ist er ohne regelmäßige Arbeit. Die Familie verlor zunächst wegen Mietschulden die Wohnung, kam in eine Obdachlosen-Siedlung, wurde durch Bemühungen eines Sozialarbeiters wieder in eine Normal-Wohnung eingewiesen und verlor diese – vor allem wegen lautstarker nächtlicher Auftritte – wieder.

Tina (5): Tinas Mutter war bei ihrer Geburt nahezu 40, der Vater 65 Jahre alt. Es gibt weitere 6 Geschwister, die, falls sie nicht bereits volljährig sind, im Heim leben. Es handelt sich um eine vom Jugendamt seit langem intensiv betreute Familie. Sie wurde bald nach dem Kriege, kurz nachdem sie aus Westpreußen zugezogen war, dadurch auffällig, daß sie wiederholt Schweine und Ziegen in der Wohnung züchtete. Nachbarn alarmierten die Gesundheitsbehörde, welche die Herausnahme der Tiere forderte. Als dies mit Gewalt durchgesetzt werden sollte, kam es zu Handgreiflichkeiten. Die Jugendbehörde schaltete sich ein und setzte nach und nach durch, daß die Kinder in Pflegefamilien und Heimen untergebracht wurden.
Früher war der Vater Landarbeiter, jetzt arbeitet er auf einem Kohlenplatz.

Armin (12): Bruder von Tina

Norbert (13): (siehe Neuaufnahme, ansonsten unbekannt).

STATISTISCHE DATEN ZUR LAGE BERLINER HEIMKINDER[12]

FAMILIALER STATUS DER HEIMKINDER

Ehelich   :   60,6 %

Nichtehelich   :   27,0 %

Halbwaise mütterl.: 5,8 %

Halbwaise väterl. : 4,2 %

Vollwaise   :   2,4 %

ANZAHL DER GESCHWISTER VON HEIMKINDERN

Mehr als 5 Geschwister u. Halbgeschw. : 19,7 %

3 oder 4   "   "   "   : 25,9 %

1 oder 2   "   "   "   : 40,6 %

ohne Geschwister und Halbgeschw.   : 13,8 %

ANZAHL DER WOHNRÄUME IM ELTERNHAUS

Über 5 Räume   :   1,7 %

4 oder 5 "   : 15,3 %

2 oder 3 "   : 67,9 %

1 Raum   : 15,1 %

*   Alle folgenden, die Heimkinder betreffenden Daten wurden der
    "Bestandsaufnahme in Berliner Heimen" des Senators für Familie,
    Jugend und Sport entnommen. Die Daten wurden 1974 erhoben.

---

12 QuaBS 4. Internationale Fachgruppenbegegnung zur Thematik geschlossener Unterbringung.
   Arbeitshilfe 7

DAUER DES HEIMAUFENTHALTS

Zum Zeitpunkt der Erhebung befanden sich im Heim seit

1,5 Jahren	:	47,9 %	der Kinder
1,5 - 3,3 "	:	23,6 %	der Kinder
3,5 - 5,5 "	:	12,8 %	der Kinder
5,5 - 10,5 "	:	13,1 %	der Kinder
10,5 - 15,5 "	:	2,3 %	der Kinder
15,5 u. mehr "	:	0,3 %	der Kinder

DAUER DES AUFENTHALTS IM JUNGENHEIM KIEFERNGRUND *

		davon:
1 Tag - 2 Monate:	41 %	1 Tag bis 1 Woche: 3 Jug.
2 bis 6 Monate :	41 %	1 bis 4 Wochen : 10 Jug. 1 bis 2 Monate : 21 Jug.
6 " 12 " :	15,6 %	
12 u. mehr Mon. : (bis zu 17 Mon.)	2,4 %	

VORHERIGE HEIMAUFENTHALTE VON HEIMKINDERN

keinen vorherigen Heimaufenthalt = 47,0 %
1 u. 2 vorherige Heimaufenthalte = 42,8 %
3 - 5 " " = 9,0 %
6 - 15 " " = 1,2 %

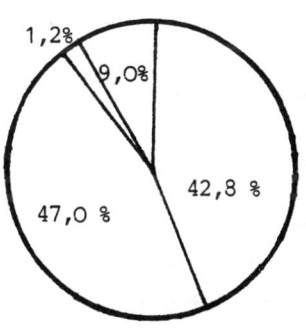

* Entnommen der Statistik des Jungenheims "Haus Kieferngrund" für
die Zeit von November 1975 - November 1976.

35

Jetzt haben wir Hinweise genug, um auf Grund der Zahlen wie der konkreten Biographien allgemeine Folgerungen anzustellen:

Je niedriger der soziale und berufliche Status der Eltern,
je ungesicherter die allg. Lebenslage der Familie,
je geringer das Einkommen,
je stärker die materielle Nötigung der Mütter, außer Haus zu arbeiten,
je abhängiger von den Wohlfahrtsinstanzen,
je kontrollierter durch die Nachbarschaft,
je geringer der zur Verfügung stehende Wohnraum,
desto größer ist die Wahrscheinlichkeit, daß die betroffenen Kinder und Jugendlichen von Heimeinweisung bedroht sind[13].

Aber, könnten Sie jetzt einwenden, diese Kriterien treffen ja auf einen erheblichen Teil der Bevölkerung zu, dann müßten die Heime ja überfüllt sein! Nun, es kommen noch Kriterien hinzu, die die Wahrscheinlichkeit einer Heimeinweisung erhöhen:

Je isolierter die Familie von ihrer sozialen Gruppe ist,
je länger die Familie schon Objekt der Wohlfahrt ist,
je deutlicher sie sich von der Nachbarschaft unterscheidet,
je öfter die abweichende Zuschreibung amtlich registriert wird,
je stärker das Individuum auch in der Familie isoliert oder negativ stigmatisiert ist,
je stärker die Anreize für Elternteile sind, familienflüchtig zu werden,
je geringer die schulische Förderung ist, die im Wohnquartier angeboten wird,
je stärker der Leistungsdruck der Lehrer zur Absonderung als Versager nötigt,
desto größer wird die Wahrscheinlichkeit, der Heimerziehung „anheim" zufallen[13].

Was hat dies alles mit der Neuaufnahme zu tun?

Wir wollten zeigen, wie der „Neue" in die Situation kommen konnte, ein Heimkind zu werden. Er schleppt seine persönliche Geschichte mit sich herum, hat Erfahrungen gesammelt und Verhaltensweisen gelernt, auf die er jetzt im Heim zurückgreifen wird. Das, was vor seiner Einweisung „richtiges" Verhalten war, wird in vielen Bereichen des Heimalltags stören. Er muß lernen, sich anzupassen, bestimmte Verhaltensweisen verlernen, neue Möglichkeiten lernen müssen. Der Erzieher ist jetzt für ihn derjenige, der darüber zu wachen hat, daß er „gut läuft".

---

13 QuaBS 4. Überarbeitete Arbeitshilfe 6

Der Gruppenerzieher muß sich mit der persönlichen Geschichte des neuen Heimbewohners beschäftigen. Sie bietet für ihn Ansatzpunkte, auf die er bei seinen Erziehungsbemühungen aufbauen kann. Sie gibt ihm die Hinweise auf die Fähigkeiten und Fertigkeiten, die der Minderjährige mitbringt. Er wird vergleichen, wie die Voraussetzungen sind, den „Neuen" in die bestehende Gruppe integrieren zu können. Zu diesem Vergleich bieten wir einen Analysebogen an, der Ihnen helfen kann, sich systematisch diesen Hintergrund für Ihre pädagogische Tätigkeit zu erarbeiten. Wir sind gespannt, ob Sie unsere Beschreibung der „Lieferantenfamilien" bestätigen.

Weiterführende Literatur:
PROJEKTGRUPPE HEIMERZIEHUNG: Arbeitsmaterialien Sozialarbeit/Sozialpädagogik, S. 99ff., Heft 1, Offenbach 1974.
JÜRGEN ROTH: Heimkinder; Ein Untersuchungsbericht über Säuglings- u. Kinderheime in der Bundesrepublik, Köln 1973.
AHLHEIM u. a.: Gefesselte Jugend – Fürsorgeerziehung im Kapitalismus; insbesondere Kapitel I S. 13–66, Frankfurt/Main 1972.

ANALYSEBOGEN FÜR IHRE GRUPPE[14]

	Kinder	1	2	3	4	5	6	7	8	9	10	11	12
Väter: tot													
unbekannt													
nichtehelich													
Hilfsarbeiter													
Facharbeiter													
Angestellter													
Beamter													
Kleiner Selbständiger													
Unternehmer													
erwerbsunfähig/Rentner													
wiederholt straffällig													
geschieden/eheflüchtig													
Alkoholiker/drogensüchtig													
Mütter: tot													
verheiratet, Hausfrau													
Arbeiterin													
Facharbeiterin													
Angestellte/Beamtin													
Selbständige													
erwerbsunfähig/Rentnerin													
Prostituierte													
Alkohol-Drogensüchtige													
familienflüchtig													
Geschwister: O													
1-2													
3-4													
mehr als 5													
Wohnung: gut													
ausreichend													
miserabel													
Obdachlosenheim													
Großeltern: verstorben													
erziehungsunfähig													
Eltern selbst Heimkinder													
Kind wird emotional abgelehnt													
Erstmeldung: Nachbarn													
Schule													
Eltern selbst													
Physische Behinderung													
Soziale und psychische Störungen													

---

14 QuaBS 1. Arbeitshilfe 16

2 Manchmal ist weniger mehr

„Und da soll noch einmal einer sagen, wir tun nichts für unsere Schützlinge!"

Im folgenden Kapitel soll untersucht werden,

 was für Minderjährige, die in Heimen leben, alles getan wird;
wer daran beteiligt ist;
welche Ursachen und welche Folgen die jeweiligen Tätigkeiten der professionell im Heim Beschäftigten für die betreuten Kinder und Jugendlichen haben.

Wir greifen in diesem Zusammenhang also noch einmal die oben formulierte Fragestellung auf:

Wer oder was erzieht?

Nun, wird man auf den ersten Blick antworten können, das ist doch nicht weiter schwierig: In der Familie sind es die Eltern, in der Schule die Lehrer und im Kindergarten, Kita oder Heim eben das pädagogisch ausgebildete Personal. Diese Leute heißen ja schließlich nicht ohne Grund „Erzieher", oder?
Na, und im Heim gibt es für einen Erzieher auch jede Menge an Arbeit für die Heimbewohner zu erledigen, das kann sich ein Außenstehender gar nicht richtig vorstellen!

Davon weiß auch Axel sein Lied zu singen.
Axel arbeitet nämlich schon seit knapp drei Jahren im „Schlaraffenland", einem behördlichen Heim mit familienanaloger Konzeption.
Er ist gerade ziemlich mitgenommen von der Last des drückenden Heimalltags nach Hause gekommen. Zum Schlafen ist es zu früh, zum Weggehen zu spät, und wieder einmal vor dem Fernseher einzuschlafen, dazu hat er heute keine Lust. Aber so richtig „abschalten" kann er auch nicht; Kunststück, bei dem Trubel, der heute wieder herrschte!
Als Axel also gerade so am Grübeln ist und sich schon fast entschlossen hat, wieder einmal ein Stückchen in seinem schon vor Monaten erworbenen Buch von H. E.

Richter, „Flüchten oder Standhalten", weiterzulesen (man kommt ja vor lauter Streß nicht einmal mehr zum Lesen wertvoller und weiterbildender Lektüre), da klingelt es an seiner Wohnungstür:

„Hallo!" begrüßt ihn Wolfgang, sein „Leidensgefährte" und geschätzter Kollege, mit entwaffnender und übertrieben anmutender Liebenswürdigkeit,

„ich war gerade hier bei Dir in der Gegend, und da dachte ich mir, schaust Du doch 'mal auf'n Sprung bei Axel vorbei. Wie geht's denn so?"

„Na, so leidlich", antwortet Axel, dem Wolfgangs ungewohnte Freundlichkeit nicht geheuer ist. Der führt doch gewiß etwas im Schilde, denkt er sofort. Und richtig, nach einer Weile small talk über dies und das (die Zukunft ist auch nicht mehr das, was sie früher war) rückt Wolfgang schließlich mit dem eigentlichen Grund seines Besuchs heraus:

„Du, Axel, ich weiß im Augenblick einfach nicht mehr, wo mir der Kopf steht. Seit Tagen habe ich mir vorgenommen, endlich mit meinen Kreislaufstörungen 'mal zum Arzt zu gehen, aber ich komme vor lauter anderen Terminen nicht dazu, und die Beschwerden werden dadurch auch nicht weniger, im Gegenteil. Gestern wäre ich mitten im Dienst beinahe umgekippt. Jetzt muß endlich 'mal etwas passieren, und da habe ich mich kurzerhand für morgen beim Arzt angemeldet. Das Dumme ist nur, daß ich normalerweise morgen meinen Zwischendienst habe, ja, und da wollte ich Dich fragen, ob wir nicht den Dienst tauschen könnten?"

Na, der macht mir vielleicht Spaß. Als ob ich selbst nicht genug zu tun hätte, denkt Axel, seufzt aber nach kurzem Nachdenken nur resigniert:

„Ja, ja, geht schon in Ordnung; ich kann in der nächsten Woche einen freien Tag auch ganz gut brauchen."

Hocherfreut über Axels sofortige Bereitwilligkeit glaubt Wolfgang aber, sich jetzt nicht so ohne weiteres aus dem Staub machen zu können, nachdem er sein Ziel erreicht hat. Wie würde das denn schließlich wirken! Außerdem ist ihm Axels Niedergeschlagenheit nicht entgangen, und um ihn ein wenig aufzumuntern, fragt er aufgeräumt:

„Na, was war denn heute so los, gab's irgendetwas Besonderes?"

„Ach nee, nee, nichts Besonderes, eher das Übliche", gibt Axel zurück und fährt, erfreut über Wolfgangs anscheinende Anteilnahme, fort:

„Das ist es doch gerade, was einen so kaputt macht, diese stumpfsinnige Routinearbeit und keine Spur von Pädagogik. Ich weiß jedenfalls nicht, wie lange ich das noch mitmache. Willst 'n Bier?"

„Ja, gern, aber nun erzähl doch mal, was Dich eigentlich so anstinkt", beruhigt ihn Wolfgang, schon ganz auf die Rolle des hilfsbereiten Zuhörers eingestimmt.

„Ach, das ging schon wieder heute früh um sechs Uhr los. Wenn die Gören doch bloß einmal von allein aus den Betten kommen würden! Aber nein, es war wie immer: Dagmar und Bernd mußte ich heute sogar viermal wecken. Als ob ich nichts anderes zu tun hätte! Und dann Kläuschen, der wieder aussah mit seinen dreckigen Füßen, als habe er sie besonders gründlich mit Kohlenstaub paniert. Ich muß 'mal ein Wörtchen mit der Kollegin Monika reden. Das muß sie doch gestern abend gesehen haben, als sie die Kinder ins Bett steckte! Na ja, sie läßt für meinen Geschmack *ohnehin viel zu viel bei unseren Kleineren durchgehen. So lernen sie Sauberkeit jedenfalls bestimmt nicht. Kurz und gut, ich habe Kläuschen erst einmal von oben bis unten abgeschrubbt. Prost, übrigens, laß Dein Bier nicht schal werden." Nach einem kräftigen Schluck scheint Axel jetzt richtig in Fahrt zu kommen:*

„Na, Du kennst das ja sicher auch, weil es dann schon ziemlich spät geworden war, habe ich in der üblichen Hektik den Tisch gedeckt und das Frühstück zubereitet. Immerhin, Bärbel und Heinz, also zwei von den Größeren, wollten mir dabei helfen. Da sie aber noch nicht einmal vernünftig angezogen und gewaschen waren, habe ich's dann doch allein gemacht; geht ja auch viel schneller so, außerdem ist in letzter Zeit genug Geschirr zu Bruch gegangen. Ach, und dann kam in letzter Minute noch Tina, die sich mit ihren fünf Jahren noch immer nicht allein die Schnürsenkel zubinden kann. Wann wird sie das wohl endlich lernen? Ich hab's jedenfalls schnell noch gemacht, damit sie nicht zu spät zur Vorschule kommt.
Nach dem Tischabräumen, als endlich alle zur Schule bzw. zum Kindergarten unterwegs waren (Armin und Bärbel haben wieder prompt ihre Pausenbrote liegengelassen), habe ich die Betten abgezogen und zur Wäscherei 'rübergebracht. Die konnten sich dort über einen Mangel an Arbeit auch nicht gerade beklagen. Wenn die Kinder weiter so in die Betten pinkeln, wird es wohl Zeit, daß wir uns einen Psychologen ins Heim holen. Du hast doch 'n guten Draht zum Chef, sag' mal, kannst Du ihn nicht 'mal anspitzen, in der Richtung 'was zu unternehmen?"
Und ohne eine Antwort von Wolfgang abzuwarten, fährt Axel in seiner Schilderung des ihn anscheinend so bedrückenden Tagesablaufs fort:
„Als ich dann aber endlich 'mal für ein Täßchen Kaffee Ruhe hatte, durfte ich mir auch noch das Geschimpfe der Reineputzen mitanhören, die mit ihrer Kündigung drohten, wenn sie die Toilette, den Gemeinschaftsraum und die Zimmer von Kläuschen und Benny weiterhin jeden Morgen in einem derartig schmutzstarrenden und verwahrlosten Zustand vorfinden würden. Hab' dann versucht, sie zu beruhigen, daß die beiden doch noch Kinder sind und aus schlechten familiären Verhältnissen kommen. Und was soll ich Dir sagen: Die fingen doch tatsächlich an, mich anzumachen und murmelten etwas von ‚besser erziehen' und so. Und das mir, der sich nun wirklich alle erdenkliche Mühe gibt! Na ja, es sah allerdings auch wirklich ziemlich schlimm aus in den Zimmern.
Und überhaupt, ich möchte 'mal wissen, was die Gören den ganzen Tag über mit ihren Klamotten anstellen?! Heute mußte ich wieder bei der Durchsicht der Zimmer und Schränke mehrere Hosen, Pullover und Hemden zu Frau Schmalstich ins Nähstübchen bringen. Ein Glück nur, daß wir dafür extra jemanden haben, der zuständig ist, sonst würden doch alle hier nur noch zerlumpt herumrennen!
Und dann, bei der Erzieher-Gruppenbesprechung, da warst Du ja dabei. Kotzt es Dich nicht auch manchmal an, wenn wir in diesen knappen zwei Stunden fast ausschließlich über diesen formalen Kram reden? Da geht's doch immer nur um organisatorische Absprachen, den Dienstplan, die Verteilung von Haushaltsmitteln auf die Gruppen, wer wann mit wem zum Arzt, zu Eltern, zum Sozialamt oder Kleidung und Spiel- und sonstiges Material besorgen geht. Wenn ich schon immer

nur die vielen Formblätter sehe, kriege ich zuviel. Das hat doch wohl alles nichts mit Erziehung oder ‚Pädagogik' zu tun, oder?

Nu sag' doch mal 'was, warum bist'n die ganze Zeit über so still? Geht's Dir denn nicht genauso?"

Wolfgang, der zwischendurch einige Male verstohlen auf seine Uhr gesehen hatte, kämpft sich mühsam gegen die nur schlecht zu verbergende Müdigkeit und das dieselbe begünstigende tiefe skandinavische Sitzmöbel durch und bestätigt, dumpf, aber immerhin ein wenig mehr in der Senkrechten sitzend:

„Ja, det stimmt, wa? Ich hätte heute auch viel lieber über aktuelle pädagogische Probleme diskutiert, z.B. über Bernd, der ständig aggressiv ist, den anderen die Spielsachen klaut und uns damit die Gruppe kaputtmacht; oder über Norbert, die Neuaufnahme, und wie wir den in der Gruppe integrieren können. Aber was sollste machen, die organisatorischen Geschichten sind eben auch wichtig, wa? Außerdem bleibt einfach zu wenig Zeit zum Erziehen bei dem, was man sonst noch so zu tun hat. Meinste denn, mir geht's da anders als Dir? Wenn ich nur an diese verdammte Hektik jedesmal beim Mittagessen denke und die ewige Mäkelei über's Essen aus unserer Großküche. War gestern allerdings wirklich ziemlich mies: Spinat mit Eiern, das Ganze fast lauwarm. Wer soll'n das runterkriegen? Aber Du hast schon recht, am schlimmsten ist das ständige Gehetze, das eine pädagogisch sinnvolle Arbeit einfach verhindert. Da muß man sich dann noch zusätzlich nachmittags mit der ‚Neuen Mathematik' abquälen. Wird höchste Zeit, daß nächste Woche endlich die beiden Schularbeitshelfer antanzen!"

„Genau", kann ihm Axel voller Überzeugung beipflichten, froh darüber, seinen schon verloren geglaubten Gesprächspartner wiedergefunden zu haben, „das hat mit unserer eigentlichen pädagogischen Arbeit alles herzlich wenig zu tun. Heute mußte ich z.B. nachmittags mit Dieter unter'm Arm losziehen und mit den schon lange überfälligen Bestellscheinen zu X & Y eine neue Jacke für ihn kaufen. Besonders begeistert über das neue Stück war er nicht gerade und hat sich zu Hause auch prompt wieder seine alte, abgewetzte Jeans-Jacke angezogen, die er vor zwei Jahren von seinem Vater geschenkt bekommen hat. Die Erzieher als Mädchen für alles, so mußte das 'mal sehen! Und als wir dann zurückkamen, gab's gerade unter den Jungen eine riesengroße Aufregung: Eines der beiden Fußballtore, die Herr Nagel, der Hausmeister, in mühevoller Kleinarbeit für die Jungs gebaut hatte, war nach einem saftigen Schuß ans Gebälk zusammengekracht. Zum Glück war keiner verletzt. Aber Du hättest 'mal sehen müssen, was die Knaben für eine jämmerliche Angst vor Herrn Nagel hatten! Na ja, ich hab' jedenfalls für die Kanaillen wieder ausbügeln müssen. Mit solchen Leuten umgehen, das kann ich ja nun einmal. Nach einigem Grollen versprach er, nächste Woche ein neues Tor zu bauen, diesmal sogar richtig weiß lackiert und mit echten Netzen dahinter. Gelernt ist eben gelernt, sowas hat der wirklich wie kaum ein anderer drauf. Stell Dir doch 'mal vor, wir müßten das auch wieder alleine machen!

Na, und der Rest des heutigen Tages war wieder nur Routine: ein paar Spiele mit den Kleinen, weil sie mich allzu sehr nervten. Ich habe sie danach mit ein paar Tricks zum Aufräumen bewegen können. Dann der übliche Trott: Abendessen, Abwasch *(keine Sau hat wieder geholfen), auf die Kleinen aufpassen, ob sie sich auch alle richtig die Zähne putzen und waschen. Nach längerem Hin und Her hatte ich sie letztendlich alle im Bett.*

Danach war ich dann so schlaff, daß ich mir mit den Älteren noch einen Film in der Glotze angesehen habe, den sie sich vorher gemeinsam ausgesucht hatten. Ach so, dann kam Dieter noch so merkwürdig angedruckst, und ich habe ihn gefragt, was er hat, und da haben wir noch über eine Stunde lang über seine Probleme mit der Schule und seinen Eltern geredet. Du kannst Dir vielleicht vorstellen, wie froh ich war, nach dem alltäglichen Routinekram endlich auch pädagogisch zu arbeiten. Ich glaub' auch, daß ich ihm ganz gut geholfen habe.

Und das hat mich dann wenigstens ein bißchen wieder aufgerichtet. Hat allerdings nicht sehr lange vorgehalten. Als ich nämlich zu Hause war, kamen wie so oft in letzter Zeit diese quälenden, auf Dauer deprimierenden Selbstzweifel in mir hoch, und ich habe mich gefragt: Muß denn das alles so sein, daß man zwar ununterbrochen für unsere Kinder und Jugendlichen auf Achse ist und alles mögliche tut, nicht aber dazu kommt, sie pädagogisch zu betreuen? Deswegen bin ich doch nicht Erzieher geworden, oder?"

Wolfgang bleibt nichts anderes übrig, als seinem Freund und Kollegen Axel beizupflichten; Kunststück, ihm geht es meistens genauso. Beide sind sich völlig einig darüber, daß bald etwas passieren muß. Ein winzig kleiner Hoffnungsschimmer taucht für Axel am Horizont auf, als Wolfgang beim Verabschieden meint, man sollte beim nächsten Gesamt-Erzieher-Termin unbedingt die Frage nach einer Neu-Konzeption des Kinderheims „Schlaraffenland" auf die Tagesordnung setzen.

Es ist inzwischen spät geworden. Seufzend und wenigstens teilweise erleichtert, weil er Wolfgang seine Sorgen hat mitteilen können, legt sich Axel nun zur Ruhe. Er muß es, denn der nächste Tag wird nicht wesentlich anders aussehen.

Manchmal ist weniger mehr

> A: Warum unterstützen Sie Ihren Schwiegervater nicht?
> B: Warum?
> A: Er ist ein armer Mann.
> B: Aber fleißig, und ich habe nicht genug Geld, ihn zum Faulenzer zu machen.
> (Lichtenberg)[1]

Wir glauben nach den eigenen Erfahrungen, die wir in Heimen machen konnten bzw. aufgrund der uns von vielen Kollegen im Erziehungsdienst mitgeteilten Erfahrungen, daß die oben dargestellten Alltagsprobleme der Erzieher aus dem „Schlaraffenland" im großen und ganzen typisch sind für die alltägliche Arbeitssi-

---

1 G. C. Lichtenberg: Aphorismen, S. 193

tuation, in der sich Erzieher in Heimen befinden. D. h., wir gehen davon aus, daß die oben dargestellte Arbeitssituation (mit entsprechenden Modifikationen) in nahezu jedem deutschen „Normalheim" anzutreffen sein wird und infolgedessen auch auf die meisten Heime übertragbar ist.

Sie ist gekennzeichnet durch anscheinend „sachfremde" Routinetätigkeiten, die von Erziehern als zusätzliche und fremdbestimmte Belastungen verstanden werden (müssen). Sicherlich, alle diese einzelnen Verrichtungen werden in dem Bewußtsein unternommen, daß sie *für* und *zum Wohle* der Kinder und Jugendlichen geschehen, sozusagen als notwendiges Übel innerhalb des Erziehungsprozesses.

Was haben diese vielfältigen und umfangreichen Betreuungs- und Versorgungsleistungen aber mit Pädagogik zu tun? Vieles, wie sich zeigen wird:

> Was erzieht? Es erzieht der Hunger und *die Art, wie* er gestillt werden kann. Es erzieht die Kälte und *die Art, wie* ein Obdach oder die Kleidung errungen werden können. Es erzieht *die Art, wie* die Menschen einander begegnen, *wie* einander zu begegnen sie durch ihre Nöte gezwungen werden. (B. Brecht)[2]

Wenn wir Erziehung als einen bewußten Beeinflussungsvorgang definieren, so ist es also von erheblicher Bedeutung, *wie, auf welche Art und Weise* Kinder und Jugendliche betreut und versorgt werden. Denn dieses „*Wie"* hat Folgen!!

Dies läßt sich an der Versorgungssituation von Minderjährigen in Heimen besonders deutlich demonstrieren:

Nach den einhelligen und unwidersprochenen Absichtserklärungen all derjenigen, die direkt oder indirekt auf die Gestaltung von Erziehungsprozessen einwirken, hat die Entwicklung von Selbständigkeit, Eigenverantwortlichkeit, Produktivität und Kreativität als Erziehungsziele vorrangige Bedeutung. Wir wollen nun am Begriff „Selbständigkeit" (er steht mit den anderen Begriffen in unmittelbarem Zusammenhang) untersuchen, ob und inwieweit Minderjährige überhaupt die Möglichkeit haben, dieses proklamierte Erziehungsziel zu erreichen.

Selbständig sein heißt[3]:

Essen einkaufen, zubereiten, einteilen;
Wohnung mieten, einrichten, säubern, gestalten, renovieren, Einrichtungsgegenstände reparieren;
Kleidung auswählen, kaufen, waschen, instandhalten,
von allein aufstehen und schlafen gehen;
sich ohne Zutun anderer waschen, Zähne putzen, kämmen,
an- und ausziehen;
Zeit einteilen, Geld einteilen usw.

---

2 B. Brecht: G. W., Bd. 20, S. 84
3 QuaBS 1. Überarbeitete Fassung Arbeitshilfe 20

Was geschieht dagegen im Heim?

Die Kinder werden geweckt, mit Seife, Zahnpasta und Medikamenten versorgt,
morgens und abends gewaschen, gekämmt, angezogen und wieder ausgezogen;
für sie wird der Tisch gedeckt,
abgewaschen, geputzt und aufgeräumt;
das Essen zubereitet und verteilt;
das Zimmer eingerichtet und instandgehalten;
das Geld eingeteilt;
die Wäsche gewaschen;
Kleidung besorgt und geflickt;
Spielzeug und Gebrauchsgegenstände repariert;
die Zeit, der Aufenthaltsort (Gruppe) und die Aufenthaltsdauer geregelt.
Darüber hinaus werden Konflikte mit Schule, Arbeitsplatz, Elternhaus und Ämtern für
sie – meistens ohne ihre Beteiligung – verhandelt.

 *Im Heim werden die Kinder (und oft auch die Jugendlichen)
in fast jeder Hinsicht versorgt.*

EINE ZWISCHENFRAGE:
WIE IST ES IN IHREM HEIM?[4]

<table>
<tr><td colspan="3">ZUR VERSORGUNGSLAGE</td></tr>
<tr><td>Antwort:
ja</td><td>Bitte kreuzen Sie die zutreffenden
Antworten auf die nachfolgenden Fragen an.</td><td>Antwort:
nein</td></tr>
<tr><td></td><td>Verwalten die Kinder/Jugendlichen ihr
monatliches Taschengeld selber?</td><td></td></tr>
<tr><td></td><td>Kaufen die Kinder/Jugendlichen die
Lebensmittel für den täglichen Bedarf
ein?</td><td></td></tr>
<tr><td></td><td>Bereiten die Kd./Jugendl. ihre Mahl-
zeiten selber zu?</td><td></td></tr>
<tr><td></td><td>Kaufen die Kd./Jugendl. ihre Kleidung
selber ein?</td><td></td></tr>
<tr><td></td><td>Waschen sie selber ihre Kleidung?</td><td></td></tr>
<tr><td></td><td>Sind die Kinder/Jugendlichen in der La-
ge, eine Waschmaschine zu bedienen?</td><td></td></tr>
<tr><td></td><td>Können sie mit einem Bügeleisen umgehen?</td><td></td></tr>
<tr><td></td><td>Haben die Kinder/Jugendlichen ihr Zimmer
selber eingerichtet?</td><td></td></tr>
<tr><td></td><td>Gehören die Einrichtungsgegenstände ihnen?</td><td></td></tr>
<tr><td></td><td>Säubern sie ihr Zimmer selber?</td><td></td></tr>
<tr><td></td><td>Stehen die Kinder/Jugendlichen selbständig
auf?</td><td></td></tr>
</table>

4 QuaBS 2. Arbeitshilfe 15

Arbeitshilfe

ZUR TRANSPARENZ DER VERSORGUNGSSITUATION[5]				
RÄUME:	BESTEHT ZUGANG	KENNEN DER PERSONEN	KENNEN DER FUNKTION	BESONDERHEITEN
Verwaltung: Leiter Sekretärin Wirtschafts- leitung				
Großküche				
Vorratsräume				
Nähstube				
Hausmeister- werkstatt				
Freizeiträume				
Veranstaltungs- raum				

5 QuaBS 3. Arbeitshilfe 23/24

ZUR TRANSPARENZ DER VERSORGUNGSSITUATION (Fortsetzung)[5]				
GIBT ES	BESTEHT KONTAKT	KENNEN DER PERSONEN	KENNEN DER FUNKTION	BESONDERHEITEN
Berater				
Therapeut				
Schularbeits-hilfe				
Putzfrau				
Sonstige				

Zur Vermeidung von Mißverständnissen:

Diese Liste erhebt weder den Anspruch auf Vollständigkeit, noch soll sie suggerieren, daß *alle* diese Versorgungsleistungen in *jedem* Heim für die Kinder und Jugendlichen erbracht werden; denn dazu sind die verschiedenen Einrichtungen in ihren speziellen Ausprägungen, pädagogischen Konzeptionen und personellen sowie finanziellen Ausstattungsstandards zu unterschiedlich. Festzuhalten bleibt jedoch allemal, daß unter den Bedingungen von Heimerziehung z. B. im Bereich der Versorgung, Bekleidung und Verpflegung der Heimbewohner ein derart hoher Aufwand getrieben wird, daß dadurch die beabsichtigte Erziehung zur Selbständigkeit und Eigenverantwortlichkeit der Minderjährigen geradezu zwangsläufig verhindert wird. Denn wie soll unter den Bedingungen einer umfassenden Versorgung durch andere Eigenversorgung und selbständiges Handeln *gelernt* werden?

Wir können sicherlich unwidersprochen davon ausgehen, daß Heime für die in ihnen Lebenden einen wesentlichen Bezugsrahmen für deren Lern- und Erfahrungsmöglichkeiten darstellen. Auf die große Bedeutung des sozialen Ortes[6] der Erziehung für die Aneignung von Erfahrungen hat schon im Jahre 1915 der nordamerikanische Pädagoge John Dewey hingewiesen:

> „Wir erziehen niemals unmittelbar, sondern mittelbar – durch das Mittel der *Umgebung*. Worauf es ankommt, ist, ob wir einer zufälligen Umgebung das Werk überlassen oder eine besondere Umgebung für diesen Zweck schaffen. Nun ist jede Umgebung zufällig, wenn sie nicht im Hinblick auf das Ziel *planvoll* reguliert wird"[7].

Was Minderjährige in Heimen in einer für sie schon „fertigen", sie total verwaltenden Umwelt erfahren und lernen können, liegt als notwendige Folge dieser Bedingungen auf der Hand:

---

6 Vgl. dazu auch S. Bernfeld, der untersucht hat, welche Bedeutung der soziale Ort für Neurose, Verwahrlosung und Pädagogik hat.
  S. Bernfeld: Antiautoritäre Erziehung und Psychoanalyse Bd. 2, S. 209 ff.
7 J. Dewey: Demokratie und Erziehung, S. 37

50

Lebensperspektivisch notwendige Erfahrungs-, Lern- und Entwicklungsprozesse können nicht durchlaufen werden. Die Kinder und Jugendlichen gewöhnen sich rasch daran, daß eigene Anstrengungen und Bemühungen zur Sicherung ihrer materiellen Existenzbedingungen nicht erforderlich sind: Es funktioniert ja auch ohne ihr eigenes Zutun mit routinierter Selbstverständlichkeit! Ja, es werden nicht einmal Fragen provoziert, woher Geld, Essen, Bekleidung usw. kommen. Es ist eben einfach da. Unter den Bedingungen ihrer Fremdversorgung ist den Kindern und Jugendlichen ihre eigene Existenzgrundlage undurchsichtig und für sie selbst nicht nachvollziehbar.

Dies führt notwendigerweise zum passiven Hinnehmen ihrer dequalifizierenden Lage einerseits, andererseits zu illusionären Vorstellungen über ihre realistischen Lebensperspektiven nach dem Heimaufenthalt, da sie nicht lernen konnten, reale Nötigungen und Anforderungen zu erkennen, geschweige denn zu bewältigen.

Unter diesen Voraussetzungen bewirkt Heimerziehung also nicht die *aktive* Anpassung der Kinder und Jugendlichen an die gesellschaftliche Realität *außerhalb* des Heimes, sondern eine *passive* Anpassung an die Bedingungen und Strukturen der Heimorganisation.

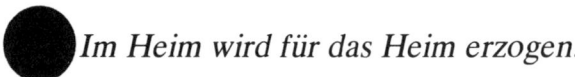 *Im Heim wird für das Heim erzogen.*

Es ist unschwer zu erkennen, daß diese Tatsache Ursachen hat, die vorwiegend auf Entscheidungen beruhen, die jenseits und außerhalb von *pädagogischen* Notwendigkeiten getroffen werden, die sich also dem unmittelbaren Zugriff der pädagogischen Mitarbeiter in der Einrichtung entziehen.

Betrachten Sie hierzu, bitte, das Schaubild Seite 52.

Es sind also in erster Linie ökonomische Notwendigkeiten und das Interesse, die Einrichtung so rentabel und reibungslos wie möglich zu gestalten, welche bewirken, daß Minderjährige in Heimen *verwahrt* und *verwaltet* werden. Denn diese Interessen, die sich dort herausbilden, wo über Investitionen, Finanzierungen, Pflegevereinbarungen und Tagessätze entschieden wird, schlagen mit Macht auf das Bedingungsgefüge der einzelnen Einrichtung durch. Sie schaffen die Grundlage dafür, daß Heimerziehung ihrem proklamierten Erziehungsauftrag und damit den lebensperspektivischen Interessen der Kinder und Jugendlichen permanent entgegensteht. (Zu den sich widersprechenden Interessenlagen vgl. Kapitel 4)

Den vom jeweiligen Träger der Einrichtung nach Rentabilitätskriterien getroffenen Entscheidungen sehen sich die Erzieher mehr oder minder hilflos ausgesetzt; denn diese schaffen letztlich den Rahmen für ihre täglichen Arbeitstätigkeiten, die so oder ähnlich aussehen, wie in der vorangegangenen Episode beschrieben. Ein „planvolles

ERZIEHUNGSPOSTULATE IM SPANNUNGSFELD DER INTERESSENLAGEN [8]

T R Ä G E R

OFFIZIELLER ERZIEHUNGSAUFTRAG:

Selbständigkeit und Eigenverantwortlichkeit,
Qualifikation und Arbeitsfähigkeit,
Beziehungs- und Genußfähigkeit,
Integration in die Gesellschaft,
Kritikfähigkeit und Kreativität,
Selbstbewußtsein und Durchsetzungsfähigkeit,
Sicherheit im Umgang mit "Kulturtechniken"
        h e r s t e l l e n   u.s.w.

VERDECKTE INSTITUTIONSZWECKE (EIGENINTERESSE):

Die Einrichtung rentabel halten,
Rücklagen schaffen,
nach außen "etwas vorweisen" können, repräsentieren,
Arbeitsplätze sichern und neue schaffen,
den Mehrbedarf an Sach- und Personalmitteln legitimieren,
einen reibungslosen Verwaltungsablauf sichern,
Investitionen im Wert erhalten,
"Fälle" verwahren und versorgen.   u.s.w.

M I T A R B E I T E R

PÄDAGOGISCHE ABSICHTSERKLÄRUNGEN:

Den Kindern nutzen und ihnen helfen,
sie nicht ihrem Herkunftsmilieu entfremden,
sie fördern und ihnen Perspektiven geben,
sie in die Nachbarschaft integrieren,
sie zu selbständigem Denken und Handeln erziehen,
sie gruppenfähig und frustrationstolerant machen,
ihnen Freund und Partner sein u. s. w.

ARBEITNEHMERINTERESSEN:

Einen sicheren Arbeitsplatz behalten, aufsteigen,
Schwierigkeiten mit dem Träger vermeiden,
Unruhe, Verletzungen und Sachbeschädigungen verhindern,
Anerkennung durch Dienstvorgesetzte und Kollegen erzielen,
mit den Kräften haushalten, Mehrbelastungen vermeiden,
Freizeit und Arbeitszeit genau trennen,
bei Kindern/Jugendlichen beliebt sein   u. s . w.

8 G. Soukup: Institutionelle Bedingungen und Erziehungserfolg. Leicht modifizierte Fassung, S. 5

Regulieren der Umwelt" ist ihnen infolgedessen nur innerhalb der vom Einrichtungsträger gesteckten Grenzen möglich.

Die Folge davon ist,

- daß sich Erzieher oft resigniert gegenüber dem Erziehungsalltag verhalten, da sie glauben, ohnehin die Lage der Heimbewohner nicht ändern zu können[9];
- daß sie unter Versagensgefühlen und der vermeintlichen Perspektivlosigkeit leiden[10];
- daß sie ihre resignative Haltung auf Kinder/Jugendliche und Kollegen übertragen und keinen Mut mehr aufbringen, an die Minderjährigen und sich selbst pädagogische Wagnisse und Anforderungen zu stellen, sondern sich in organisatorischen Routinetätigkeiten aufreiben, um wenigstens ihr Gewissen zu beruhigen, überhaupt irgendetwas am Arbeitsplatz geleistet zu haben;
- daß sie oft den Arbeitsplatz wechseln[11];
- daß sie in der wenigen Zeit, die sie für die Kinder/Jugendlichen zur Verfügung stellen, sich weniger der Erziehungsgruppe als vielmehr einzelnen aus ihr widmen bzw. zuwenden;
- daß sie ihre noch verbliebenen Hoffnungen auf psychologische, gruppendynamische oder verhaltenstherapeutische Arbeitsansätze verlegen[12].

Vor allem aber – und das wirkt sich in fataler Weise auf das Erziehungsklima insgesamt aus – wird der Begriff „Pädagogik" in der Sichtweise vieler Erzieher auf einen geringen Bruchteil seiner Bedeutungsbreite zurechtgestutzt und damit reduziert:
Gemeint ist hiermit der unerschütterliche Glaube an die heilsame Wunderwirkung „pädagogischer Gespräche", die als vermeintlich einziges den Mitarbeitern zur Verfügung stehendes Erziehungsmittel bewußt eingesetzt werden. So wenig zu bestreiten ist, daß Gespräche und Diskussionen zu aktuellen bzw. perspektivischen Problemlösungen beitragen *können*, so wenig können diese *allein* an der grundsätzlichen Problematik, nämlich der Verwahr- und Versorgungssituation Veränderungen bewirken.

> „Ich hätte viele Dinge begriffen,
> hätte man sie mir nicht *erklärt*."
> (Stanislaw Jerzy Lec)[13]

ABER WAS TUN? werden Sie vielleicht nach diesen düsteren Bildern fragen.
Wir möchten Ihnen im folgenden, ohne uns der Besserwisserei schuldig zu machen,

---

9 Vgl. dazu S. Schmidt-Traub: Rollenkonflikte der Heimerzieher, S. 126. In ihrer Untersuchung gaben 89% der befragten Erzieher an, daß sie Heimerziehung für kein erfolgreiches Erziehungsmittel hielten.
10 Vgl. S. Schmidt-Traub. A.a.O., S. 133. 80% der befragten Erzieher bejahten die Frage, ob sie psychisch und körperlich sehr unter ihrer Berufsausübung zu leiden haben.
11 Vgl. S. Schmidt-Traub. A.a.O., S. 134ff.
12 Vgl. S. Schmidt-Traub. A.a.O., S. 123ff.
13 S. J. Lec: Das große Buch der unfrisierten Gedanken, S. 134

Wege und Möglichkeiten zur *geplanten* Veränderung in kleinen Schritten aufzeigen. Wenden wir uns zu diesem Zwecke wiederum dem in diesem Kapitel beschriebenen Grundproblem zu: der Überversorgung und Verwahrung im Heim.
Als ein positives Beispiel für ein pädagogisch bewußtes und erfolgreiches Aufbrechen der Versorgungssituation präsentieren wir die Erfahrungen eines Erziehers, der als Berater in einer Jugendwohngemeinschaft arbeitet:

Erzieher: Als Berater ist man laufend in der Gefahr, daß man *anstelle* des Jugendlichen Entscheidungen trifft, diese auch durchführt und sich hinterher auch noch beruhigt mit der Floskel: Ich meine es ja nur gut, es geschieht alles zu Deinem Besten. Diese Mehrarbeit, die man tut, ist im Prinzip ja auch viel einfacher, als *nichts* zu tun. Es klingt paradox, trotzdem ist es ernst gemeint. Ein Beispiel soll anstelle einer langen Erklärung stehen:

Jugendlicher: Geh 'mal zum Amt und kümmere Dich um 'nen Kleiderantrag für mich!
Berater: Nö, wieso denn?
Jugendlicher: Wirst doch dafür bezahlt, wa?
Berater: Wofür denn?
Jugendlicher: Na, daß Du Dich um mich kümmerst.
Berater: Tu ich doch auch, oder?
Jugendlicher: Na, dann jeh doch!
Berater: Wieso gehst Du denn nicht, wenn Du die Sachen brauchst?
Jugendlicher: Hab' keinen Bock, mit der U-Bahn dahin zu fahren. Du hast doch 'ne Karre.
Berater: Na, wo soll ich denn im Amt hingehen?
Jugendlicher: Weeß ick doch nich, deshalb sollst Du's ja machen.
Berater: Aha!
Jugendlicher: Willste nu also oder willste nich'?
Berater: Nee, wat machst'n, wenn ich nicht mehr hier bin?
Jugendlicher: Du bist 'n ganz beschissener Typ, faule Sau!

BRÜLLEN, TERROR, TÜRENKNALLEN

Zwei Tage später
Berater: Na, wat is mit Deinen Klamotten?
Jugendlicher: Jeht allet in Ordnung, kriege sogar mehr, als ich dachte. Mann, sitzen da Scheißtypen, knausern mit jeder Mark, als ob die ihnen gehören. Hab' denen mal erzählt, wat Ambach is, mit immer teuren Klamotten und so. Denen hab' ick's jezeigt! Kommste mit uff'n Bier?
Erzieher: Verstanden? Den Krach hätte ich mir sparen können. Dann allerdings verursacht man von vorneherein eine andauernde Passivität dieser Leute und macht nichts anderes, als man zu bekämpfen meint: Man beläßt sie in der *Unselbständigkeit.* Und dann klappt es mit der Reintegration in den Arbeitsprozeß erst recht nicht. Kleine karitative Anwandlungen können das ganze Ziel in Frage stellen. So einfach geht das. (Ostrower)[14]

---

14 H. Ostrower zitiert nach QuaBS 1. Arbeitsmaterialien 21/21A

Sicherlich, das angeführte Beispiel aus einer Jugendwohngemeinschaft läßt sich nicht ohne weiteres auf den Heimbereich übertragen. Es kann aber dennoch grundsätzliche Hinweise darauf geben, wie Erzieher dem Teufelskreis von Verwahrung und Verwaltung von Kindern/Jugendlichen schrittweise entrinnen können, indem sie die schon selbstverständlich gewordenen Versorgungsleistungen verweigern und insofern Anforderungen und Nötigungen setzen, die zur Eigenaktivität der Minderjährigen zwingen.

Aber Vorsicht! Das kann und darf jetzt nicht bedeuten, daß Erzieher mit einem Schlag alle gewohnten und vertrauten Formen von Versorgung einstellen sollen nach dem Motto: „Nun macht das 'mal alles allein, liebe Kinder!". Ein solches Verhalten würde bei diesen wiederum nur zum Erleben des eigenen Versagens und zur Resignation führen. Denn woher sollen Kinder/Jugendliche plötzlich etwas können, was sie nie gelernt und eingeübt haben?

Es muß daher dem Erzieher in erster Linie darauf ankommen, für die Minderjährigen einen bewußt und geplant hergestellten Lern- und Erfahrungsraum zu schaffen, in dem diese sich Fähigkeiten und Fertigkeiten in Bezug auf die Chance zum Überleben außerhalb der Institution *aktiv* aneignen können. Damit ändern sich zugleich auch Rolle und Funktion der Pädagogen im Heim:

Sie handeln nicht mehr *anstelle* der Kinder/Jugendlichen, sondern als deren *Berater in der Organisation und Verwirklichung der Mittel und Wege.* Sie leiten an zum Handeln als *Planer und Wegführer*, indem sie Handlungsmöglichkeiten eröffnen, und werden so zum *anregenden Vorbild*, zur *„technischen Autorität"*, zum technisch überlegenen Meister über die Wege zum gemeinsamen Ziel[15].

Wir wissen jedoch, daß gerade diese notwendige Umorientierung im pädagogischen Selbstverständnis nicht von allein kommt, sondern zunächst mit erheblichen Schwierigkeiten für die Erzieher verbunden ist. Denn sie müssen nicht nur gegen ihre eigenen, ihnen Sicherheit verschaffenden Gewohnheiten und Selbstverständlichkeiten, sondern noch zusätzlich gegen die der Kinder/Jugendlichen ankämpfen.

Zu einer schrittweisen Überwindung solcher Anfangswiderstände schlagen wir Ihnen vor, mit Aktionsformen zu beginnen,

- die den Kindern/Jugendlichen mit hoher Wahrscheinlichkeit *Spaß* bringen;
- die sie nicht *unterfordern,* auf gar keinen Fall jedoch *überfordern* dürfen;
- die unmittelbare oder zumindest schnell zu erzielende *Erfolgserlebnisse* hervorzurufen imstande sind;
- die eine *Beteiligung* von möglichst vielen Kindern/Jugendlichen (am besten der gesamten Gruppe) zulassen;
- die ein für die Beteiligten *erkennbares* und *gemeinsam erreichbares Ziel* haben, für das es sich lohnt, Eigenaktivität zu entwickeln.

WICHTIG: Die soeben aufgeführten Aktionselemente sind nicht nur für die Minderjährigen, sondern gleichermaßen für die pädagogischen Mitarbeiter von Bedeutung.

---

15 Vgl. S. Bernfeld. A. a. O., Bd. 1, S. 269 ff., besonders S. 275

Auch sie müssen den Erfolg ihrer Bemühungen sehen, Spaß an ihrer geplanten Aktion finden können usw. Um so leichter werden die Kinder/Jugendlichen aus ihrer gewohnten Lethargie zu reißen und zu motivieren sein.

Lassen Sie uns wiederum an einem konkreten Beispiel verdeutlichen, wie Erzieher die Kinder/Jugendlichen zu Eigenverantwortlichkeit motivieren und sie in ihren Handlungen anleiten können:

Wie Sie sich vielleicht noch erinnern können, war in unserer Kurzgeschichte das Fußballtor zusammengebrochen. Der im Dienst befindliche Erzieher meint jetzt aber, um die Verantwortlichkeit für den entstandenen Schaden den Minderjährigen ins Bewußtsein zu bringen, müßten sie ihn schon selbst beheben. Er bietet seine Mitarbeit an und fragt, was man wohl tun könne. Nach verschiedenen Vorschlägen und genauer Besichtigung einigt man sich schließlich darauf, nur den einen Torpfosten zu ersetzen. Aber woher das Holz nehmen? Eine kurze Ratlosigkeit weicht der plötzlichen Idee: „Das holen wir uns aus dem Abrißhaus an der nächsten Ecke!" Der Erzieher weist darauf hin, daß man erst einmal fragen müßte, ob das denn erlaubt sei. Zwei Jugendliche erklären sich nach anfänglichem Zögern schließlich bereit, die Erlaubnis beim Hauseigentümer einzuholen. Sie wüßten da schon einen Weg. Sodann wird ein Plan gemacht, was zur Reparatur sonst noch benötigt wird und woher man Handwerkszeug und Material bekommen kann. Nachdem auch diese Frage geklärt ist, wird beschlossen, am folgenden Tag die Reparatur vorzunehmen.

Es hat geklappt! Die beiden Jugendlichen haben am frühen Nachmittag nicht nur eine Holzbohle „organisiert", sondern gleich drei, genug also für eine komplette Erneuerung. Ungeduldig geworden, wollen einige sofort mit dem Bau anfangen. Sogar die Kleineren kommen neugierig herbeigelaufen und wollen auch mithelfen. Der Erzieher hat Mühe, die ganz Eifrigen zurückzuhalten. Er dringt schließlich mit seinem Vorschlag durch, eine Reihenfolge der Arbeitsgänge zu bestimmen. Spontan kommen aus der Runde mehr oder weniger brauchbare Gedanken, bis am Ende nach gründlichem Abwägen der einzelnen Argumente die Arbeitsschritte geklärt sind. Ein kurzer Streit flammt noch bei der Aufgabenverteilung auf: Fast alle wollen lieber die Bohlen zusägen als zwei Löcher auszuheben, rostige Nägel zu entfernen oder das Holz mit Sandpapier abzuschleifen. Da sie aber alle jetzt möglichst schnell anfangen wollen, werden sie sich schließlich auch über diesen Punkt einig.

Während die Kinder/Jugendlichen mit Eifer bei der Sache sind, greift der Erzieher hier und dort helfend ein, macht Verbesserungsvorschläge (die allerdings nicht immer beachtet werden) und achtet darauf, daß alle ihre Werkzeuge so handhaben, daß sich niemand verletzt.

Geschafft! Kurz vor Einbruch der Dunkelheit steht das neue Fußballtor fest in der Erde. Während einige schon wieder munter mit dem Fußballspielen beginnen, machen sich andere darüber Gedanken, wo man jetzt noch Netze und weiße Farbe herbekommen könnte.

Der Stolz auf das vollendete Werk steht ihnen allen unverkennbar ins Gesicht geschrieben, und sie sind sich einig: „Das war eigentlich gar nicht so schwer." Unser Erzieher aber ist mit seinen Gedanken nach diesem Erfolg schon ganz woanders: Lange werden einige der altgedienten Kinderbetten wohl nicht mehr halten ...

Zugegeben, wir haben in diesem Beispiel nicht alle Schwierigkeiten berücksichtigt, die im gesamten Ablauf auftreten könnten. Dennoch sollte im Grundsatz deutlich geworden sein, wie Kinder/Jugendliche durch aktuelle Nötigungen und qualifizie-rende Herausforderungen sich allmählich lebensnotwendige Fähigkeiten und Fertigkeiten aneignen und in welcher Weise die pädagogischen Mitarbeiter sie hierbei unterstützen können.

Wir haben immer wieder mit Verblüffung feststellen können, welch ein erstaunli-ches Potential an Fähigkeiten handwerklicher, technischer, musischer oder künstle-rischer Art in Heimen anzutreffen ist. Da gibt es Kollegen, die komplette Wohnungseinrichtungen bauen, Kleidung entwerfen und eigenhändig herstellen, mit den verschiedensten Materialien umgehen, Filme produzieren und entwickeln, Musikinstrumente und Theater spielen und noch vieles andere mehr können. Mindestens ebenso erstaunlich ist jedoch, daß von diesen Talenten kaum oder meist nur insofern Gebrauch gemacht wird, als nur die jeweils spezialisierten „Macher" im Alleingang handeln und infolgedessen den Kindern/Jugendlichen kaum Chancen zum Erlernen wesentlicher Fähigkeiten bieten.

Auf ein weiteres schwerwiegendes Manko, das die Möglichkeiten für die Kinder/Ju-gendlichen, schon *im Heim* selbständiger zu werden, ständig einzuschränken droht, soll noch hingewiesen werden: Die Erziehung zu Eigenversorgung und selbsttätigem Handeln hat anscheinend dort ihre Grenzen, wo der gesamte Versorgungsapparat seine Existenzberechtigung unter Beweis stellen und immer wieder aufs neue legitimieren muß. Denn die Angestellten in einer heimeigenen Großküche, in der Wäscherei, der Nähstube, in der Wirtschaftsleitung, im Putzdienst, der Hausmeiste-rei etc., die eigens und im engeren Sinne für die Erbringung bestimmter Versorgungsleistungen beschäftigt und bezahlt werden, dürften jeweils am stärksten an der herkömmlichen Fremdversorgung interessiert sein; für sie steht im Vordergrund der Erhalt und die Sicherung ihres Arbeitsplatzes, den eine wün-schenswerte zunehmende Eigenversorgung von Kindern/Jugendlichen in letzter Folgerichtigkeit abzuschaffen droht. Sie werden schließlich dann nicht mehr gebraucht, wenn die Minderjährigen gelernt haben, sich selbst zu verpflegen, ihre Wäsche zu waschen, ihre Zimmer zu reinigen usw. Auch in diesem Falle halten wir eine allmähliche Umorientierung im beruflichen Selbstverständnis für denkbar, wenn auch im einzelnen schwieriger durchführbar. Wichtig wäre in diesem Zusammenhang, daß die Anonymität aller versorgenden Teile der Einrichtung aufgehoben wird. Das bedeutet,

> daß die Kinder/Jugendlichen mindestens dort *Zugang* haben müssen –
> und im günstigsten Fall von den Angestellten beim Kochen, Waschen,
> Wirtschaften etc. *angeleitet* werden.

Dies wiederum setzt gut geplante Kooperations- und Koordinationsformen voraus (näheres dazu im folgenden Kapitel).

Lassen Sie uns zum Schluß dieses Kapitels noch andeuten, wie schwierig es ist, als Pädagoge den zu Erziehenden die Aneignung von Erfahrungen zu ermöglichen und sich dabei tendenziell überflüssig zu machen:

„Jeder Lehrer muß lernen, mit dem Lehren aufzuhören, wenn es Zeit ist. Das ist eine schwere Kunst. Die Wenigsten sind imstande, sich zu gegebener Zeit von der Wirklichkeit vertreten zu lassen. Die Wenigsten wissen, wann sie mit dem Lehren fertig sind. Es ist freilich schwer, zuzusehen, wie der Schüler, nachdem man versucht hat, ihm die Fehler zu ersparen, die man selbst begangen hat, nunmehr solche Fehler macht. So schlimm es ist, keinen Rat zu bekommen, so schlimm kann es sein, keinen geben zu dürfen."

(B. Brecht)[16]

Weiterführende Literatur:

E. GOFFMAN: Asyle. Frankfurt/M. 1973.
E. WEDEKIND: Heimstruktur und Erziehersituation, in: Informationsdienst Sozialarbeit Heft 18 S. 35 ff., Offenbach 1977.
F. BASAGLIA (Hrsg.): Die negierte Institution oder Die Gemeinschaft der Ausgeschlossenen, besonders S. 331 ff., Frankfurt 1973.

16 B. Brecht: G. W. Bd. 12, S. 475

3 „Bitte nicht helfen, ich hab' allein schon genug Ärger"

DIENSTBESPRECHUNG IM KINDERHEIM

Was soll diese paradoxe Überschrift nun wieder bedeuten, werden Sie möglicherweise kopfschüttelnd fragen.

Nun, Sie werden es gleich merken: Es geht um DAS ERZIEHERTEAM und alles, was damit zu tun hat, also

Teamarbeit, Zwangsgruppe, Kooperation, Arbeitsteilung, Koordination, Arbeitsabsprachen, Verbindlichkeit, Solidarität, Verantwortung, Außenseiter, Konkurrenz u. a.,

kurzum, um Begriffe, die uns als anspruchsvollen Pädagogen im allgemeinen federleicht und locker über die Zunge gehen, als sei deren Benutzung schon der halbe Weg zum Erfolg.

---

1 Die Zeichnung ist entnommen: Informationsdienst Sozialarbeit, Heft 18, S. 50

Doch manch einer hält von alldem überhaupt nichts mehr, ist im Laufe der Zeit von seinen Kollegen, sich selbst und seinen Ansprüchen enttäuscht.
Sie glauben uns nicht?
Dann sollten Sie die folgende Episode lesen, die das Heimleben schrieb.

Schnellen Schrittes nähert sich ein kleine, drahtige Person dem Kinderheim „Schlaraffenland". Es ist Monika, die dort schon seit drei Jahren als Gruppenerzieherin arbeitet. Sie ist gestern, am Sonntagabend, gut erholt und braungebrannt aus ihrem Jahresurlaub in Griechenland wieder zu Hause eingetroffen. Sie hat zwar heute noch keinen Gruppendienst, kann es aber aus unerfindlichen Gründen kaum erwarten, die Kollegen und vor allem die Kinder wiederzusehen. Komisch, aber sie hatte gegen Ende der Reise tatsächlich Sehnsucht nach ihren beiden „Lieblingen" Dagmar und Bernd, gesteht sie sich selbst zu. Ich werde mir die beiden gleich einmal beiseite nehmen und ihnen von meinen Reiseerlebnissen berichten; das wird ihnen bestimmt Spaß machen, denkt sie, als sie schon an der Haustür steht.
„Hallo, Monika", begrüßt sie erfreut Martin, der stellvertretende Heimleiter, „das ist aber eine Überraschung. Und wie Du aussiehst, einfach blendend!" Das findet sie zwar auch, lächelt aber nur verlegen zurück.
Nachdem sie bei Martin einige lustige Urlaubsanekdötchen loswerden konnte, brennt es ihr aber unter den Nägeln:
„Sag' mal, wo sind denn Dagmar und Bernd?"
„Ich glaub', die sind mit Wolfgang im Photolabor zum Filme entwickeln."
„Hä, was denn für'n Photolabor", fragt Monika ehrlich erstaunt.
„Ach so, kannst Du ja auch noch gar nicht wissen. Haben wir letzte Woche eingerichtet, nachdem DAS TEAM *darüber abgestimmt hat, was mit dem noch verbliebenen Rest an Freizeitmitteln geschehen soll. Wolfgang, der auf dem Gebiet 'ne Menge Ahnung hat, ist dann losgezogen und hat 'ne komplette Ausrüstung hier angeschleppt – gebraucht, versteht sich. Seitdem ist bei uns 'n ungeheurer Photo-Boom ausgebrochen. Manche kriegt man gar nicht mehr 'raus aus der Dunkelkammer. Kannst ja 'mal 'rübergehen und Dir ansehen."*
„Photolabor", murmelte Monika, als sie schon auf dem Weg dorthin ist, „Photolabor, reine Verschwendung, wofür die wieder 'mal das Geld verbraten. Tun ja gerade so, als ob wir's sonst wie dicke haben. Und für andere Sachen ist nachher wieder keine Knete aufzutreiben."
„Mann, Tür zu!" brüllt es Monika unisono aus einer Erwachsenen- und zwei Kinderkehlen entgegen, als sie den in eine Dunkelkammer verwandelten Abstellraum gerade betreten will. Erschrocken weicht sie zurück. Kurz darauf schiebt sich Bernds vorwurfsvoller Krauskopf durch den Türspalt:
„Was is'n los?"
Und als er, zunächst geblendet durch das helle Neonlicht, Monika endlich erkennt:
„Ach, Du bist es. Na, wieder da?!"
„Ja, wie Du siehst. Hör' mal, wollen wir uns nicht alle gemütlich ins Erzieherzimmer 'rübersetzen? Ich habe' Euch viel zu erzählen."
Bernd weist kurz mit dem Kopf in Richtung Dunkelkammer und entgegnet unsicher:

„Nee, Du, das ist jetzt schlecht. Wir sind nämlich gerade dabei, die Bilder vom Erkundungsspiel zu vergrößern, und wir haben den anderen versprochen, daß die bis heute Abend fertig sind. Die warten schon drauf. Aber vielleicht geht's nachher?" „Na, laß 'mal, macht ruhig weiter. Ist ja nicht so eilig. Ich hab' sowieso morgen Dienst. Ich habe nur gedacht ..." Monika kann ihre Enttäuschung nur schlecht verbergen, während Bernd schon wieder in der Dunkelkammer verschwunden ist. „Schade", geht es ihr durch den Kopf, „da freut man sich, wieder vertraute Gesichter zu sehen, und erwartet, daß es anderen ebenso geht, und dann so etwas. Da wird man einfach abgefertigt. Wolfgang und Dagmar haben es sogar nicht einmal für nötig befunden, mir ,Guten Tag' zu sagen. Dabei haben wir doch sonst immer ein gutes Verhältnis miteinander. Einfach stehengelassen haben die mich, als ob ich Luft wäre. Möchte bloß wissen, was sich hier inzwischen getan hat."

EINEN TAG SPÄTER

Monikas erster Arbeitstag nach dem Urlaub. Sie hat die kleine Enttäuschung von gestern schon fast vergessen und beginnt frohgelaunt ihren Dienst. Als sie um 10 Uhr ankommt, sind die Kinder/Jugendlichen schon alle aus dem Haus. Bei der Dienstübergabe gibt Wolfgang ihr zu verstehen, daß er es sehr eilig habe; sie solle das entschuldigen. Es sei ohnehin nichts Wesentliches zu besprechen. Alles Weitere sei im Erzieherbuch festgehalten. Und schon ist er auf und davon.
Die übliche Routinearbeit geht Monika heute recht leicht von der Hand, so daß sie noch am Vormittag genügend Zeit findet, sich das Erzieherbuch zur Hand zu nehmen und sich über die Ereignisse der vergangenen Wochen zu informieren, in denen sie im Urlaub war.
Beim Durchblättern fällt ihr nichts Außergewöhnliches auf, außer vielleicht, daß sie wieder eine Neuaufnahme hatten und es die „normalen" Anpassungsschwierigkeiten gab, daß im ERZIEHERTEAM beschlossen wurde, in der Freizeit Gruppenaktivitäten zu fördern, und daß für die nächsten Wochenenden erstmals und versuchsweise die Umstellung auf Selbstverpflegung geplant ist.
Doch Halt! Beim Lesen der beigelegten Protokolle von den wöchentlichen TEAMBESPRECHUNGEN taucht auffallend häufig Wolfgangs Name auf:
„Wolfgang meint, ... Wolfgang kritisiert, ... Wolfgang ist der Ansicht, ... Wolfgang sagt, ... Wolfgang stimmt zu, ..., Wolfgang gibt zu bedenken, ... Wolfgang hält es nicht für erforderlich, ... Wolfgang entscheidet, ... usw."
Was hat das zu bedeuten?, überlegt Monika. Warum steht Wolfgang auf einmal so im Vordergrund? Er hat sich ja schon immer im TEAM ein wenig als der große „King" aufgespielt, besonders in organisatorischen und theoretischen Fragen. Aber wieso lassen die anderen sich dieses elitäre Führungsverhalten von ihm gefallen? Wir sind doch schließlich ein ERZIEHERTEAM, in dem nicht nur einer zu sagen hat, was gemacht wird. Hat sich anscheinend doch einiges geändert, während ich nicht da war. Na, 'mal abwarten, wie es weitergeht.
Für den Nachmittag hat sich Monika diesmal etwas Besonderes ausgedacht: Sie beabsichtigt, bei dem schönen Wetter mit den Kindern auf Fahrrädern zum nahegelegenen See zu fahren und dort ein idyllisches Picknick abzuhalten. Die

Gitarre hat sie auch dabei. Sie hat im Urlaub einige neue Lieder von den „ABBA" eingeübt, der Beatgruppe, für die die Kinder z. Z. besonders schwärmen. Und mit der Küche geht auch alles klar. Sie können sich dort Kuchen und Tee abholen.

Als sie ihren attraktiven Vorschlag den Kindern unterbreitet, sind alle hellauf begeistert und schon dabei, ihre Fahrräder zu holen.

Doch plötzlich stößt Bernd seiner Schwester Dagmar den Ellbogen in die Rippen und faßt sich mit der Hand an die Stirn:

„Mensch, verdammt, das geht ja gar nicht. Wir haben doch Wolfgang versprochen, heute in die Stadt zu gehen und die alten Häuser zu photographieren, die uns so gut gefallen."

„Och, Ihr immer mit Euren blöden Photoapparaten", mault Bärbel, „haut bloß ab, wir können auch ohne Euch fahren. Los, kommt, wir gehen jetzt!"

„Halt, halt, so geht's ja nun auch wieder nicht", mischt Monika sich ein. „Ihr könnt doch auch noch morgen photographieren gehen. Die Häuser werden ja wohl nicht weglaufen, oder?" „Aber wenn wir es doch versprochen haben?! Versprochen ist schließlich versprochen." Dagmar sieht unschlüssig ihren Bruder an.

„Na, überlaß das mir 'mal. Ich werde das schon mit Wolfgang klären", entgegnet Monika mit ungewohnter Bestimmtheit. „Jetzt kommt ruhig mit zum Picknick. Dort könnt Ihr ja dann auch photographieren, wenn es Euch Spaß macht".

Das überzeugt. Eine schwere innere Bürde scheint von Dagmar und Bernd abgefallen zu sein, und es kann nun endlich losgehen.

Monika ist einerseits froh, die beiden mit einiger Überredungskunst doch noch zum Mitkommen bewegt zu haben, andererseits aber empfindlich verärgert darüber, daß Wolfgang sie nicht bereits am Morgen über das Vorhaben von Dagmar und Bernd informiert hat. Wo kommen wir denn da hin, wenn hier jeder ohne vorherige ARBEITSABSPRACHEN tut, was ihm gerade so einfällt, denkt sie grimmig. Da will man die Kinder durch gemeinsame Aktivitäten zu einer GRUPPE zusammenschweißen, und der macht einem die ganze Arbeit kaputt, selbst dann, wenn er nicht einmal da ist. Ich halte mich wenigstens an den TEAMBESCHLUSS, die Gruppenaktivitäten stärker zu fördern, aber die anderen? Außerdem kann er von mir aus mit den Kindern machen, was er will, solange er im Dienst ist. Er soll mir aber nicht in meine Dienstzeit 'reinpfuschen und seine Vorstellungen von Freizeitarbeit aufzwingen. Nee, so nicht!!

Beim Picknick am See ist Monikas Ärger wieder verflogen. Sie tobt mit den Kindern am Strand und im Wasser herum, bis sich alle erschöpft über die Picknickkörbe hermachen. Dann singt Monika ihre neuen Lieder zur Gitarre, und die Kinder lauschen gebannt, als ob sie in eine andere Welt entrückt sind. Ein bestimmtes Lied muß Monika so oft wiederholen, bis alle Text und Musik beherrschen und aus voller Kehle mitsingen können.

Als auf dem Heimweg Bernd und Dagmar unmittelbar vor ihr fahren, wird Monika nachdenklich:

Die beiden waren heute recht eigenartig; besonders Bernd, ganz anders als vor der Reise; richtig unsicher und distanziert hat er sich verhalten. Er hat doch sonst immer besonders auffällig meine Nähe gesucht und sich angekuschelt und konnte nie genug

Körperkontakt und emotionale Zuwendung bekommen; war schon direkt peinlich manchmal, wenn er mir nicht vom Schoß wollte. Aber jetzt ... als ob er mir ständig ausweicht.

Versteckt sich die ganze Zeit über hinter seinem Photoapparat. Was ist nur los mit ihm? ... Ob er Probleme hat? ... Oder ob er langsam in das Alter kommt, in dem Zärtlichkeit und Schmusen als „unmännlich" gilt? ... Oder ob vielleicht die Kollegen während meiner Abwesenheit etwas Schlechtes über mich ... nein, das kann nicht sein.

Das schlechte Gewissen über ihr aufkeimendes Mißtrauen schiebt diesen Gedanken schnell beiseite.

Er benimmt sich z. Z. manchmal wie Wolfgang, schießt es ihr plötzlich durch den Kopf. Ja, das wird es sein: Er identifiziert sich zu stark mit ihm; steht ja auch vollkommen unter dessen Fuchtel, wie es scheint. Kein Wunder, daß die Kinder innerlich so zerrissen sind, bei dem ständig wechselnden Einfluß!

Manchmal glaube ich, daß es für alle besser ist, einfach mit zwei, drei Kindern eine Sonderpflegestelle aufzumachen. Da sind sie wenigstens nicht dem andauernden Bezugspersonenwechsel ausgeliefert und wissen, wo sie hingehören. Außerdem können die Kollegen einem nicht laufend in die Erziehungsmethoden 'reinreden, die man für richtig hält. Das stört doch nur den gesamten Prozeß ...

Aber mit wem soll ich denn das Problem jetzt besprechen? ... mit Bernd? ... nein, lieber nicht, der versteht sicher selbst noch nicht, was im Augenblick mit ihm los ist ... Und im TEAM *läuft da erst recht nichts ab. Die tun dann alle wieder so, als ob das ausschließlich mein Problem wäre. Na ja, 'ne Hilfe sind die in so 'nem Falle nicht gerade. So'n Problem läßt sich in der* ERZIEHERGRUPPE *bei uns einfach nicht ansprechen. Die lassen einen glatt aussteigen ... Unter* SOLIDARITÄT, *von der bei uns ständig gefaselt wird, verstehe ich jedenfalls etwas anderes ... Da kann man doch gleich alles allein machen, das wäre sowieso einfacher ...*

Mit diesen dumpfen Gedanken im Kopf steigt Monika vom Fahrrad: Sie sind wieder daHeim.

Das Team ist tot, es lebe das Team!

Wir haben es offensichtlich mit einem paradox anmutenden Phänomen zu tun:
Das Team, hier also die Gruppe der pädagogischen Mitarbeiter im Heim, wird einerseits häufig als zusätzliche Belastung empfunden, als Hemmschuh für die subjektiven Vorstellungen, Ziele, Zwecke, Absichten und Interessen. Die naheliegende Konsequenz liegt auf der Hand, unabhängig davon, ob sie uns gefällt oder nicht: „Ohne die anderen komme ich letzten Endes besser und schneller zum Erfolg."

Andererseits wird fast im gleichen Atemzug und trotz (oder vielleicht gerade wegen) des permanent erlebbaren Kooperationsmangels die Fähigkeit zur Teamarbeit zum Fetisch, zum unergründlichen Mysterium hochstilisiert. Die logisch-konsequente

Behauptung heißt in diesem Falle: „Wenn wir ein gutes Team wären, hätten wir kaum noch Probleme bei der Erziehung der Kinder/Jugendlichen im Heim."
Wir halten die eine Aussage für ebenso falsch wie die andere. Zum Beweis und um den in ihnen enthaltenen Widersinn zu ergründen, wollen wir im folgenden einige Erklärungsversuche unternehmen.
Lassen Sie uns für dieses Vorhaben zunächst Kriterien und Ansprüche formulieren, die eine gute Zusammenarbeit im Team begründen.
Gute Teamarbeit kann sich nur auf der Grundlage eines freiwilligen gemeinsamen Lernprozesses entwickeln.
Sie ist gekennzeichnet durch:[2]

- *Offene Kommunikation* – Schwierigkeiten mit den Kindern und untereinander werden offen angesprochen.
- *Hohe Reflektionsbereitschaft* – d.h. Bereitschaft der Teammitglieder, das eigene Verhalten mit Hilfe der anderen kritisch zu überprüfen, sowie das Bemühen, gemeinsam Einsicht in die Ursachen von Schwierigkeiten, die in der Arbeit auftreten, zu gewinnen.
- *Verbindlichkeit untereinander* – gemeinsam gefaßte Beschlüsse werden von allen eingehalten.
- *Verantwortung füreinander* – d.h. Bereitschaft, anderen Kollegen, die Schwierigkeiten haben, zu helfen und nicht die Schwierigkeiten anderer für die Stärkung der eigenen Position zu mißbrauchen.
- *Diskussionsfähigkeit* – anderen zuhören, andere zu Wort kommen und ausreden lassen.
- *Emanzipation der Teammitglieder* – hierzu gehört das Bewußtsein, daß Macht- und Konkurrenzbedürfnisse bei jedem Teammitglied, also auch bei einem selbst, nicht auszuschließen sind. Rivalität und Machtkämpfe laufen häufig unbewußt ab. Diese Prozesse gemeinsam zu erkennen, ist eine hohe Teamleistung. Erfahrene Teams sind darüber hinaus bereit, sich durch außenstehende Berater hierbei helfen zu lassen.
- *Solidarität der Teammitglieder* – d.h. Bereitschaft, die Hindernisse, die einer erfolgreichen Zusammenarbeit und pädagogischen Arbeit im Wege stehen, gemeinsam zu überwinden, auch wenn dies einen sehr schmerzlichen und schwierigen Prozeß bedeutet.

Gute Teamarbeit wird begünstigt durch[3]:

- ein *möglichst angstfreies Klima* im Team.
  Dies ist weitgehend abhängig von:
  - den institutionellen Bedingungen, z.B. der Heimhierarchie oder den Zwängen, die sich aus der Heimordnung, aus den Forderungen des Trägers oder der Heimleitung ergeben;
  - der Frustrationstoleranz der Teammitglieder;
  - der Bereitschaft aller, Fehler einzugestehen;

---

2 QuaBS 1. Überarbeitete Arbeitshilfe 22
3 QuaBS 1. Überarbeitete Arbeitshilfe 22A

- der Bereitschaft aller, Äußerungen über Fehler und Schwächen nicht gegen die zu verwenden, die sie eingestehen;
- der Bereitschaft, emotionale Vorbehalte und Vorurteile zu benennen, wenn hierdurch latente Spannungen auftreten;
- der Bereitschaft, die eigenen emotionalen Vorbehalte gegenüber anderen selbstkritisch zu überprüfen und zu versuchen, die realen Gründe dafür ausfindig zu machen.

- *ungehemmten Informationsfluß* – alle für die pädagogische Arbeit mit den Kindern wichtigen Informationen werden an alle weitergegeben, damit niemand durch Informationslücken in der Arbeit benachteiligt wird.
- *Qualifikation der Teammitglieder* – d.h. Sensibilität und Verständnis gegenüber sozialpädagogischen Mechanismen, Einsicht in die materiellen Zwänge, die gute Zusammenarbeit behindern, Fähigkeit, konstruktive Konfliktlösungen und Entscheidungen durch Kommunikation in der Gruppe herbeizuführen.
- *Geringe Fluktuation* unter den Teammitgliedern.
- *Ausreichend Zeit für Teamsitzungen* – im Heim müßten mindestens 4 Stunden in der Woche als Arbeitszeit für regelmäßige Teamgespräche angerechnet werden.

Genug, diese Aufzählung dürfte vorerst genügen. Sollten Sie dennoch Lust verspüren, den Anspruchskatalog zu vervollständigen, so tun Sie dies; es fehlen bestimmt noch einige Kriterien!

Wir werden versuchen, Sie anschließend behutsam und mit sanfter Gewalt aus den Wolken wieder in die niederen Gefilde der irdischen Heimrealität zurückzugeleiten. Dort angekommen, werden wir überprüfen können, ob und wie die eingangs postulierten Zielvorstellungen auf die Bedingungen übertragen werden können, unter denen Erzieher in Heimen arbeiten. Es wird daher zum wiederholten Male erforderlich sein, sich den Arbeitsplatz des Erziehers ins Visier zu rücken.

Wenn ein Erzieher seine Tätigkeit im Heim beginnt, so wird er in der Regel weder von vorneherein seine Mitarbeiter kennen, noch diese sich aussuchen können. Er gerät in eine *Zwangsgruppe* (im Gegensatz zur *Wunschgruppe*), deren gemeinsame objektive Aufgabe darin besteht, für tarifliche Bezahlung Minderjährige zu erziehen. Er hat dafür ebenso wie seine Kollegen eine bestimmte Mindest-Stundenzahl abzuleisten (40 Stunden in der Woche). Da gewährleistet werden muß, daß jeweils wenigstens eine Erziehungsperson pro Gruppe im Heim anwesend ist, werden zur Aufrechterhaltung der formalen Arbeitsorganisation *Dienstpläne* aufgestellt, die die Dienstzeiten der Mitarbeiter technisch regeln. Dabei wird beispielsweise in Berlin in der Regel von einem Erzieherschlüssel von 4,5 pro Gruppe mit 12 Minderjährigen ausgegangen (vgl. dazu im einzelnen Kapitel 8).

Diese Voraussetzungen machen es erforderlich, daß die wöchentliche Arbeitszeit im *Schichtdienst* abgewickelt wird. Dieser kann nach unterschiedlichen Arbeitstakten geregelt werden; das Spektrum reicht vom Acht-Stunden-Dienst bis zum Dienst „rund um die Uhr" mit entsprechenden Zwischendiensten.

Wir können an dieser Stelle als erstes Zwischenergebnis festhalten: Die Absicht, Kinder/Jugendliche in Heimen zu erziehen, zwingt die Mitarbeiter dazu, ihre Tätigkeit *arbeitsteilig* zu organisieren. Infolge dieser *Arbeitsteilung* ist ein Mindestmaß an organisatorischen und inhaltlichen *Arbeitsabsprachen* zur Aufrechterhaltung des beabsichtigten Institutionszwecks (Erziehung von Minderjährigen) erforderlich.

Diese Absprachen wiederum werden in Teamsitzungen, bei der Dienstübergabe, durch Aufstellung in Dienstplänen, durch Eintragungen ins Erzieherbuch oder auch informell getroffen *(Informationsfluß)*.

Doch wenden wir uns noch einmal dem *Schichtdienst* zu. Er bewirkt,

▶ daß der gesamte, komplexe Erziehungsprozeß durch tarifliche Arbeitsvorschriften in Einzelteile zerhackt wird;

▶ daß der Erzieher im Dienst nur einen bestimmten Bruchteil der Heimwirklichkeit erlebt;

▶ daß trotz der Informationsübermittlung bei Dienstübergabe die Kontinuität wichtiger pädagogischer Prozesse stark beeinträchtigt, wenn nicht gar verhindert wird;

▶ daß sich Erzieher innerhalb ihrer Dienstzeit, d. h. in Ausübung ihrer Tätigkeit, kaum gegenseitig erfahren können und infolgedessen wenig über die tatsächliche Erziehungspraxis der Kollegen wissen;

▶ daß der Erzieher nicht immer dann anwesend sein kann, wenn er von den Kindern/Jugendlichen gebraucht wird, sondern nur, wenn er Dienst hat;

▶ daß Kinder/Jugendliche sich ständig auf unterschiedliche Erziehungsstile und Verhaltenserwartungen der jeweiligen Erzieher umstellen müssen.

Da die Möglichkeiten kooperativen Handelns im *Vollzug* des Erziehens praktisch nicht vorhanden sind, bleibt eine gemeinsame Zusammenarbeit der Teammitglieder reduziert auf wöchentliche Gruppenbesprechungen. *Hier,* im Kreise der Kollegen, und nicht im unmittelbaren Erziehungsdienst muß jeder wortgewaltig beweisen, daß er ein „guter Erzieher" ist. *Hier* können die Ansprüche an sich selbst und an die Kollegen formuliert werden. *Hier* gilt es, keine Schwäche zu zeigen und recht zu behalten. *Hier* werden formale und inhaltliche Absprachen getroffen, die von allen ohne Ansehen der Person und ohne Kenntnis der jeweiligen Erziehungspraxis des anderen eingehalten werden müssen.

Das Team setzt also in den Besprechungen die Normen auf der Anspruchsseite, und zwar oft ohne Rücksicht auf deren konkrete Einlösungsmöglichkeit. Es fungiert gewissermaßen als „Über-Ich", als schlechtes Gewissen der Erzieher.

Da die meisten Erzieher jedoch bald merken, daß sie der Vielzahl von Zielvorstellungen und Ansprüchen auf die Dauer nicht genügen, insbesondere gerade deswegen, weil sie im Erziehungsalltag auf sich selbst gestellt sind, sind sie zur Aufrechterhaltung ihres Selbstbildes vor sich und anderen gezwungen, aus der Ausweglosigkeit Auswege zu finden[4]. Es wird zu zeigen sein, daß diese „Auswege" Situationen heraufbeschwören, in denen die Kollegen weniger miteinander als vielmehr gegeneinander arbeiten. Die Kinder/Jugendlichen sind als Objekte von Erziehung gleichzeitig deren Erfolgsmaßstab und tragen zur Produktion bzw.

---

4 Zum Problem der Aufrechterhaltung des Selbstbildes vgl. L. Krappmann: Soziologische Dimensionen der Identität, S. 70 ff. und S. 150 ff.

Aufrechterhaltung des beruflichen Selbstbildes von Erziehern in erster Linie bei. Auch sie stellen in ihrer fast grenzenlosen Zuwendungsbedürftigkeit Anforderungen, denen sich die Erzieher nicht ohne weiteres entziehen können. Auch sie kämpfen um die Gunst und Zuwendung „ihrer" Erziehungspersonen.

So geraten die pädagogischen Mitarbeiter in eine weitere, kaum aussichtsreichere Zwangslage[5]:

Um sich selbst als „gute Erzieher" definieren zu können, sind sie darauf angewiesen, sich ihre berufliche Anerkennung bei Kollegen und Vorgesetzten über die Beliebtheit bei den Kindern/Jugendlichen zu sichern[6]. Dieser Kampf wiederum setzt die Kollegen untereinander in *Konkurrenz* und bringt die Minderjährigen in zusätzliche Konflikte. Das Bemühen um die persönliche Zuwendung einzelner Kinder/Jugendlicher hat unter solchen Voraussetzungen oft eine eigentümliche Distanzlosigkeit und Interventionsangst der Pädagogen zur Folge.

Wir halten dieses Erscheinungsbild für ein typisches Professionalisierungs-Problem von Lohnerziehern[7]. Stehen sie doch vor der Schwierigkeit, eine Aufgabe als ihre Berufsrolle zu definieren, die in der Familie üblicherweise von den Eltern ohne besondere pädagogische Kenntnisse und ohne unmittelbare Entlohnung wahrgenommen wird: die (Ersatz-) Erziehung Minderjähriger.

Der Anteil der Erziehungstätigkeit, der gewissermaßen „gratis" mitübernommen wird und nicht institutionell verordnet werden kann, nämlich der Aufbau von Bindungsfähigkeit und stabilen sozialen Beziehungen, gerät zwangsläufig in Konflikt mit dem formalen gesellschaftlichen Institutionszweck von Heimerziehung, der Betreuung und Verwahrung Minderjähriger[8].

Unter den oben beschriebenen Konkurrenzbedingungen liegt die Tendenz nahe, daß eine Erscheinung, die S. Bernfeld mit „Liebespädagogik"[9] umschrieben hat, die Erziehungswirklichkeit zu bestimmen droht. Die geheime Angst, die Gunst der Minderjährigen zu verlieren, verhindert dann tendenziell, daß notwendige, wenn auch unbequeme und unpopuläre Anforderungen an sie gestellt werden. Durch die Scheu vor pädagogisch gebotenen Interventionen jedoch werden Handlungs- und Orientierungsmöglichkeiten von Kindern/Jugendlichen erheblich beeinträchtigt; denn Umarmen bedeutet gleichzeitig auch Festhalten.

Ein Merkmal von Konkurrenz ist, daß die „Starken" über die „Schwächeren" dominieren. Ihr „Erfolg" liegt im „Versagen" der anderen. Diese Überlegung, auf das vorher Beschriebene gewendet, zeigt eine besondere Brisanz.

Stellen Sie sich vor, Ihnen ist der „Ausweg" versperrt, Ihre Zuwendung und Liebe an einzelne Kinder zu richten, da Sie in dem Konkurrenzkampf um die Gunst der Kinder zu den Verlierern gehören. Was bleiben Ihnen dann noch für Wege, wenn Sie dem Anspruch an sich selbst, also Ihrem Selbstbild, entsprechen wollen?

---

5 Vgl. dazu W. Schmidbauer: Die hilflosen Helfer, S. 155ff.
6 Vgl. dazu H. E. Richter: Flüchten oder Standhalten, S. 140ff.
7 Zur Bedeutung der Lohnarbeit im Bereich der öffentlichen Erziehung vgl. G. Heinsohn/R. Knieper: Theorie des Familienrechts, S. 216ff.
8 K. Ottomeyer: Ökonomische Zwänge und menschliche Beziehungen – soziales Verhalten im Kapitalismus, S. 204/205
9 S. Bernfeld: Antiautoritäre Erziehung und Psychoanalyse, Bd. 1, S. 269ff.

Auf diesem Hintergrund wird es verständlich, wenn wir im Heim Kollegen antreffen, die nicht nur verbittert sind, sondern die Kinder und Jugendlichen als Störenfriede und Gegner erleben, die nur eins wollen, nämlich ihnen das Leben schwer machen; und die überdies glauben, die Minderjährigen hätten es lediglich darauf abgesehen, die Erzieher zu hintergehen. Konsequenterweise sehen sie dann ihre eigentliche Erzieheraufgabe darin, den Kindern und Jugendlichen „auf die Schliche zu kommen"[10].

Es ist einsichtig, daß unter den so beschriebenen Voraussetzungen der Anspruch an Teamarbeit nur schwer eingelöst werden kann. Die damit verbundenen Konkurrenzbedingungen halten wir für einen Reflex der strukturellen Widersprüche, die wir noch einmal zusammenfassend kennzeichnen wollen:

- Der offizielle Erziehungszweck widerspricht dem organisatorischen Aufbau der Institution (vgl. Schaubild Kapitel 2).
- Zuneigung und Liebe zu den Kindern und Jugendlichen lassen sich nicht institutionell verordnen.
- Der komplexe Erfahrungszusammenhang der Familie läßt sich unter den Bedingungen der Ersatzerziehung nicht herstellen.
- Obwohl in der täglichen Erziehungspraxis keine direkten Kooperationsformen möglich sind (Schichtdienst), werden die Ansprüche an Teamarbeit als professionelles Kriterium des Erziehers unvermindert aufrechterhalten.

Diese paradoxe Situation bewirkt eine ständige Verhaltensunsicherheit bei den Erziehern, die sie letztlich dazu veranlaßt, entgegen und im Widerspruch zu den gesetzten Anspruchsnormen zu handeln. Über diese Schwierigkeiten kann man aber im Team nicht reden, denn unter Konkurrenzbedingungen käme dies einem Angebot gleich, durch die eingestandenen eigenen Schwächen die anderen Kollegen stark zu machen.

Eine Folge davon ist, daß sich die Inhalte der Teamsitzungen auf formale – weil ungefährliche – Bereiche beschränken. Fatalerweise können die Ansprüche an die Kollegen und sich selbst nicht aufgegeben werden, da es sich keiner leisten kann, diesen öffentlich abzuschwören. Dies käme einem Zugeständnis der eigenen Schwäche oder der mangelnden beruflichen Kompetenz gleich. Deshalb benimmt sich jeder so, als würde er die an ihn gestellten Erwartungen erfüllen können.

Kann man sich aus diesem Dilemma befreien? Die Antwort darauf fällt leider so aus wie die von Radio Eriwan: Prinzipiell nein, aber es läßt sich trotzdem etwas verändern. Zugegeben, eine dürftige Antwort. Untersuchen wir deshalb das Problem noch einmal unter dem Gesichtspunkt der tendenziellen Veränderbarkeit.

---

10 K. Ottomeyer: A. a. O., behauptet in diesem Zusammenhang:
  Die Kinder/Jugendlichen „können – solange die Erziehung nicht bewußt politisch betrieben wird – nicht als mögliche spätere Kooperationspartner beim gemeinsamen Aufbau verbesserter Lebensbedingungen und einer sinnvollen Gesellschaft wahrgenommen werden; nicht als Subjekte, die ich für die Durchsetzung und Erhaltung meiner materiellen Lebensinteressen brauche, ebenso wie sie mich brauchen, sondern primär nur als kleine Nervensägen, die mit ihren Ansprüchen meine Arbeitskraft und seelische Gesundheit zu zerrütten drohen." (S. 204/205)

Zunächst müssen wir uns klar machen, daß – auch wenn es manchmal so aussieht, als wäre es so – die Erzieher *nicht* die Eltern der Kinder sind und sie nicht außerhalb ihrer Arbeit erziehen. Die Erziehung von Minderjährigen ist ihr Beruf, und sie haben, wie alle anderen Arbeitnehmer auch, berechtigte Arbeitnehmerinteressen. Diese zu verleugnen, hieße den Illusionen über die eigene berufliche Tätigkeit Vorschub zu leisten. Wenn Erzieher für die Interessen der ihnen anvertrauten Kinder und Jugendlichen eintreten wollen, sollten sie ihre eigenen kennen. Dabei wird festzustellen sein, daß Erzieher-Interessen und die der Kinder sich in Teilen unvereinbar gegenüber stehen (im nächsten Kapitel behandeln wir diese Fragen genauer). Der erste Schritt aus der Bredouille ist also, die vorfindbaren Widersprüche zunächst als bestehenden Fakt zu akzeptieren. Das ist leicht geschrieben, verlangt aber in der Praxis vom Erzieher, daß er die Widersprüche erkennt, die vorhandenen Mehrdeutigkeiten aushält und diese in einer Weise auszubalancieren trachtet, die die Entwicklung von Handlungsschritten zuläßt.

Wenn von Lohnerzieherinteressen die Rede war, so waren damit nicht nur etwa die ökonomischen Interessen an der Erhaltung und Verbesserung des Lebensstandards gemeint, sondern auch alle Bestrebungen, die zur Erhaltung und Sicherung von Rollen bzw. zur Aufrechterhaltung des Selbstbildes, der Hoffnungen und Perspektiven beitragen[11]. Es liegt also auch im Interesse des Erziehers, sich in seinem Beruf Erfolge zu verschaffen. Wenn es dem Erzieher gelingen soll, eine relative Berufszufriedenheit zu erreichen, so kann dies nur unter Mitberücksichtigung der Interessen derjenigen geschehen, die Objekte seiner beruflichen Tätigkeit sind. Unter dieser Voraussetzung sind die Ansprüche an Kooperation, Teamfähigkeit usw. nicht mehr sinnentleerter Selbstzweck, sondern beziehen sich direkt auf den Gegenstand der Arbeit, nämlich die tägliche berufliche Praxis der Erziehung. Es ist daher wichtig, daß die Erziehergruppe vorläufige gemeinsame Ziele formulieren kann, die sowohl den Interessenlagen der Kinder und Jugendlichen als auch den eigenen Rechnung tragen.

Diese ersten Kooperationsversuche bedeuten jedoch auch gleichzeitig eine Schwierigkeit: Es ist für die in Handlungszwängen stehenden Praktiker nicht möglich, an einem beliebigen Punkt Null zu beginnen; denn die Strukturen, die bisher Kooperation verhindert haben, sind nicht durch Willensakte außer Kraft zu setzen. Es wird vielmehr darauf ankommen, Anlässe zu schaffen, in denen Kooperation als notwendiges Mittel zur Durchsetzung von gemeinsamen Zielen erfahren werden kann. Das bedeutet, daß von den Teammitgliedern gemeinsame Aktivitäten geplant und unternommen werden müssen, die die Chance zu kooperativen Verhaltensweisen provozieren. Indem Erzieher sich gegenseitig in gemeinsamer Tätigkeit erfahren können, schaffen sie die Basis für eine sachbezogene Arbeitsteilung. Damit besteht gleichzeitig die Möglichkeit, Konkurrenzen untereinander tendenziell zurückzudrängen und allmählich den qualitativen Vorteil von Gruppenarbeit zu erkennen

---

11 Vgl. G. Soukup: 7 Thesen zur Didaktik der Heimerzieherfortbildung in: Neuer Rundbrief, 4/1972, S. 15

und planvoll auszunutzen. So verstanden bedeutet Teamarbeit, die von den einzelnen repräsentierten Begabungen, Neigungen und Kenntnisse im Hinblick auf ein gemeinsames Arbeitsziel zur Entfaltung kommen zu lassen, zusammenzufassen und zu ergänzen.

Weiterführende Literatur:
H. E. RICHTER: Lernziel Solidarität, insbesondere S. 79–122, Reinbek 1974.
M. KOKIGEI: Kooperation zwischen Erzieherinnen, Berlin 1975.

4 „Wir sitzen alle in einem Boot!"

Die einen steuern, die anderen müssen rudern.

Aha, es ist klar, worum es gehen soll: um Hierarchie im Heim. Wir wollen in diesem Kapitel die Interessenbrechungen durch Hierarchie untersuchen und wie diese sich im Alltag auf Träger – Leitung – Erzieher – Kinder/Jugendliche niederschlagen.
Wir werden feststellen, daß besagte Interessen nicht widerspruchsfrei sind und sich bisweilen überschneiden.
Es klingt zunächst paradox, aber wir vermuten, daß derselbe Mechanismus, der Veränderung und Experimente verhindert, uns die Hinweise gibt, wie man damit umgehen kann, um genau das, was er zu verhindern scheint, einzuführen.
Zu diesem Zweck müssen wir uns genauer vertraut damit machen, welche Interessen von wem vertreten werden. Schwierig wird es, in den individuellen Verhaltensweisen die Folgen von Interessenlagen aufzuspüren, denn üblicherweise sind wir geneigt, sehr moralisch an Einstellungen und Verhaltensweisen heranzugehen. Das heißt aber nichts anderes, als daß wir uns Vorwürfe machen und an unserer oder der Kompetenz von anderen zweifeln.

Warnung!

Wir haben eine unbequeme Einsicht zu vermitteln.

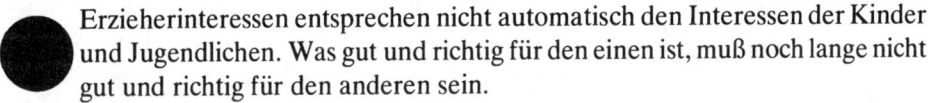

Erzieherinteressen entsprechen nicht automatisch den Interessen der Kinder und Jugendlichen. Was gut und richtig für den einen ist, muß noch lange nicht gut und richtig für den anderen sein.

Sie glauben uns nicht? Lesen Sie bitte unser Beispiel.

– Die Baumhausaffäre –

1. CHRONIK DER EREIGNISSE

24. März *Die Kinder der Gruppe III im Kinderheim „Schlaraffenland" sehen im Fernsehen, wieviel Spaß dort Kinder mit einem Baumhaus haben. Sie beschließen spontan: „Wir bauen auch so ein Baumhaus!" Der anwesende Erzieher erklärt auf Befragen: „Eine gute Idee, ich werde sehen, was sich machen läßt." Die Kinder sind begeistert, laufen in den Garten und legen den Baum fest, auf dem ein Baumhaus gebaut werden soll.*

Danach zeichnen sie Pläne vom Haus. Der Erzieher ist zufrieden, und er wird später sagen: „So friedlich war's lange nicht mehr!"

28. März TEAMSITZUNG *in Gruppe III. Der Erzieher erzählt von der Idee des Baumhauses und von der Begeisterung der Kinder. Nach längerer Diskussion kommt das Team zu folgendem Beschluß: Der „Baumhausbau" ist pädagogisch wertvoll und daher zu unterstützen. Da wir Erzieher den normalen Gruppenbetrieb aufrechterhalten müssen, sehen wir uns nicht in der Lage, selbst mit den Kindern ein Baumhaus zu bauen. Hinzu kommt, daß unsere Freizeitmittel nicht verbraucht werden dürfen. Wir fordern deshalb: 1. Einstellung einer fachkompetenten Honorarkraft an drei Doppelstunden in der Woche für zwei Monate, 2. Sondermittel für das benötigte Holz, Nägel, Farbe. 3. Neues Werkzeug.*

31. März *Die Erzieher tragen ihre Forderungen dem Heimleiter vor. Dieser verspricht, im Amt 'mal herumzuhören.*

5. April *Der Heimleiter fordert die Erzieher auf, einen Antrag an das Bezirksamt zu schreiben, den er dann befürworten würde und an's Amt weiterreicht.*

20. April *Die Erzieher haben den Antrag beim Leiter abgegeben.*

25. April: *Der Leiter reicht den Antrag mit Stellungnahme weiter.*

11. Mai *Das Amt antwortet dem Heimleiter. Inhalt: Wir finden die Idee des Baumhausbaues auch gut, bitte teilen Sie mit, wie Sie eine Gefährdung der Kinder ausschließen können; ob es nicht eine Hütte auf der Erde auch täte?*

15. Mai *Leiter bespricht sich mit Erziehern. Wie soll gesichert werden, daß während der Bauzeit und danach keine Unfälle passieren? Ergebnis: Es darf nur gebaut bzw. genutzt werden, wenn ein Erzieher oder die Honorarkraft anwesend ist. Die Hütte auf der Erde wird verworfen, da die Erzieher meinen, daß die Kinder die Möglichkeit erleben sollten, eine Idee auch Wirklichkeit werden zu lassen. Der Leiter verlangt von den Erziehern, daß sie die Kinder in der Weise beeinflussen, daß das einmal gebaute Baumhaus von allen Heimkindern benutzt werden dürfe.*

17. Mai *Die Kinder fragen den Leiter, ob das Amt schon das Geld geschickt hat, sie hätten auf einer Baustelle billiges Holz gesehen. Sie hätten sich schon erkundigt, sie würden es bekommen. Der Leiter verneint und spricht die Kinder auf die kollektive Nutzung an. Wütender Protest der Kinder, dies sei ihre Idee, da käme nur der herein, den sie reinlassen.*

23. Mai *Leiter schreibt ans Amt. Inhalt: Für die Unfallverhütung kann Sorge getragen werden. Erzieher und Honorarkraft beaufsichtigen alles.*

10. Juni *Amt antwortet. Inhalt: Alles in Ordnung, wir haben hier Holz beim Gartenbauamt, das kann dafür verwendet werden. Für Honorarkraft kein Geld, da man dann diese Vergünstigung auch den anderen Heimen einräumen müßte. Das Holz müßte schnell abgeholt werden.*

15. Juni *Teamsitzung: Leiter hat Schreiben der Verwaltung mitgebracht. Die Erzieher sind empört. Der Leiter versucht zu vermitteln. Er selbst und der Hausmeister Nagel könnten doch zusammen mit den Erziehern das*

Baumhaus bauen. Die Erzieher lehnen dies ab mit den bekannten Argumenten. Wenn – und hier sind sie sehr spitzfindig – keine Honorarkraft eingestellt würde, könnten sie auch nicht die geforderte Beaufsichtigung leisten. Der Leiter wird aufgefordert, in diesem Sinne noch einmal mit dem Amt zu korrespondieren.

20. Juni *Leiter schreibt erneut an das Amt.*

2. Juli *Amt antwortet mit folgendem Inhalt: Können aus bereits beschriebenen Gründen keine Honorarmittel zur Verfügung stellen. Im Übrigen sei das versprochene Holz anderweitig vergeben.*

5. Juli *Erzieher erfahren davon, teilen den Kindern mit, daß das Baumhaus von Amts wegen nicht gebaut werden könne.*

6. Juli *In der Nacht ist der Baum, auf dem das Haus gebaut werden sollte, von Unbekannten angehackt worden.*

2. STELLUNGNAHMEN ZUR AFFÄRE „BAUMHAUS" AUS DER SICHTWEISE DER BETEILIGTEN

Das Amt:

Im Prinzip versuchen wir ja immer, das Beste für die Kinder einzurichten. In diesem Fall, beim Baumhaus, trifft uns am Scheitern des Projekts keine Schuld. Haben wir doch von uns aus sogar Vorschläge gemacht, wie ein solches Projekt zu verwirklichen ist.

Die geforderte Honorarkraft mußten wir ablehnen, da dies ein erster Schritt gewesen wäre, eine Kette weiterer Anforderungen zu provozieren. Im übrigen meinen wir, daß es sehr wohl eine Aufgabe der Erzieher ist, die Freizeitgestaltung unserer Schutzbefohlenen zu gestalten. Wo kämen wir da hin, wenn für jede Maßnahme ein extra Beschäftigter eingestellt werden müßte? Und wenn wir hier nachgegeben hätten, ständen die anderen Einrichtungen mit dem gleichen Recht vor unseren Türen.

Wenn meine Mitarbeiter die Sicherheit der uns anvertrauten Kinder und Jugendlichen nicht gewährleisten können, dürfen wir ein solches Projekt gar nicht zulassen.

Abschließend möchte ich noch einmal ganz klar stellen: Wir – und das heißt hier immer auch die Allgemeinheit – zahlen Unsummen dafür, daß sie sich mit den Kindern beschäftigen, und nicht dafür, daß sie uns immer gleich andere nennen, die eigentlich ihre Aufgabe übernehmen sollen.

Bei der nächsten Leiterbesprechung muß dieses Thema einmal auf den Tisch.

Der Leiter:

Schade, daß es mit dem Baumhaus nicht geklappt hat, es wäre eine so gute Sache gewesen. Und wenn das Heim 'mal wieder besucht worden wäre, hätte ich denen 'mal etwas zeigen können, sonst sieht man ja so schlecht, was für eine Mühe ich mir gebe, das Heim nach besten Kräften und pädagogischen Gesichtspunkten zu leiten. Daß die Erzieher so hartleibig waren, ist doch zu dumm. Das wäre schon gegangen ohne diese Honorarkraft. Es sind sowieso schon zuviel Erwachsene um die Kinder herum.

Das Amt hat mich ja mit den Unfallverhütungsmaßnahmen ganz schön reinlegen wollen. Aber nicht bei mir, dazu müssen sie früher aufstehen. Da mache ich mir die Forderung einfach zu eigen, schon haben die Erzieher den Schwarzen Peter in der Hand.

Na ja, vielleicht ist es auch gut so, daß es nicht geklappt hat. Hätte bloß Streit gegeben um die Benutzung des Hauses. Wenn die Erzieher nicht dafür sorgen können, daß alle in das Heimbaumhaus können, ist das nicht nur eine Benachteiligung der Kinder aus den anderen Gruppen, nein, plötzlich würden alle Baumhäuser bauen. Daß die Erzieher aber dann die Kinder aufgehetzt haben, das nehme ich ihnen persönlich übel, das wird auch noch ein Nachspiel haben, lassen einfach zu, daß die Kinder den unschuldigen Baum anhacken. Wenn das die Amtsleitung mitkriegt, gibt's einen Mordsstunk. Mal sehen, wie ich das hindeichsele. Auf jeden Fall werde ich den Erziehern 'mal auf der nächsten Teamsitzung einheizen. So eine dumme Ausrede, hätten nichts von dem Baumfrevel gewußt, das müssen sie doch mitkriegen, wenn keine 10 Meter von ihrem Haus an einem Baum herumgehackt wird. Das ist eine Aufsichtspflichtverletzung.

Schade, daß es mit dem Baumhaus nicht geklappt hat, an mir hat's nicht gelegen, hatte sogar meine Mitarbeit angeboten. Hätte von mir stammen können die Idee, so gut ist sie. Na ja, wenn wir mal einen praktisch veranlagten Jahrespraktikanten kriegen, dann werde ich den dafür motivieren. Die Erzieher in dieser Gruppe reden immer nur, in der nächsten Teamsitzung knöpfe ich sie mir 'mal vor.

Ein Erzieher:

Geschieht denen ganz recht, daß das mit dem Baumhaus nicht geklappt hat. Uns anwichsen, mit Unfallverhütung und so. Haben wir aber geschickt zurückgegeben. War ganz einfach, keine Honorarkraft, kein Baumhaus. Peng, schon hatten sie das Argument wieder am Kopf! Wer uns „leimen" will, muß früher aufstehn. Ist doch wahr, neben dem ganzen anderen Kram soll ich auch noch auf Bäume klettern, ich bin Erzieher und kein Eichhörnchen! Ist ja 'ne ganz gute Idee, aber daß der Heini die Kinder gleich so begeistert, ohne sich zu überlegen, was an Mehrbelastung auf uns zukommt? Das ist ein Handfehler, den sonst nur Praktikanten machen. Schlimm so was. Gott sei Dank haben wir's dann ja noch hingekriegt. Wenn wir eine Honorarkraft hier gehabt hätten, würde ich jede Wette halten, daß uns der erhalten bleibt. Wäre schön gewesen. Wäre auch schön gewesen, wenn wir so'n Baumhaus gehabt hätten. Die anderen Gruppen hätten sich totgeärgert, daß sie nicht auf eine solche Idee gekommen sind. Die von Gruppe I hätten uns ja schamlos kopiert, aber die von Gruppe II hätten das niemals zugestanden, eher würden die ein Hochhaus bauen. Wirklich schade, aber an uns hat es ja nicht gelegen, wir haben schließlich genaue Vorschläge gemacht. Zu blöd nur, daß unsere Kinder den Baum da angepickt haben. Verstehen kann ich's ja, das dürfen sie nur nicht merken. Ich werde sie mir mal einzeln in's Erzieherzimmer holen, wäre doch gelacht, wenn ich nicht herauskriege, wer es war. Gut, daß ich nicht Dienst hatte, als es passiert ist, sonst stände ich jetzt dumm da. Trotzdem, es fällt auf das ganze Team zurück. Wenn ich den kriege, der das mit dem Baum war, dann ... Wir machen ja alles mit, nur verschaukeln lassen wir uns nicht; nicht vom Amt, nicht vom Leiter und schon gar nicht von den Kindern!

Ein Heimkind:

Oh Mann! das ist vielleicht ein mieser Verein hier! Da langweilt man sich zu Tode, nichts passiert, die Erzieher sitzen nur in ihrem Zimmer, und wenn man mal 'ne Idee hat, dann wird sie einem vermiest. Dauernd hieß es: „Es ist noch nicht entschieden!", dabei hatten wir schon Holz besorgt.

Da lebt man schon mit soviel Menschen in einem Haus, hat noch nicht mal ein eigenes Zimmer, muß immer Rücksicht nehmen, keinen Platz, den man mal für sich und seine Freunde haben kann, und dann verlangen die, daß wir ein Baumhaus bauen sollen für alle. Womöglich auch noch für die Kleinen. Dabei ist das Schöne an der Idee, daß man da mal heimlich 'ne Zigarette rauchen kann, von oben auf die anderen spuckt, und wenn die Strickleiter hochgezogen ist, kann einem keiner. Sogar einen Plan hatten wir schon. Aber was ist? Nichts ist! Die reden und reden, Unfallverhütung, Gleichberechtigung, Voreiligkeit, Finanzen, Honorarkraft. Da wird einem ganz schwindelig im Kopf. Was brauchen wir einen zum Bauen? Wir wollten es selber machen! Wieso fehlt Geld? Wir hatten für zwanzig Mark genügend Holz. Was heißt denn gefährlich? Wir können doch klettern, besser als die steifen Böcke von Erwachsenen.

Alles machen sie einem kaputt. Deshalb haben wir auch den Baum kaputt gemacht. Wenn wir nicht dürfen, soll keiner was machen.

Wenn zwei das Gleiche wollen …
Lassen wir uns nicht von den subjektiven Wahrheiten täuschen. Es ist glaubhaft, wenn auch objektiv falsch, wenn die Funktionsträger auf der Hierarchieleiter von sich selbst glauben:

Werfen wir nicht voreilig Steine, wenn wir selbst im Glashaus sitzen. Interessen zu haben, ist nichts Verwerfliches. Uns kommt es darauf an, sie genauer zu erkennen. Der wirkliche Grund, warum es so schwierig ist, mit den im Heim herrschenden Interessen umzugehen, liegt im wesentlichen an zwei Dingen:

● *Der unterschiedlichen MÄCHTIGKEIT einzelner Interessen im hierarchisch organisierten Heim;*

● *Der WIDERSPRÜCHLICHKEIT der im Heim wirksamen Interessen, genauer: An den INTERESSENKOLLISIONEN.*

Ein paar Beispiele, die zeigen sollen, wie sich Interessen auf die Heimrealität auswirken können[1]:

1 Ein Heim hat den öffentlichen Auftrag (offizieller Zweck), familienersetzend zu erziehen. Es wird erwartet, daß die Fachkräfte ihr Können und Wissen optimal zum Nutzen – wir können auch sagen im Interesse – der Heimbewohner einsetzen. Die Mitarbeiter nehmen den Auftrag ernst, bestimmen Erziehungsziele und mit der Konzeption den angestrebten Erziehungsprozeß. Da sie sich von gruppenpädagogischen Erkenntnissen leiten lassen, können sie relativ genau bestimmen, wie und in welcher Zahl die Zusammensetzung der Gruppe gestaltet sein muß, sollen die gesteckten Ziele erreicht werden.

In einer Zeit, in der die ökonomischen Bedingungen der Gesellschaft eine Aufstockung der Heimpflegekosten verhindern und ein „Angebot" an Heimplätzen vorhanden ist, rückt für den Träger des Heimes der Kostengesichtspunkt an die zentrale Stelle. Er wird darauf achten müssen, daß sein Heim optimal belegt ist. Er wird das „stillschweigende Arrangement" – die Gruppenstärke zwar offiziell nicht zu senken, aber durch Nichtbelegung die Grundlage einer besseren pädagogischen Arbeit zu schaffen – nicht mehr tolerieren können. Jedes „angebotene" Kind wird aufgenommen, gleichgültig, ob dies die Konzeption vorsieht oder nicht. Gleichgültig, ob zuvor ein Mitbestimmungsrecht der Erzieher bei der Aufnahme üblich war oder nicht. Eine drohende Gruppenzusammenlegung und die Streichung von Erzieherstellen sind nicht im Interesse der Erzieherschaft.

2 Alle wissen es, Erziehungserfolge sind von einer dauerhaften, tragfähigen Beziehung zwischen Erzieher und Heimbewohner abhängig. Es liegt im Interesse des Erziehungserfolges, nicht ständig wechselnde Erzieher in der Gruppe zu haben und den betreffenden Erzieher jederzeit erreichen zu können. Aber kann dies auch im Interesse des Arbeitnehmers „Erzieher" sein? Offensichtlich nicht, sonst gäbe es keinen Schichtdienst und den damit verbundenen Erzieherschlüssel pro Gruppe.

---

1 Vgl. für die folgenden Ausführungen, insbesondere wie sich Interessenlagen herstellen und auf die Beschäftigten in den sozialen Diensten auswirken: G. Soukup: Die Auswirkungen der sozialen Lage auf die Interessen der Beschäftigten in den sozialen Diensten; Arbeitspapier 6, Pädagogische Hochschule Berlin 1975.

3 Wir haben das Institut der Sonderpflegestellen. Da die Kinder als „sonder"-schwierig gekennzeichnet sind, bedürfen sie, in der Folge dieser Kennzeichnung, eines erheblich höheren Aufwandes an Sach- und Personalmitteln. Die Angemessenheit der Vergütung soll hier gar nicht in Frage gestellt werden. Grundlage des Sonderpflegestellenvertrages sind und bleiben die „besonderen" Verhaltensauffälligkeiten des Pfleglings. Hat die eingeleitete Maßnahme Erfolg, entfällt eine Grundlage des Vertrages, d.h. die Sonderpflegestelle entfällt bzw. wird zu einer „normalen" Pflegestelle umgewidmet. Dies hat für den Pflegestelleninhaber große finanzielle Konsequenzen.
Preisfrage: Wie werden die Erziehungsberichte nach 1, 2 oder 3 Jahren aussehen? (Und wie steht es in diesem Zusammenhang bei den heilpädagogischen Heimen?)

Weitere Beispiele ließen sich ohne Schwierigkeiten finden, jeder Erzieher kann sie erzählen. Wir wollen deshalb hier einhalten und unsere Feststellungen präzisieren:

● *Neben dem offiziellen Auftrag und der formalen organisatorischen Struktur eines Heimes finden wir ein widersprüchliches Geflecht von interessegeleiteten Arrangements, die – nach unseren Erfahrungen meist unausgesprochen – den Alltag des Heimes regeln, dies nennen wir die formelle und informelle Struktur eines Heimes[2].*

Sie könnten jetzt einwenden, daß diese Sätze Ihnen nicht einleuchten wollen, denn nach Ihren Erfahrungen herrscht in den meisten Heimen Ruhe und Harmonie. Wenn es stimmt, daß sich widersprechende Interessen herrschen, müßte doch ständig Unfrieden und Unruhe sein? Sie haben recht, unser Prinzip ist noch unvollständig. Es gibt einen Interessenausgleich.

Nun, das ist gewiß etwas überspitzt dargestellt. Die Erklärung des scheinbaren Widerspruchs: hier Interessenkonflikte, dort Harmonie und Alltagsroutine ist komplexer.
Aus unseren Beispielen haben wir gelernt, daß die Pädagogik allein nicht den Alltag regelt. Wir fanden ein Gestrüpp von Strukturen, die sich als interessegeleitet erwiesen. Anders ausgedrückt, das Heim untersteht benennbaren Bedingungen, Interessen, welche einerseits von außerhalb wirken (z.B. Träger, Schule, Heimaufsicht; aber auch: Tradition, öffentliche Meinung, Jugendarbeitslosigkeit ...) und den Rahmen abstecken für die Interessen, die andererseits sich heimintern arrangieren. Dabei müssen wir die Vorstellung fallen lassen, in der das Heim einem Rangierbahnhof gleich käme, auf dem Züge und Waggons – in unserem Bild die Interessen –

---

2 Vgl. zum Begriff der formellen und informellen Struktur von Organisationen. R. Mayntz: Soziologie der Organisation, S. 81 ff., Reinbek 1969.

Der «Ausgleich»

immer alle auf Trab halten. Das wäre disfunktional und auch psychisch von den Betroffenen nicht lange auszuhalten. Die Interessen haben einen relativen Ausgleich gefunden. Wir können dabei davon ausgehen, daß sich die jeweils stärkeren den jeweils schwächeren gegenüber durchgesetzt haben. Die Sicherung des eigenen Nutzens hat ihren Preis. Es müssen nämlich Koalitionen eingegangen werden. Wir präzisieren:

 Das gefundene Kräftegleichgewicht nutzt je nach Mächtigkeit mehr oder weniger ALLEN beteiligten Interessenträgern.

So haben die eigenen Interessen innerhalb der Koalition ihre eigenen Äußerungsformen, und wir können nur schwer auf den ersten Blick das Ausgangsinteresse erkennen.

79

Das „quasistationäre" Gleichgewicht

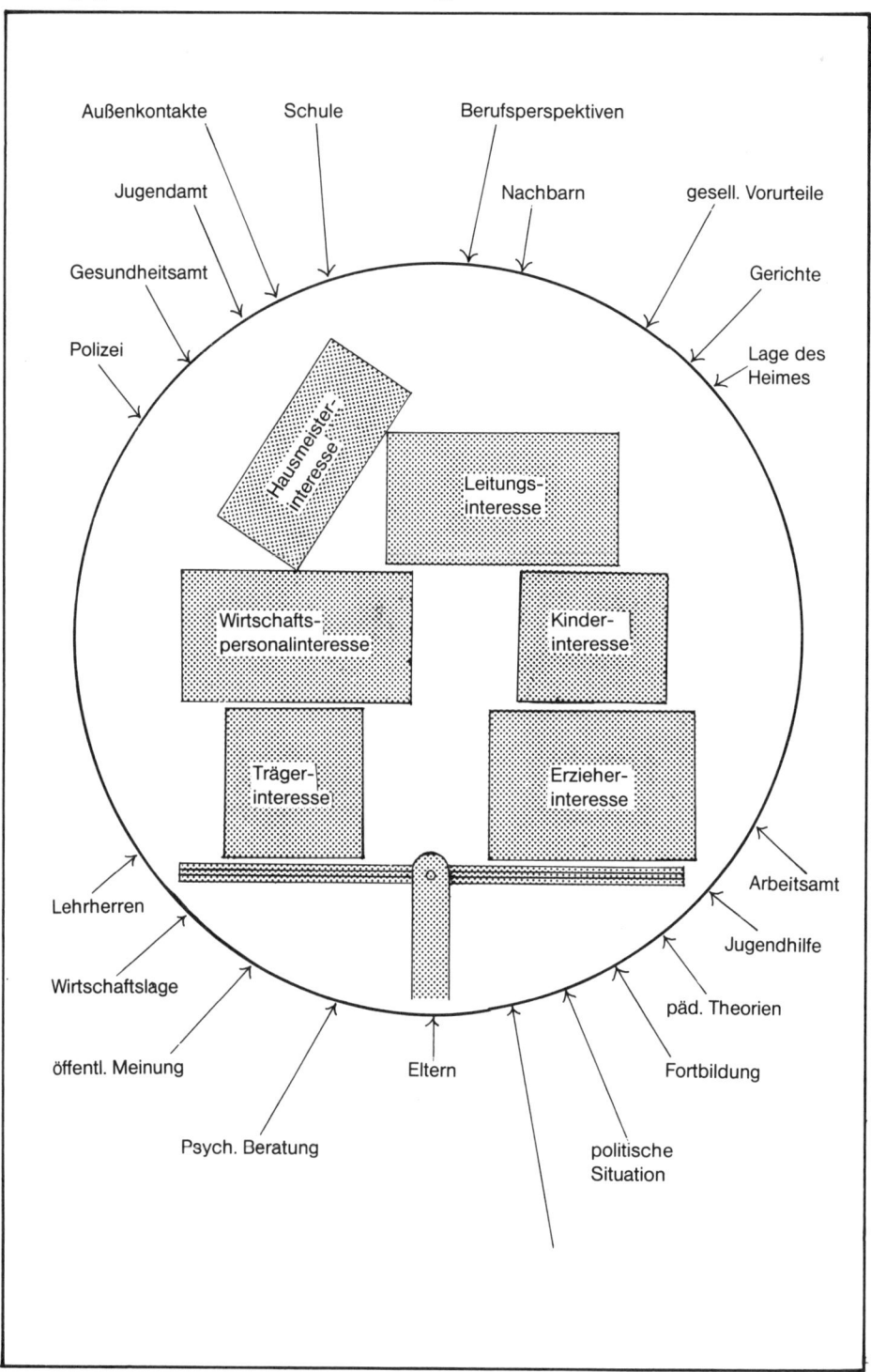

Dieses Kräftegleichgewicht ist aber sehr labil, besonders dann, wenn sich Macht-strukturen verschieben. Wir sprechen deshalb auch von einem „QUASI-STATIONÄ-REN GLEICHGEWICHT"[3]. Da allen Parteien dieses nützlich erscheint, es allerdings beileibe nicht zu sein braucht, ist das Interesse an der Aufrechterhaltung des Gleichgewichts groß.

Die bisherige Darstellung sollte deutlich machen, daß das Erziehungsheim keine Insel abseits gesellschaftlicher Zwänge ist. Es spiegelt sie nur wider.

Deshalb können wir auch nicht fordern: Weg mit den störenden Interessen, wir wollen jetzt nur noch denen folgen, die den Heimbewohnern Nutzen bringen! Denn:

Die im Heim wirkenden Interessen haben sich nicht willkürlich organisiert, sie sind Widerspiegelungen der gesellschaftlichen Verhältnisse allgemein, der Funktion von Heimerziehung und konkret: der beruflichen Situation der im Heim arbeitenden Mitarbeiter.

Mit einem Willensakt oder beschwörenden Appellen ist keine Veränderung der Heimstruktur zu erreichen. Nicht nur die minderjährigen Heimbewohner sind Betroffene, sondern alle Mitarbeiter der Einrichtung werden von den herrschenden Heimstrukturen tangiert. Diese Betroffenheit wirkt auf die gesamte Persönlichkeit und hat für diese eine große – gerade auch affektive – Bedeutung. In diesem Sinn ist jeder befangen, was ihn – wie wir wissen – bei der Beurteilung, der Sichtweise seiner Situation in der Einrichtung einschränkt. Wir sagen dazu auch: „Er hat blinde Flecke!", oder einfach: „Er ist betriebsblind!"

Das liest sich sehr trocken. Deshalb haben wir die folgenden Seiten der Jahrespraktikantin Nora gewidmet, die, unzufrieden mit ihrer beruflichen Situation, ihrem Freund einen Brief schreibt. Sie stellt darin den Heimalltag aus ihrer Sicht dar. Den Leser möchten wir bitten, die zuvor erarbeiteten Kriterien als Maßstab zur Einschätzung anzulegen und insbesondere darauf zu achten,

● welche Interessen von welchen Personen sich aufspüren lassen;
● wie die beschriebenen Personen damit umgehen können;
● welche Auswirkungen die Heimrealität auf die psychische Konstitution hat.

---

3 Dieser Begriff wurde von K. Lewin entwickelt und dargestellt in der amerikanischen, noch nicht übersetzten Ausgabe: The Planning of Change. Aufsätze mit ähnlichem Ansatz sind in deutscher Übersetzung erschienen in: Bennis/Benne/Chin (Hrsg.): Änderung des Sozialverhaltens, Stuttgart 1975 und zwar von E. H. Schein: Wie vollziehen sich Veränderungen, S. 128 ff. und von R. Chin: System- und Entwicklungsmodelle – ihr Nutzen für den Praktiker, S. 238 ff.

Lieber Klaus!

Du mußt heute mal wieder herhalten und mein Gejammer anhören. Das nächste Mal schreibe ich Dir auch wieder, wie sehr ich mich freue, Dich bald wiederzusehen und von den Gefühlen, die ich Dir gegenüber habe. Jetzt brauche ich Dich ganz zum Zuhören, denn ich habe im Moment großen Kummer und hier unter den Kollegen keinen, mit dem ich mich mal aussprechen könnte. Ich habe auch ein wenig Bedenken, denen das alles zu erzählen. Nachher macht es die Runde, und es heißt, daß ich wenig belastbar sei, und ich bekomme dann die Planstelle nicht, die sie mir schon fast zugesagt haben. Es sieht ja sonst mit einer Arbeitsstelle nicht sehr gut aus, deshalb muß ich mich (noch) zusammennehmen. Selbst bei den Kollegen in der Gewerkschaft muß man vorsichtig sein. Hier jedenfalls ist alles ein großer Klüngel, einige Heimleiter haben sich die Pöstchen verschafft und kochen dort ihr Süppchen weiter.

Aber das ist es eigentlich gar nicht, was mir so zusetzt. Vor zwei Tagen habe ich zum ersten Mal ein Kind geschlagen. Danach war ich so fertig, daß ich geheult habe. Da kam dann die ältere Erzieherin von Gruppe I und versuchte mich zu trösten. „Kindchen, nimm's mal nicht so tragisch", und daß dies schon ganz anderen passiert wäre, daß das, was wir auf der Schule lernen würden, sowieso nicht im Heim zu verwenden sei, denn schließlich sei ein Praktikum ja extra dazu da, sich an die „rauhe Wirklichkeit" zu gewöhnen. Sie fuhr dann fort, daß hier hin und wieder ein energisches Wort, verbunden mit einem Klaps, Wunder wirke, und im Übrigen solle ich mich jetzt zusammennehmen, damit die Kinder nicht sehen, daß ich weine. Zeigt man Schwäche, seien die Kinder wie Raubtiere. Du verstehst bestimmt, lieber Klaus, daß mich das nicht tröstete. Im Grunde habe ich auch nicht geheult, weil ich dem eine geknallt habe, sondern weil ich plötzlich merkte, daß ich keine Kinder mehr ausstehen konnte. Richtiger Haß und Ekel waren in dem Moment da. Wie soll ich denn Erzieher sein, wenn diese Gefühle immer häufiger auftreten?

Ich habe es auch schon seit Wochen aufgegeben, mich auf meine Dienstzeit vorzubereiten. Wir machen ja bei uns die „Rund-um-die-Uhr"-Dienste. Da bist du mit den Zwischendiensten praktisch nur dreimal in der Woche im Heim. Dann hat sich bis dahin soviel ereignet, daß du nur noch am Hinterherspringen bist.

Die Schule macht auch wieder viel Ärger. Die Lehrer müssen aber auch „Pfeifen" sein! Bei Armin, einem Kind aus unserer Gruppe, haben die es eine Woche nicht gemerkt, daß er geschwänzt hat. Jetzt tun sie ganz entrüstet, reden von nicht tragbar, weil die anderen Kinder negativ beeinflußt würden, sie nähmen sowieso schon dauernd Rücksicht auf die Heimkinder. Bla, bla, bla. Du hättest mal hören sollen, wie der das Wort „Heimkinder" ausgesprochen hat. In solchen Momenten wird mir wieder klar, daß wir Erzieher auf der Seite der Kinder stehen müssen. Der Lehrer hat dann verlangt, daß Armin sich bei ihm entschuldigen müsse, dann würde er sich auch in der Konferenz für ihn einsetzen und von einer Strafversetzung in eine andere Klasse absehen. Hoffentlich kriege ich Armin dazu, sich zu entschuldigen, der beißt sich sonst lieber die Zunge ab.

Der Heimleiter meinte auch, daß es zu unseren Aufgaben gehörte, zu „mitteleuropäischen Höflichkeitsformen" zu erziehen. Er wäre jedesmal gestreßt, wenn Besuch

vom Amt käme und die Kinder nur so mit „Fäkalausdrücken" um sich werfen würden. Da hat der mir doch so hinten herum beigebracht, daß ich die Kinder nicht richtig erziehen würde. Das macht der häufig, nicht direkt sagen, was ihm stinkt, nein, so vornehm hier mal 'ne Andeutung, dort ein vorwurfsvoller Blick. Das macht mich ganz unsicher. Kommt er in die Gruppe, kommt er totsicher dann, wenn ich beim Kaffee sitze, guckt dann so herum, begrüßt die Putze, läßt so'n Korken los und verschwindet wieder im Glaskasten. Dort hockt er dann mit dem Stellvertretenden. Deren Maul muß ganz zerfasert sein vom ständigen Quatschen, auf jeden Fall müssen die nach Dienstschluß Muskelkater in den Backenmuskeln haben.
Eigentlich hänge ich auch nur noch herum. Die Jungen sind mit ein paar Erziehern meistens Fußballspielen, und die halten das dann für eine wichtige pädagogische Arbeit. Uns Frauen halsen sie die Kleinen auf. Meistens machen wir jedoch Hausaufgabenkontrolle. Wenn wir da nicht hinterher sind, machen sie das einfach nicht. Ausreden haben die, unglaublich! Manchmal habe ich den Eindruck, der Kinder größter Sport ist das „Erzieherverarschen". Das können sie jedenfalls gut.
Vorige Woche habe ich zum letzten Mal, das schwöre ich Dir, versucht, in die Werkstatt zu kommen. Ein paar Kinder wollten sich Go-Karts bauen. Achsen und Räder hatten sie irgendwo aufgetrieben. Meinst Du, es wäre mir gelungen, den Schlüssel aufzutreiben? Er war weg! Erst soll ihn der Hausmeister gehabt haben. Der weigerte sich, seinen herauszurücken, der eine Erzieher von Gruppe III hätte ihn. Der war nicht im Dienst und hatte ihn mit nach Hause genommen. Da bin ich zum Leiter gepest, die Kinder immer hinter mir her, damit der den Hausmeister veranlassen sollte, aufzuschließen. Der Leiter ließ sich erst einmal lang und breit erzählen: wofür, warum, wieso, welche Kinder, wo die die Räder herhaben, ob sie etwa geklaut seien, schließlich auch noch, ob ich denn Seifenkisten bauen könnte? Da hatte ich dann keine Lust mehr. Ich wußte auch wirklich nicht, wie man Bremsen baut, und die wären Pflicht, meinte der Leiter, sonst könne er nicht verantworten, daß die Kinder damit auf dem Bürgersteig fahren. Mittlerweile hatten die Kinder auch keine Lust mehr. Sie warfen sich mit den Rädern und fochten mit den Achsen. Sah ja echt gefährlich aus, ich hatte aber keinen Mut mehr, den Kindern auch das noch zu verbieten, sollte es ein anderer machen.
Auf der Erzieherbesprechung kann man auch nicht ehrlich reden. Da tun alle so, als hätten sie die Probleme alle im Griff. Wenn ich dann von mir aus Schwierigkeiten erzählte, dann sah es nach kurzer Diskussion immer so aus, als wären das alles Anfängerprobleme. Axel, ein Kollege von mir, hat mich dann mal beiseite genommen und mich darauf aufmerksam gemacht, daß der Leiter nicht alles zu wissen brauche. Ich sollte mich mal vorsehen, der würde schließlich auch meine Beurteilung schreiben. Ehrlich, daran hatte ich gar nicht gedacht. Jetzt bin ich auch vorsichtiger. Ich habe aber trotzdem den Eindruck, daß sich die anderen Kollegen auch nicht so wohl fühlen. Mir ist aufgefallen, daß Wolfgang, auch einer von unserem Team, ziemliche Probleme haben muß. Ich hielt ihn bis zu diesem Vorfall einfach nur für autoritär, weil er die Kinder immer ganz schön anschnauzt. Bei mir beschweren sie sich dann, aber was soll ich denn dann sagen, ich kann doch Wolfgang nicht in den

Rücken fallen? Bei der letzten Dienstübergabe war es ganz gespenstisch. Wolfgang kam rein und hockte sich auf's Sofa. Er sah ganz grau aus und zitterte an den Händen. Obwohl Alkohol bei uns im Heim verboten ist, haben wir immer eine Flasche im Schrank. Von diesem kippt sich Wolfgang dann gleich einen ordentlichen Schluck in den Kaffee. Ich frage ihn ganz vorsichtig, was denn los sei, da bricht's wie ein Wasserfall aus ihm heraus: „Alles geht schief, die Kinder haben Angst vor mir, die Kollegen schneiden mich!" So ging es eine ganze Weile. Es kam dann heraus, daß er kurz vor der Scheidung steht. Er meinte, er würde immer mehr versacken, nichts ginge mehr, ich sollte noch ein wenig dableiben und einen saufen, darin hätte er Übung. Du kannst Dir vorstellen, wie erschrocken ich war. Da platzten auch noch ein paar Kinder ins Erzieherzimmer. Sie hatten früher Schule aus, sahen die Flasche auf dem Tisch und riefen hämisch: „Alkohol im Heim ist verboten. Wenn ihr es tut, kaufen wir uns auch 'ne Pulle. Und wehe, ihr nehmt sie uns weg, dann verraten wir euch!" Wolfang wollte sich auf sie stürzen. Ich konnte ihn gerade noch festhalten und die Kinder selber rausjagen. Vor der Tür haben sie dann weitergemacht, haben besoffen gespielt und dauernd „Prost" gerufen. War echt schlimm! Ich habe dann Axel angerufen, ob der für Wolfgang Dienst machen kann. Nach 'ner Weile kam er dann auch. Ich habe den Wolfgang dann nach Hause gebracht. Da stellte sich heraus, daß er schon gar nicht mehr zu Hause wohnt, sondern ein Appartement hat. Komisch, gerade Wolfgang wirkte immer so sicher.

So, mein Lieber, jetzt bin ich es erst mal losgeworden. Ziemlich verworren alles, nicht wahr? Schreib mir doch, bitte, was Du davon hältst und wie Du Dir vorstellen kannst, den „Gilb" hier herauszuzwingen.

Liebe Grüße,
Deine Nora

Versetzen wir uns jetzt einmal in die Lage von Klaus. Stellen wir uns die Frage, wie wir auf diese vielen Probleme reagieren würden. Welchen Rat könnten wir der Nora geben? Was müssen wir alles berücksichtigen, wenn unser Rat eine Verwirklichungschance haben soll?

Da wir nicht diesem Heimalltag ausgesetzt sind, also auch nicht diese Betriebsblindheit haben, sind wir auch nicht von der Resignation betroffen, die in unserem Beispiel der Jahrespraktikantin so zusetzt. Wir müssen uns etwas überlegen, das mit dem Eindruck bricht: Hier geht ja sowieso nichts. Es muß etwas passieren, das dann auch so funktioniert, daß alle Beteiligten in diesem Heim erfahren können: Hier hat etwas stattgefunden, und es war gut. Vielleicht können wir so etwas Ähnliches noch einmal machen. Daß das geklappt hat, macht mir Mut, noch mehr auszuprobieren. Drei Kriterien haben wir jetzt schon gefunden.

● Es muß eine Aktion sein, Trösten allein hilft nicht;
● die Aktion muß ein Erfolg werden, sonst verstärken wir die Resignation;
● innerhalb der Aktion müssen Teile integriert sein, die in zukünftigen Vorhaben wieder auftauchen, so daß man an den Erfahrungen anknüpfen kann (weiterreichende Perspektive!).

Aber Achtung, jetzt dürfen wir nicht vergessen, daß ja die Mitarbeiter unseres Beispiels nicht deswegen leiden, weil sie sich nur wenig Vorstellungen machen können, sondern weil sie von Strukturen bedrängt sind, die sich historisch entwickelt haben – also nicht willkürlich sind – und den Interessen entsprechen, wie wir sie zuvor beschrieben haben. Erinnern wir uns. Die im Heim herrschenden Interessen haben sich arrangiert und bilden ein labiles, ein quasi-stationäres Gleichgewicht. Dieses Gleichgewicht ist nützlich für alle Beteiligten. Eine Veränderung der Machtstrukturen hätte eine Umstrukturierung des Gleichgewichts zur Folge. Da aber der Nutzen für die Betroffenen mit einer Veränderung mit bedroht wäre, ist Widerstand gegen Veränderungen wahrscheinlich. Dies ist nicht nur ein Hinweis darauf, warum Neuerungen durch alle Hierarchiestufen so leicht auf Ablehnung stoßen, sondern setzt uns für das Ausmaß der geplanten Aktion Grenzen.

Das bedeutet:
● Mit einem weitgehenden Eingriff in die bestehenden Strukturen dürfen wir zu Beginn einer Veränderungsstrategie nicht operieren.

Das Problem ist jetzt schon weitgehend eingekreist. Wir müssen jetzt für unsere Aktion einen Inhalt finden, der den unterschiedlichen Interessen gerecht wird. Wir brauchen eine Überschrift, die bei den einzelnen Funktionsträgern nicht Befremden auslöst, sondern ihnen verspricht, daß ihre Interessen zum Tragen kommen werden. Diese Einzelinteressen müssen sich so überschneiden, daß alle Interessenträger – wenn auch aus unterschiedlichen Motiven – sich wiederfinden. Das heißt für uns: Sie sind aller Wahrscheinlichkeit nach dafür oder nehmen sie zumindest hin, ohne die Aktion zu torpedieren.
Schlagen wir einen „TAG DER OFFENEN TÜR" vor. Die Überschrift unserer Aktion ist bekannt, man kann sich sofort etwas darunter vorstellen. Zu einem „Tag der offenen Tür" gehört die Selbstdarstellung der Einrichtung. Diese wird mit Ständen, einem Basar, Photographien, Wandzeitungen, Plakaten ausgestaltet. Es sind also zur Durchführung viele einzelne Aktivitäten notwendig, die auch später – in einem anderen Zusammenhang – wieder aufgegriffen werden können.
Es sind natürlich noch andere Aktivitäten denkbar, die auch unseren Kriterien entsprechen würden. Aber bleiben wir dabei und untersuchen, wie die einzelnen Interessen in dem Vorschlag aufgehoben sind.

Das vermutete Kinderinteresse

Da können wir mal Freunde und Eltern einladen. Es gibt jede Menge Süßigkeiten, Bratwurst und Brause. Wir können denen allen mal zeigen, was wir hier so machen. Es wird natürlich alles verkauft, soviel wir können. Klar, wir nehmen auch noch Eintritt. Dann können wir auf der Ferienreise prassen. Endlich ist mal wieder was los hier. Anschließend, wenn die Besucher weg sind, feiern wir 'n riesiges Fest, wo man Preise gewinnen kann.

Das vermutete Erzieherinteresse

Da können wir für die Ferienreise die Gruppenkasse füllen. Die Kinder machen mal wieder was Vernünftiges, schließlich müssen sie die Sachen herstellen, die verkauft werden sollen. Wenn sie wissen, daß das Geld für sie ist, kann ich sie auch zur Arbeit motivieren. Vielleicht werde ich meine Familie (Freund) auch einladen, dann kann ich ihnen mal zeigen, wo ich arbeite. Endlich passiert wieder mal 'was. Wir könnten eine Heimzeitung machen, da könnten sich die Kinder darstellen und uns Erzieher 'mal „durch den Kakao ziehen". Eine Photoausstellung wäre auch gut, dann kriege ich die Kinder endlich 'mal dazu, mit mir in die Dunkelkammer zu kommen, meine Qualitäten kommen ja ansonsten zu wenig zum Tragen. Dann können die Kollegen auch mal mitkriegen, was ich so drauf habe. Wenn es gut klappt, kann ich ja eine Foto-AG einrichten. Unsere Gruppe muß groß herauskommen, dann meckern sie vielleicht auch nicht gleich los, wenn mal was schief geht. Wir laden die Zeitung ein, photographieren selbst das ganze Fest und hängen die Photos in der Gruppe aus. Vorsicht!, das gibt ja eine Riesenarbeit. Wenn wir die anfallende Arbeit nicht gerecht aufteilen, so daß sich keiner drücken kann, mache ich nicht mit. Unsere Freizeitmittel dürfen natürlich nicht völlig bei dem „Tag der offenen Tür" draufgehen.

Das vermutete Leiterinteresse

Sehr schön, dann haben wir endlich mal wieder ein Ziel, an dem alle zusammenarbeiten müssen. Die Erzieher aktivieren sich 'mal wieder. Es wird eine Tombola geben, und die Stände müssen aufgebaut werden. Die Erzieher werden die Sachen mit den Kindern anfertigen, dabei lernen die Kinder neue Fertigkeiten. Wir laden das Amt und die Presse ein. Das kann eine gute Außendarstellung werden. Denen vom Amt geben wir Gelegenheit, sich darzustellen, dann können wir sie in Zukunft dichter an's Heim binden. Nicht nur die Haushaltsberatungen sind dann leichter zu führen, wir können auch auf mehr Verständnis hoffen, wenn es mal wieder Schwierigkeiten gibt. Mal sehen, aus welchem Topf ich dem Amt Geld für den „Tag der offenen Tür" abschwatzen kann. Die Nachbarn müssen wir unbedingt einladen, unser Verhältnis zu denen ist in letzter Zeit sehr gespannt gewesen. Ich muß zusätzliche Mittel besorgen, denn unsere Freizeitmittel dürfen dabei nicht draufgehen. Einen Teil können wir uns ja sogar wieder über den Verkauf hereinholen. Vor allem muß ich darauf achten, daß alle Mitarbeiter beteiligt sind. Wenn's ein Erfolg wird, hat das bestimmt positive Auswirkungen auf das Betriebsklima. Also, Arbeit genau aufteilen! Das Geld werde ich schon besorgen, dann werden die Mitarbeiter mal wieder merken, daß sie mich brauchen.

Das vermutete Trägerinteresse

Endlich tun die mal 'was Konkretes und fordern nicht nur mehr Rechte. Wir laden die Presse ein. Unsere Arbeit wird in der Öffentlichkeit noch viel zu wenig gewürdigt. Mal sehen, wo wir noch Mittel freimachen können. Wie ich den Leiter kenne, steht der bald vor meinem Schreibtisch. Mehr als 200 Mark dürfen es aber nicht sein. Gut finde ich auch, daß man sich 'mal das Heim wieder ansehen kann, man hat ja sonst kaum Zeit und weiß oftmals nicht, wie es jetzt da aussieht. Für unsere Kinder ist dies auch eine gute Gelegenheit, 'mal die Menschen kennenzulernen, die sonst noch für sie arbeiten. Sonst sehen sie ja nur die Erzieher, die alles auf uns abschieben, wenn sie 'was nicht wollen.

Die Idee ist da, jetzt muß sie „nur noch" umgesetzt werden!

Nachdem wir uns vergewissert haben, daß unsere Vorstellungen eine Chance haben, müssen wir sie umsetzen. Aber wie? Man kann schlecht den verschiedenen Interessenträgern die zuvor angestellten Überlegungen an den Kopf werfen, etwa in der Form: „Lieber Träger, wir haben Dein Repräsentationsinteresse berücksichtigt, jetzt rück 'mal 200 DM raus, das müßte es Euch doch wert sein, 'mal wieder in der Zeitung zu erscheinen!" oder: „Lieber Kollege, Du fühlst Dich doch nicht genug anerkannt, jetzt hast Du die Gelegenheit, alle Deine Qualitäten vorzuführen!"
Es wäre nicht nur ein falsches taktisches Vorgehen, sondern würde auch den Menschen, die in diesen Funktionen stehen, nicht gerecht. Sie sind mehr als bloße Funktions- und Interessenträger, haben eigene Vorstellungen, berufliches Engagement, Gefühle und Erwartungen. So einseitig instrumentalisiert müssen sie sich dagegen verwahren. Das heißt für unser Vorhaben, sie würden ablehnen. Wir merken uns:

Die Beschreibung der Interessen, auf die die Funktionsträger verpflichtet sind, stellt nur *einen* Teil der sozialen Wirklichkeit dar, mit der wir umgehen wollen. Die Funktionsträger sind das, was wir ihnen mit Recht zuschreiben, aber nicht nur das!

Es kann weiter nicht *unser* Interesse sein, die herrschenden Zustände durch unsere Intervention noch fester zu schreiben, indem wir beharrlich nur unsere Sichtweise gelten lassen. Es muß uns daran gelegen sein, so viele Verbündete wie möglich zu gewinnen.

Aber greifen wir nicht vor, sondern gehen der Reihe nach alles durch, an welchen Stellen eine Entscheidung zugunsten der Aktion fallen kann.
Da haben wir zunächst die offiziellen Entscheidungsgremien. Es folgen zwei Beispiele unterschiedlicher Heimstrukturen (s. S. 88, 89). Die erste ist stark leitungszentriert. Im zweiten Beispiel sind mehr Mitbestimmungsmöglichkeiten für Erzieher und Kinder organisiert.
Wir haben zwar jetzt die Orte festgestellt, an denen die Entscheidungen getroffen werden. Aus Ihrer eigenen Erfahrung wissen Sie aber auch, daß die Tatsache des Bestehens solcher Gremien allein noch keine Gewähr dafür bietet, daß dort auch entschieden wird. Oftmals drängt sich der Eindruck auf, daß zwar die Beteiligungsformen so geklärt sind, faktisch aber auf ganz anderen Kanälen Informationen und Entscheidungen ausgehandelt werden.
Um hinter die offizielle Struktur blicken zu können, müssen wir einmal überprüfen, in welchen Gremien über welche Inhalte entschieden wird. Dazu bieten wir drei

1

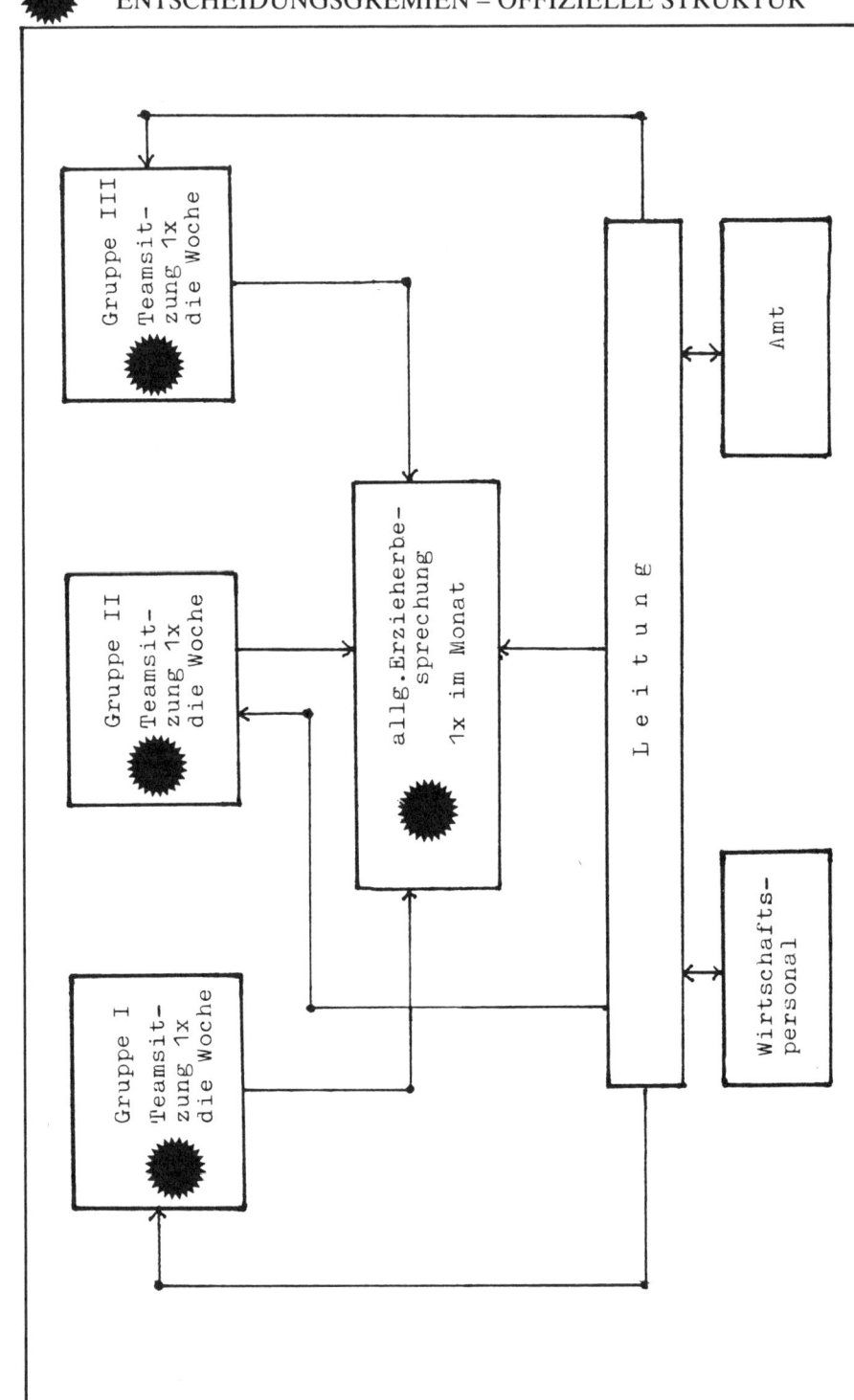

2 ENTSCHEIDUNGSGREMIEN – OFFIZIELLE STRUKTUR

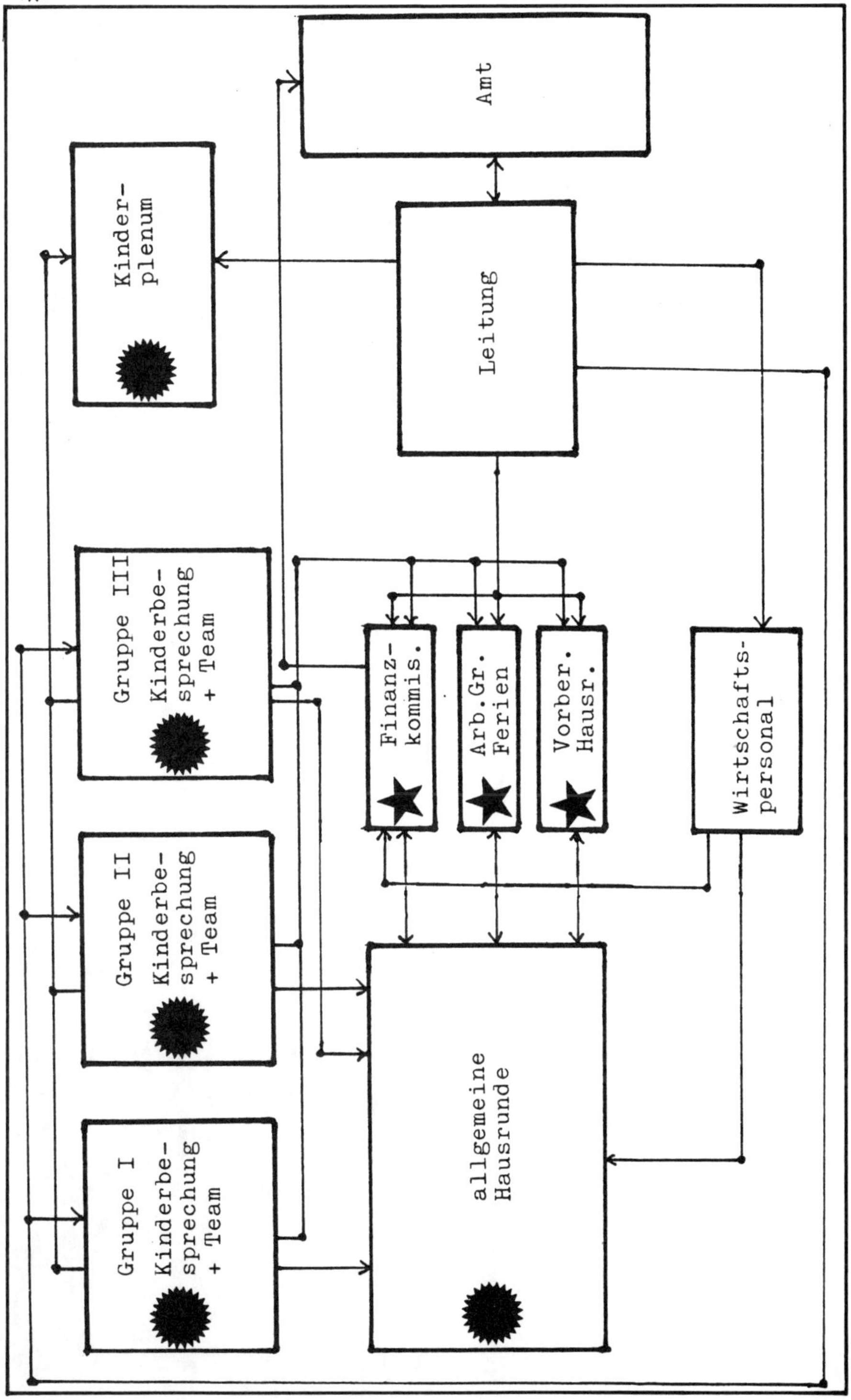
Amt
Kinder-
plenum
Leitung
Gruppe III
Kinderbe-
sprechung
+ Team
Finanz-
kommis.
Arb.Gr.
Ferien
Vorber.
Hausr.
Wirtschafts-
personal
Gruppe II
Kinderbe-
sprechung
+ Team
allgemeine
Hausrunde
Gruppe I
Kinderbe-
sprechung
+ Team

Arbeitsbögen an. Wir bitten Sie, das Arbeitsmaterial in der Diskussion mit Ihren Kollegen zu bearbeiten. Nicht alles wird in gleicher Weise wahrgenommen!

Auf diese Arbeitsbögen folgt eine Reihe von Fragen, deren Beantwortung uns auf die Fährte bringen kann, wo und von wem nun tatsächlich entschieden wird. Je nachdem, wie Ihre Antworten sind, müssen Sie bestimmen, wie die Idee des „Tages der offenen Tür" eingespielt werden muß. Diese Mühe können wir Ihnen leider nicht ersparen, da ein Beispiel von uns in Ihrem konkreten Fall ein Muster ohne Wert wäre. Für die informellen Ebenen gibt es zu viele Faktoren, die sich direkt aus der spezifischen Einrichtung und den Menschen, die dort arbeiten, bestimmen.

Arbeitshilfe

ENTSCHEIDUNGSEBENEN IM HEIM[4]

GIBT ES BEI IHNEN REGELMÄßIG KINDERBESPRECHUNGEN
UND WIRD HIER ENTSCHIEDEN OBER :

	JA	NEIN	WAS IST SONST INHALT ?
Fernsehn			
Essensplan			
Ausgang			
Gruppenaktivitäten			
Putzen			
Strafen			

WIRD AUCH OBER DIE JEWEILIGEN EINSCHÄTZUNGEN DER GRUPPENSITUATION
VON SEITEN DER ERZIEHER GESPROCHEN?

Z U S A T Z F R A G E N :

-Werden bei Besprechungen über einzelne Kinder die Betroffenen
 mit einbezogen ,bzw.darüber informiert,was Inhalt der Besprech-
 ung war ?

-Werden die Entwicklungsberichte mit den Betroffenen besprochen ?

-Gibt es sonst eine Regelung,daß jedes Kind ca.1 x monatlich vermittelt bekommt,wie die Erzieher es sehen ,POSITIV / NEGATIV   ?

-Und hat das betreffende Kind Möglichkeiten ,diese Wahrnehmung zu
 beeinflussen ?

4 QuaBS 3. Arbeitshilfen 24a/24b/24c

ENTSCHEIDUNGSEBENEN IM HEIM (Fortsetzung)[4]

WIRD IN TEAMERZIEHERBESPRECHUNGEN ENTSCHIEDEN OBER :

	JA	NEIN	
Pädag.Vorgehen in der Gruppe			
Verwendung von Geldern			
Dienstplan			
Auswahl weiteren Personals			
Neuaufnahme von Kindern			
Freistellung von Kollegen zur Fortbildung			
Auswahl der in Frage kommenden Fortbildungsangebote			

Sonstiges :

4 QuaBS 3. Arbeitshilfen 24a/24b/24c

Arbeitshilfe

ENTSCHEIDUNGSEBENEN IM HEIM[4]

GIBT ES BEI IHNEN EINE GESAMTERZIEHERKONFERENZ ?
WIRD HIER ENTSCHIEDEN OBER :

	JA	NEIN
Gesamtkonzeption des Heims		
Veränderungen der Heimordnung		
Verhalten der Kollegen gegenüber dem Träger		
Organisatorische Fragen		
Einstellung von Personal		
Entscheidungen,die für alle Kinder zutreffen,bzw.Gruppen von Kindern		
Verteilung von vorhandenen Geldern		
Neuaufnahmen		

Sonstiges :

4 QuaBS 3. Arbeitshilfen 24a/24b/24c

ENTSCHEIDUNGSEBENEN IM HEIM

	JA	NEIN
Gibt es bei Ihnen einen 1.Erzieher?		
Haben Sie den Eindruck, daß bestimmte Kollegen stets ihre Meinung durchsetzen?		
Werden einzelne Kollegen verdächtigt, Vorabsprachen mit dem Leiter zu treffen?		
Treffen Sie sich regelmäßig privat mit Ihren Teamkollegen? Treffen sich andere Kollegen privat?		
Macht es etwas aus, ob Sie eine Idee einbringen oder jemand anders?		
Sind alle Kollegen gleichermaßen gut informiert über das Geschehen im Heim?		
Haben Sie den Eindruck, daß im Heim mit Informationen "Politik" gemacht wird?		
Haben Sie den Eindruck, daß sich Kollegen oder auch Sie selbst sich taktisch verhalten müssen?		

Z U S A T Z F R A G E N

Würden Sie das Arbeitsklima in Ihrem Heim, die allgemeine Atmosphäre, eher als gut oder als schlecht bezeichnen?

Wie sieht Ihr eigener Beitrag zu einer offenen Atmosphäre bzw. zu einem guten Arbeitsklima aus?

Gibt es in Ihrem Heim krasse Außenseiter oder Einzelgänger unter Ihren Kollegen? Wie würden Sie das erklären können?

Noch eine Warnung!

Wir haben versucht, Ihnen ein handlungsorientiertes Erklärungsmuster aufzuzeigen, mit dessen Hilfe Sie Ihre eigene Lage als Erzieher leichter bestimmen können. Darüber hinaus sollte es dazu dienen, sich begründete Vorstellungen machen zu können über die Kollegen, die Situation des Leiters und des Trägers. Unser Ziel war dabei, den Erziehern Instrumente in die Hand zu geben, damit sie sich so weitgehend wie nur irgend möglich selbst zu Herren über die Bedingungen machen können. Wir möchten jedoch ausdrücklich davor warnen, solcherart Überlegungen zu einem bloßen Kampfinstrument zu degradieren. Gewiß wird es Ihnen leichter fallen, mit der „Geste des Gerechten" die Kollegen und den Leiter zu „entlarven". Die vermeintlichen Beweggründe werden ihnen um die Ohren gefetzt. Nur, vergessen Sie nicht, daß Sie einerseits genauso „kalkulierbar" sind und andererseits das Wissen um diese Strukturen, um die Interessen, noch nicht die dahinter stehende Herrschaft außer Kraft setzt. Mit anderen Worten:

 Als Einzelkämpfer werden Sie allenfalls ein guter Taktiker. Bei Auseinandersetzungen stehen Sie nach wie vor ohnmächtig da, Sie können es sich nur besser erklären.

 Sie brauchen Verbündete. Diese bekommt man nur, wenn man es versteht, gemeinsame Interessen zu finden und zu entwickeln. Mit anderen Worten: Sie müssen lernen, Bündnisse einzugehen.

Für die letzten beiden Punkte noch zwei (Kurz-)Beschreibungen, dann haben Sie dieses Kapitel geschafft.

Der Einzelkämpfer

Jetzt muß
Pappi mal
wieder ran.

Wenn die auf
mich hören wür-
den, wäre alles
viel anders.

Alles muß
man allein
machen.

Ich bin eine
Spitzenkraft,
die andere
mitreißt.

Aaaaaaah...

Kann jedem
mal
passieren.

Na also, geht
schon wieder!

Und eins...
und zwei...

'Und...
Aaaaah!

Nur nicht unter-
kriegen lassen!
Wenn ich erst 'mal
losspurte, kann
keiner widerstehen.

Na ja, vielleicht
brauche ich doch
Unterstützung?

Die GROSSE METHODE ist eine praktische Lehre
der Bündnisse und der Auflösung der Bündnisse,

der Ausnutzung der Veränderungen und der
Abhängigkeit von den Veränderungen,

der Bewerkstelligung der Veränderung
und der Veränderung der Bewerksteller,

der Trennung und Entstehung von Einheiten,
der Unselbständigkeit der Gegensätze ohne einander,
der Vereinbarkeit einander ausschließender Gegensätze.

Die GROSSE METHODE ermöglicht,
in den Dingen Prozesse zu erkennen und zu benutzen.

Sie lehrt Fragen zu stellen, welche das Handeln
ermöglichen.

(Bertolt Brecht)[5]

Weiterführende Literatur:
E. GOFFMAN: Asyle. S. 169 ff., Das Unterleben einer öffentlichen Institution, Frankfurt/M. 1973.
H. POPITZ: Prozesse der Machtbildung, S. 139 ff., und P. L. BERGER/T. LUCKMANN: Alltagswissen, Institutionen, Legitimierung, S. 344 ff., beide in: H. Steinert (Hrsg.): Symbolische Interaktion, Stuttgart 1973.

---

5 B. Brecht: G. W. Bd. 12, S. 475

5   Eine Konzeption kommt selten allein

Warum eine so ‚böse' Überschrift für dieses Kapitel? Wollen sich die Autoren über die Erzieher lustig machen? Nein, sie wollen in diesem Kapitel, wie in den vorherigen auch, weiter in die Kerbe hauen, daß Pädagogik allein nicht ausreicht. Jedes Heim, viele Erzieherteams, die etwas auf sich halten, haben eine Konzeption. Je nach Vorlieben und Kompetenzen sind sie ausgerichtet: Lerntheoretisch, psychoanalytisch, gruppenpädagogisch, familienpädagogisch, christlich usw. Sie reflektieren nicht nur den Erziehungsanspruch, sondern auch die Bedingungen, unter denen das Heim mit der Konzeption wirtschaften muß. Auffällig ist, daß viele Konzeptionen nachträglich erstellt wurden.
Wir behaupten:

● *Die Konzeption kommt nach der Institution![1]*

Die pädagogische Konzeption eines Heimes hat zwei Gesichter. Auf der einen Seite ist sie so etwas wie eine Handlungsanleitung für Erzieher, andererseits aber auch die Legitimation der Einrichtung, da ja im Heim nicht nur verwahrt, sondern ersatzweise „zur leiblichen, seelischen und gesellschaftlichen Tüchtigkeit" (§ 1,1 JWG) erzogen werden soll. Da diese Begriffe so vage sind, bedürfen sie der Definition. An dieser Stelle wollen wir jetzt nicht der Frage nachgehen, ob Heimerziehung überhaupt solchem Anspruch gerecht wird. Es gibt zahlreiche Daten, die erheblichen Zweifel begründen. Wir wollen uns dem Problem „Konzeption" von der Seite nähern, auf der der Erzieher steht. Für ihn ist die Konzeption in erster Linie eine Arbeitsgrundlage, die ihm und seinen Arbeitskollegen Orientierung geben soll im täglichen Geschäft des Erziehens. Wenn die Orientierung im Heimalltag verlorengegangen ist und die Differenz zwischen Anspruch und Realität unüberbrückbar scheint, ertönt der Ruf: „Wir brauchen eine neue Konzeption!"

---

1 S. Bernfeld hat im Zusammenhang mit der Institution Schule behauptet, daß diese nicht aus dem Zweck des Unterrichts gedacht und nicht als Verwirklichung solcher Gedanken entstanden, sondern *vor* der Didaktik und *gegen* sie da sei. „Sie entsteht aus dem wirtschaftlichen – ökonomischen, finanziellen – Zustand, aus den politischen Tendenzen der Gesellschaft; aus den ideologischen und kulturellen Forderungen und Wertungen, die dem ökonomischen Zustand und seinen politischen Tendenzen entsprangen." (S. 27), in: Sisyphos oder die Grenzen der Erziehung, Frankfurt/M. 1973

Wir haben in den vorherigen Kapiteln Bedingungen aufgezeigt, unter denen im Heim erzogen wird. Dabei sind wir auf Faktoren getroffen, die uns erklärten, wieso der Heimalltag in der dargestellten Weise strukturiert ist, und haben erfahren, welche Dinge von den Kindern/Jugendlichen gelernt bzw. nicht gelernt werden können. Der Heimerzieher ist vielfachen Erwartungsdrücken ausgesetzt, zu denen er sich verhalten muß. Auch dann, wenn er sich entzieht bzw. nicht reagiert, ist dies ein Verhalten mit Wirkungen, als würde er aktiv eingreifen. Da ein Heimerzieher mit mehreren Kollegen zusammen in einer Gruppe beschäftigt ist, trifft er auf eine Notwendigkeit, die von besonderer Bedeutung ist: Er muß sich mit seinen Kollegen verständigen, Absprachen treffen, besser noch: ein Team bilden. Dazu gehört, daß sich die Kollegen einheitliche Vorstellungen erarbeiten, wie sie erziehen wollen. In diesen Absprachen sind sie nicht in der Weise frei, daß sie selbst alle Faktoren festlegen können. Im Gegenteil, sie finden ein Gerüst von Versorgungsleistungen und Strukturen vor, um das herum sie eigene Vorstellungen organisieren müssen. Alle wissen es, das Tagespensum ist groß: Wecken, Frühstück, aufräumen, eventuell Wäsche abziehen, mit dem Praktikanten reden, ihn einweisen oder andere Besprechungen, Mittagessen, Hausaufgaben, Einkäufe, Arztbesuche, Abendessen, aufräumen, Kinder ins Bett bringen, Schulelternabend. Ein Tagesrhythmus, der sich in Varianten ständig wiederholt. Neben dieser Versorgungsfunktion soll nun der Erzieher Zeit finden, pädagogisch auf die Kinder einzuwirken und bei der Dienstübergabe dem Kollegen das Wesentliche des Tages zu vermitteln. So eingebunden in das Korsett von Versorgungsfunktionen, findet es sich, daß der Erzieher nur mehr reagiert auf Situationen, vor die er sich gestellt sieht. Schuleschwänzen etwa, Diebereien, Streiche, besondere Schwierigkeiten eines Heimbewohners, solche Dinge sind es, die ihn dauernd fordern. So läuft er hinter den Ereignissen her und ist in den seltensten Fällen in einer Position, in der er pädagogisch-planerisch aktiv war und nicht durch Ereignisse in unmittelbaren Zugzwang geriet.

● *Der Erzieher ist nicht Herr über die Bedingungen,*
die Bedingungen herrschen über ihn.

Jene Erzieher, die nicht resignieren und dagegen ankämpfen, geraten in eine bemerkenswerte Situation: Da scheinbar die Pädagogik das einzige ist, worüber sie verfügen können und ihnen auch während der Ausbildung nur dieser Ausweg gewiesen wird, halten sie – fast wie in einer Notwehrsituation – verbissen an ihrem Bereich, dem pädagogischen mit seinen Erziehungszielen, fest. In dieser gewaltigen Anstrengung, die uns Respekt abnötigt, liegt aber auch eine Gefahr: Die Ungeduld mit sich selbst und seinen Kollegen.

Je ungeduldiger man ist, aber trotzdem am Ziel festhält, desto stärker macht sich die Tendenz bemerkbar, die nicht einlösbaren ‚alten' Ansprüche durch neue, erweiterte zu ersetzen. Dabei wird die Kluft zwischen dem eigenen Anspruch und dem tatsächlichen Handeln vergrößert. Auch kann man immer weniger kleine, neue Schritte als Erfolg sehen, erscheinen sie doch gemessen an den Ansprüchen zu winzig, die Bewegung zum Schneckentempo erstarrt. Einmal so eingestimmt, ist die eigene Erfolglosigkeit programmiert. Zur Aufrechterhaltung des Selbstbildes, nämlich Pädagoge zu sein, bedarf es dann immer größerer Anstrengungen.

Versuchen wir einmal, die eben beschriebenen Mechanismen anhand der folgenden Forderung aufzuspüren: „Wir müssen neben unserer Tätigkeit noch mit den Eltern der Kinder/Jugendlichen arbeiten, sonst hat die Arbeit im Heim wenig Sinn!" Wie kann es zu einer solchen Forderung kommen?

In vielen Konzeptionen ist die Elternarbeit ausdrücklich aufgeführt. Vergegenwärtigen wir uns noch einmal die Ausgangslage, wie sie im ersten Kapitel aufgeführt ist.

Die Entscheidung, ob ein Kind/Jugendlicher in ein Heim kommt, wird nicht von den im Heim arbeitenden Mitarbeitern gefällt. Die Eltern der ins Heim eingewiesenen Kinder/Jugendlichen müssen den Tatbestand als Makel erleben, ebenso wie die Kinder/Jugendlichen selbst. Die Zuständigkeit ist aufgeteilt: Jugendamt, Familienfürsorge, eventuell Vormund, Pflegestellenvermittlung, Heim, kurzum, alles Stellen, die mit dem „Fall" beschäftigt sind oder sein können. Für die Eltern, die Kinder/Jugendlichen, aber auch weitestgehend für den Erzieher selbst sind diese Zuständigkeiten anonyme. Hinzu kommt, daß das Milieu, aus dem der Heimbewohner kommt, dem Erzieher eher fremd ist. Zwischen den Eltern und den Erziehern, die nun an Eltern Statt erziehen, besteht kein die Beziehung regelnder Vertrag. Besuchsrecht und Familienurlaub werden über die zuständigen Instanzen geregelt und nicht direkt vom Heim. Nun tauchen die Eltern ab und zu im Heim auf, bzw. die Kinder gehen diese am Wochenende besuchen. Die Kinder/Jugendlichen, die keinen Kontakt zu ihren Eltern haben, leiden darunter. Wenn die Eltern ins Heim kommen, benehmen sie sich den Erziehern gegenüber feindselig oder unterwürfig, einige stinken nach Schnaps, andere haben Geld oder Süßigkeiten mitgebracht. Allzu oft wecken sie bei den Kindern/Jugendlichen Hoffnungen, die nicht realisierbar sind, oder gehen mit ihren Kindern in Kneipen, lassen diese die ganze Zeit „flippern" oder am Geldautomaten spielen, haben die Spendierhosen an, alles sehr attraktiv. Sie bringen so die Heimbewohner gegen die Erzieher auf, da diese als Verhinderer ihrer Wünsche und Hoffnungen erscheinen. Da die Erzieher als einzige für die Eltern wie für die Kinder/Jugendlichen greifbar und nicht anonym sind, scheinen sie, in Verkehrung der Tatsachen, an allem schuld zu sein. Der Erzieher wird zum Blitzableiter angestauter Wut und Enttäuschung. Sonntagabend im Heim zu arbeiten, ist keine Freude.

Andererseits wird der Erzieher mit Erwartungen konfrontiert, die grenzenlos scheinen. An seine Person knüpfen sich Hoffnungen, der Wunsch nach ausgleichender Zuwendung. Der Erzieher befindet sich in einer „Gefühlsfalle". Einerseits sind die Eltern für ihn ein Störfaktor („Man sollte jeden Kontakt mit den Eltern verbieten!"), andererseits kann er den Kontakt aus vielen guten Gründen nicht abreißen lassen (die Kinder/Jugendlichen wollen wieder zurück; dies ist von der einweisenden Stelle vorgesehen, wenn die Familienverhältnisse wieder geordnet erscheinen).

Wie kann er sich aus dieser Bredouille befreien? Der Erzieher reagiert üblicherweise mit den „pädagogischen Reflexen" und fordert einen Mehraufwand an pädagogischer Betreuung, da er folgerichtig argumentieren kann: Wir Erzieher kennen die Kinder/Jugendlichen am besten, der Familienfürsorger kann keine Ahnung haben. Wir sind diejenigen, die sich darum kümmern müssen! Das ist schon richtig überlegt, nur, um diesen Anspruch umsetzen zu können, fehlt es an vielen Voraussetzungen.

● Der Mehraufwand an Arbeitszeit ist innerhalb der Dienstplanregelung nicht möglich, Überstunden müssen in der Regel abgebummelt werden.

● Dem Erzieher fehlen Grundkenntnisse des Bundessozialhilfegesetzes. Er muß über weitere materielle Kompetenzen verfügen, will er den Eltern wirklich helfen können.

● Der Erzieher müßte zusätzlich zur direkten Arbeit mit den Eltern mit den zuständigen Stellen verhandeln.

● Der Erzieher müßte bereit und in der Lage sein, bei akuten Konfliktsituationen sofort verfügbar zu sein.

Diese Aufzählung ließe sich noch verlängern, doch wir sehen schon jetzt, so geht es nicht. So funktioniert es auch in den Heimen nicht. Oftmals werden die Elternarbeit und der Kontakt zu den Behörden aufgeteilt zwischen dem Heimleiter und seinem Stellvertreter. Diese sind zwar vom Dienstplan dafür freigestellt, stoßen aber auch an feste Grenzen. Dem Erzieher bleibt von dem Anspruch an Elternarbeit nur jener kurze Kontakt beim Abholen und Zurückbringen, in Ausnahmefällen werden die Eltern zu einem Gespräch gebeten. Daß gute Worte, auch viele gute Worte, nicht an den Ursachen der Misere zu rütteln vermögen, ist zwar eine Binsenwahrheit; es wird aber trotzdem immer so getan, als wäre das „pädagogische Gespräch" allein ein erfolgreiches Mittel der Einflußnahme. Gehässig ausgedrückt: der Pädagoge übt sich in der Rolle eines „Gesundbeters".

Fassen wir kurz zusammen:

Die Konzeption ist eine notwendige Orientierungsgrundlage für die im Heim tätigen Mitarbeiter. Ihr Nutzen ist aber zweifelhaft,

● wenn die pädagogischen Zielvorstellungen *nicht* auf die organisatorische Struktur der Einrichtung bezogen sind. D. h. wir müssen uns für jedes Erziehungsziel überlegen, ob nicht organisatorische Bedingungen das Erreichen dieser Ziele verhindern. Deshalb gehört in jede konzeptionelle Veränderung die notwendige Veränderungsstrategie der organisatorischen Strukturen;

● und wenn, wie in unserem Beispiel die Elternarbeit, die Ansprüche der Konzeption über die Arbeitskraft der Erzieher hinausgehen und nicht einlösbar sind.

Achtung, Gefahr!

Es gibt einen Mechanismus, den wir „Problemhopserei" nennen. Er tritt dann auf, wenn im Team zunächst ein Problem behandelt wird, aber nicht gelöst werden kann. Die Folge davon ist oft, daß diese Schwierigkeit dadurch umgangen wird, daß man ein „neues", weiteres Problem an die Stelle des vorherigen setzt. Wenn dies auch nicht gelöst wird, einigt man sich wieder auf die fatale „Lösung": Daran lag es auch nicht, sondern an noch etwas anderem liegt es eigentlich!
Voilá, ein neues Problem! ... usw.

Das trifft natürlich nicht nur für das Problem „Elternarbeit" zu. Wenden wir uns deshalb wieder dem Heimalltag zu. Die Konzeption zeigt ja zuallererst, wie in diesem Heim, in dieser Gruppe erzogen werden soll. Dahinter stehen die Erziehungsziele oder genauer: die Vorstellungen, wie die Kinder/Jugendlichen sein sollen, wenn sie erfolgreich die Heimzeit hinter sich gebracht haben. Wir bitten Sie jetzt, einmal Ihre fünf wichtigsten Erziehungsziele aufzuschreiben:

Danke! Was fällt Ihnen daran auf? Wahrscheinlich sind die Erziehungsziele sehr anspruchsvoll, wir wollen sie Ihnen auch auf keinen Fall ausreden oder sie schlecht machen. Im Gegenteil, wir wollen im folgenden Teil dieses Kapitels Hilfen anbieten, wie diese Erziehungsziele so konkretisiert werden können, daß Sie eine Chance zur Umsetzung finden[2]. Doch zunächst lassen wir eine Geschichte folgen, in der wir kräftig übertrieben und gesponnen haben.

---

2 Vgl. dazu R. F. Mager: Zielanalyse, Weinheim 1973. Mager stellt in diesem Buche eine brauchbare Methode zur Operationalisierung von Lernzielen vor.

Wenn ich so wäre, wie meine Erziehungsziele sind, man würde mich nicht mehr wiedererkennen.

„Gespräch unter Männern"

„Dieter, ich muß Dir etwas erzählen. Versprich mir aber, daß Du's nicht weitererzählst. Wie Du gleich hören wirst, ist es eine komische Geschichte, die mich bei meinen Kollegen in Teufelsküche bringen kann. Wie Du weißt, war ich letzte Woche zur Fortbildung, zusammen mit meinen Kollegen. Ja, das war, als Du vergebens hier in der Kneipe auf mich gewartet hast. Wir sind da mit großem Aufwand hingezogen, das Team aus der anderen Gruppe hat unsere Piepels mit versorgt, um endlich mal wieder unsere Konzeption auf den letzten Stand zu bringen. Die anderen waren fast euphorisch, daß es uns nach anderthalb Jahren mal wieder gelungen war, zusammen auf Fortbildung zu gehen. Ich war nach den letzten Erfahrungen etwas ,cooler', so leicht lasse ich mich nicht mehr begeistern. Es war aber 'ne dufte Stimmung, und die Typen, die das da mit uns durchgezogen haben, waren auch ganz passabel. Sie legten jedes Wort von uns auf die Goldwaage und hatten Hoffnungen, daß es einen richtig mitgerissen hat. Hinzu kam noch, daß Nora, eine neue Praktikantin, weißt Du, auch mit dabei war, und wir Herren haben da ganz schön aufgedreht. Also jede Menge ,Action'. So gearbeitet habe ich selten. Kannst ja mal die Unterlagen ansehen, alles wurde gleich auf Matrize geschrieben und abgezogen, 'nen Riesen Stoß Blätter. Na ja, und abends war Schwof.
Auf jeden Fall hatten die Typen 'n tolles Motto, unter dem alles stand: WER NICHT WEISS WO ER HIN WILL, DARF SICH NICHT WUNDERN, WENN ER GANZ WOANDERS ANKOMMT![3], *oder so ähnlich. Praktisch hieß das, daß wir alle sagen sollten, was bei unserer Erziehung mit den Kindern herauskommen soll, also die Erziehungsziele. Wir haben zunächst ganz locker unsere Vorstellungen in den Raum gerufen, auf Papierrollen wurde es aufgeschrieben, ganze Wände voll, kann ich Dir sagen. Alles war da, Selbständigkeit, Selbstversorgung, Solidarität, Durchsetzungsfähigkeit, Gruppenfähigkeit, Selbstwertgefühl, Kreativität und so weiter. Am Anfang haben wir erst herumgealbert, dann wurde es immer ernster, da wir dann auch gleich erklären mußten, was wir darunter verstehen. Alles war plötzlich so klar, mir schwirrte der Kopf. Sogar Wolfgang hat von der Notwendigkeit von Solidarität und kämpferischem Verhalten, was die Kinder lernen sollten, geredet. Kannst Dir ja vorstellen, wie erstaunt ich war, hätte ich nie von dem gedacht. Zum Schluß wurde es bierernst, ja verbissen, und bei Streitereien einigten wir uns immer dann, wenn wir das Ziel noch weiter steckten, so daß alles darin enthalten war.*
Einer der Teamertypen hatte dann wohl die Hosen voll, da sie versprochen hatten, diese Ziele mit in die neue Konzeption einzuarbeiten, dazu waren wir ja schließlich da. Der mäkelte da so herum. Hättest mich mal sehen sollen, wie ich den vor versammelter Mannschaft in die Ecke geschickt habe, indem ich aufgestanden bin,

---

3 Vgl. R. F. Mager: Lernziele und programmierter Unterricht, S. 15, Weinheim 1972

'ne zackige Rede gehalten habe über Anpassung und Sich-selber-aufgeben, und daß das unpolitisch wäre. Ich war echt gut, mit einem Auge habe ich immer zu der Nora hingeschielt, in ihrem Blick lag geradezu Bewunderung. Da muß ich mich dann wohl so hineingesteigert haben, daß ich den ganzen Abend weiter machte und auf's heftigste jedem widersprach, der es wagte, Skrupel zu haben.

So nachts um drei sind wir dann alle angesoffen in die Falle. Grins' nicht so, jeder in sein Bett. Bei mir im Kopf muß das aber ständig weitergekreist haben, auf jeden Fall hatte ich einen Traum, der mich fast umgehauen hat, ich bin jetzt noch ganz verstört.

Angefangen hat's damit, daß ich in einem großen Haus wohnte mit ziemlich vielen Leuten, einer Wohngemeinschaft. Kannst Du Dir das vorstellen, ich in so 'ner Kommune, unglaublich. Dabei war mir völlig klar, hier hast Du keine Geheimnisse voreinander. In der Küche saßen ein paar Leute um den Frühstückstisch, als ich da so reinkam.

Freundliche Gesichter und so; als ob sie alle 'ne Glasscheibe vorne im Kopf hatten, konnte ich sehen und fühlen, was jeder einzelne gerade dachte, es war ganz irre, jeden konnte ich verstehen. Während des Frühstücks haben wir dann alle etwas zur Verbesserung der Gruppensituation beigetragen, hier mal jemanden gestreichelt und die Butterdose 'rübergereicht, als jemand das Bedürfnis danach hatte. Ich habe dann noch auf's Zähneputzen verzichtet, da ich genau mitbekommen hatte, daß der eine solche Probleme hatte, daß er es nicht ertragen hätte, nach mir ins Bad zu kommen. Darauf waren wir fast traurig, daß wir uns trennen mußten. Wir freuten uns aber schon jetzt darauf, am Abend wieder zusammenzutreffen. Auf der Straße begegneten mir ein paar Gören, die ich kannte, und ich habe erst mal ein wenig mit ihnen gespielt, wobei mir einfiel, daß ich extra früher aufgestanden bin, damit ich dazu noch Zeit hatte. Dann habe ich auf dem Weg zur U-Bahn einem Rentner meine Zigaretten geschenkt und beschlossen, nie wieder zu rauchen. Irgendwie bin ich auf einer Behörde gelandet, warum, habe ich vergessen. Auf jeden Fall habe ich dort zügig einen Antrag ausgefüllt und ein paar anderen dabei geholfen. Der Sachbearbeiter, sah übrigens aus wie unser Leiter, wollte erst gar nicht so richtig, na, da habe ich dem erst mal Beine gemacht, aber nicht so, daß er sauer war, nein, bedankt hat er sich bei mir und erklärt, er würde jetzt immer versuchen, die Rechte aller Antragsteller durchzusetzen; denn schließlich wäre er ja für die Bürger da und nicht umgekehrt. Da war ich so gerührt, daß ich ihn um ein Haar umarmt hätte.

Wieder auf der Straße, habe ich mir Zeitungen gekauft, damit ich mein Informationsbedürfnis abdecken konnte.

Hör auf zu grinsen, bestell lieber noch 'n Halben.

Also in der Zeitung habe ich einen Artikel über Ausländer gelesen, was mich spontan ungeheuer mitgenommen hat. Diese Ungerechtigkeit stank zum Himmel. Da bin ich an der nächsten Station ausgestiegen, rein in die Bank, und habe auf das angegebene Solidaritätskonto 100 Mark überwiesen. Dann war mir wohler, zurück zur U-Bahnstation. Mein Auto hatte ich verkauft, da es mir unsozial erschien, die Gegend zu verpesten und Straßen zu beanspruchen, deren Flächen lieber für Abenteuerspielplätze genutzt werden sollten. Im Waggon habe ich dann eine Gruppendiskussion angezettelt, mit den anderen Fahrgästen über Vorurteile,

Chancengleichheit und Menschenwürde diskutiert. Ein anwesender Türke, der ein wenig Deutsch verstand, hat ein bißchen geweint, und andere haben ihn getröstet. Schon während die Diskussion lief, habe ich mich ein wenig zurückgezogen und über die eben erlebte Situation auf einem Briefumschlag ein Gedicht geschrieben. Kurz vor dem Aussteigen habe ich das Gedicht den anderen Fahrgästen vorgetragen.

Ich arbeitete in einer Fabrik, sie sah aus wie die, bei der ich vor der Umschulung auf Arbeit war. Mit dem Blaumann an, war mir keine Arbeit zu schmutzig oder zu niedrig, alle haben wir uns gegenseitig ständig geholfen. In der Mittagspause haben wir dann zum Ausgleich etwas Sport getrieben. Ich war sehr zufrieden mit der Arbeit und konnte mir nicht vorstellen, daß man davon mal abhauen will. Nach der Arbeit bin ich dann noch einkaufen gegangen; in vier verschiedene Geschäfte, da dort die Sachen etwas billiger waren. Am frühen Abend traf sich die Stadtteilinitiative, zu der ich gehörte. Dort berichtete ich von meinen Verhandlungen mit dem Amt. Mensch, jetzt weiß ich wieder, warum ich noch vor der Arbeit auf dem Amt war. Zu Hause in der Wohngemeinschaft hatten wir dann nach dem Abendbrot zwei Stunden Gruppenbesprechung. Es waren alle da, und wir saßen gemütlich beisammen, haben Tee getrunken, konnten über alles reden, interessierten uns für den anderen. Später bin ich dann noch auf einen Sprung in diese Kneipe hier. Ich hatte mich dort mit Nora, meiner langjährigen ZwoB, verabredet. Was, Du weißt nicht, was ZwoB bedeutet, ganz klar: Zweierbeziehung ohne Besitzanspruch. Na, und nun kommts ganz dicke, als ich nämlich reinkomme in die Kneipe und allen fröhlich zunicke: NICHTS. Keiner erkennt mich. Ich war wie vom Blitz getroffen, gut, daß ich dann aufgewacht bin und erst mal pinkeln mußte.

Nun geht mir der Scheißtraum nicht mehr aus dem Kopf. Über Erziehungsziele mag ich schon gar nicht reden. Blöd ist nur, daß ich jetzt als Spezialist gelte, ich merk's genau, die Kollegen warten auf Beiträge von mir."

Lassen Sie uns wieder zusammenfassen:

- Allgemein formulierte Erziehungsziele sind so vage, daß sie sich im Alltag nicht mehr wiederfinden lassen.
- Erziehungsziele sind meist so idealisiert, daß ihre Umsetzung auch unter ungleich besseren Bedingungen nicht realisiert werden kann.
- Da solcherart Ziele so vage sind, kann ein Konsens der Teammitglieder auf diese Ziele hin noch nicht sichern, daß alle Kollegen dasselbe darunter verstehen.
- Die Vagheit solcher Ziele kann zur Verunsicherung beitragen. Etwa: Ist dieses Verhalten nun ein Zeichen von Selbstsicherheit oder einfach nur Unverschämtheit.
- Solche Erziehungsziele orientieren sich nicht an den Heimbewohnern, ihren konkreten Fähigkeiten und Bedürfnissen, sondern an den Vorstellungen der Erzieher, wie Menschen sein sollen. ("Sei hilfreich und gut zu jedermann, dann bist auch Du ein Supermann!")
- Solche Ziele fördern die Vorstellung, daß man entweder den Zielen entspricht oder nicht. (Einmal gruppenfähig, immer gruppenfähig)
- Im Vergleich mit solchen Erziehungszielen kann man die Heimbewohner nur negativ definieren, das muß Auswirkungen auf deren Selbsteinschätzung haben.

Was schlagen wir vor?

Orientieren wir unsere Erziehungsziele ausschließlich an den Kindern und Jugendlichen. Das heißt, wir müssen uns vorstellen:

▶ welche Fähigkeiten und Fertigkeiten müssen sie lernen, wenn sie im Heim zurechtkommen sollen?
▶ welche Fähigkeiten und Fertigkeiten müssen sie besitzen, wenn sie später aus dem Heim entlassen werden?
▶ welche Fähigkeiten und Fertigkeiten beherrschen sie schon? Auf welchen kann ich aufbauen?

Um diese Fragen beantworten zu können, muß man sich der Mühe unterziehen, jedes Gruppenmitglied einmal genauer zu betrachten (s. S. 107) und dies auch festzuhalten, damit wir es vergleichend einschätzen können:
Diese Informationen geben eine Grundlage ab für die Aufstellung eines Erziehungsplanes und können Voraussetzung für die Einschätzung der Gruppensituation sein.
Aber es ist noch ein weiterer Schritt notwendig: Die perspektivische Konkretisierung der Erziehungsziele. Unter Konkretisierung verstehen wir das Übersetzen eines Erziehungsziels in beobachtbares Verhalten.
Greifen wir den Begriff „Selbständigkeit" heraus, zu Recht ein Erziehungsziel. Was macht nun Selbständigkeit aus, wo finden wir sie in konkreten Verhaltensweisen wieder?
Ohne den Anspruch auf Vollständigkeit zu erheben, haben wir es einmal beispielhaft versucht. Die Aufzählung ist mit einer Liste verbunden, auf der „abgehakt" werden kann, ob das entsprechende Verhalten bzw. die Fertigkeit beherrscht wird oder nicht.

! *Achtung!*
Vorläufigkeit der Ergebnisse beachten!
Als Diskussionsgrundlage benutzen!

Die Fähigkeiten und Ferigkeiten, die noch nicht beherrscht werden, müssen gelernt werden. Aber auch jene, die sie schon beherrschen, müssen weiter üben, sonst verlernen sie diese wieder.
Der Erzieher steht vor der Aufgabe, Situationen zu arrangieren, in der die Kinder/Jugendlichen genötigt werden, Handlungen zu vollbringen, die zu den gewünschten Fähigkeiten führen. Dabei wird jedem einleuchtend sein, daß zum Beispiel „Koffer selber packen" nicht in einem Trockenkurs gelernt wird in dem Sinne, daß der Erzieher eines Tages mit einem leeren Koffer erscheint und den betreffenden Heimbewohner so lange ein- und auspacken läßt, bis dieser es im Dunkeln kann. Es geht vielmehr darum, in den Alltag solche Nötigungen einzubauen, in denen es auch für die Kinder/Jugendlichen sinnvoll ist, z.B. einen Koffer zu packen. Daß dies eine Veränderung des Heimalltags zur Folge hat, werden

○ <u>Herkunftsmilieu</u> der Kinder/Jugendlichen? Wie haben sie dort leben müssen? Was war zum Überleben dort an Fähigkeiten notwendig?

○ <u>Heimaufenthalt</u>
- Aufenthaltsdauer
- Häufigkeit des Heimwechsels
- formale und inhaltliche Einweisungsgründe
- Aufnahmekriterien Ihres Heims

○ <u>Qualifikationsbereiche</u>
- schulischer Abschluß
- zu erwartender Abschluß
- berufliche Perspektive, ist sie realistisch?

○ <u>Stellung</u> des Kindes/Jugendlichen <u>zum Heim</u> allgemein? <u>zur Gruppe?</u>

○ <u>Einschätzung von positiven Fähigkeiten und Fertigkeiten</u>
- soziale
- "Kulturtechniken"
- Interessen und Vorlieben

○ <u>Außenbeziehungen</u>
- Eltern
- Freunde und Freundinnen
- zu anderen Gruppen
- Bedeutsamkeit und Häufigkeit der Beziehungen

○ <u>Einschätzung der häufigsten Probleme der Kinder/ Jugendlichen</u>

VORSICHT VOR FESTSCHREIBUNGEN !

107

Sie bei der Durchsicht der folgenden Seiten merken. Dies soll aber kein Grund zur Beunruhigung sein. Sie müssen ja nicht alles auf einmal lösen, Sie haben Zeit. Wir schlagen vor, daß Sie sich mit Ihren Kollegen eine bestimmte Frist setzen, in der sie diese nun ganz konkreten und faßbaren Ziele umsetzen. Und da diese neuen Ziele so konkret sind, können Sie vielleicht zum ersten Mal mit Sicherheit sagen: Dies war ein Erfolg!

Arbeitshilfe

BESTANDSAUFNAHME [4]

KULTURTECHNIKEN	KINDER IN DER GRUPPE										
	1	2	3	4	5	6	7	8	9	10	11

Brief schreiben
    adressieren
    frankieren											

Jemand(bekannt) anrufen Ortsgespräch Selbstwählfernges.											
Auskünfte von Fremden am Tele- phon einholen											
Fernsprechansage- dienst benutzen											
Paket packen und absenden Telegramm aufgeben Geld überweisen											
Wäsche in Automaten- halle waschen											
Schlüssel nachmachen lassen.											

4 QuaBS 3. Arbeitshilfen 17/18/19/20/21/22

Arbeitshilfe

BESTANDSAUFNAHME [4]

KULTURTECHNIKEN (Fortsetzung)	KINDER IN DER GRUPPE											
	1	2	3	4	5	6	7	8	9	10	11	
Koffer selber packen Kursbuch lesen Reiseroute zusammen- stellen												
Karten im Vorverkauf besorgen Umgang mit Nahverkehrs- Mitteln -in bekannt.Bez. -nach Stadtplan												
Preisvergleiche anstellen -imLaden -mitHilfe des Branchenbuchs												
Sich im Wald orientieren auf Wegen nach Weg - weisern/nachKompaß- Karte...												
Betten beziehen können												
Radfahren ggf.Moped												
Mit Schreibmaschine Schreiben können Formulare richtig ausfüllen												

4 QuaBS 3. Arbeitshilfen 17/18/19/20/21/22

Arbeitshilfe

BESTANDSAUFNAHME [4]

SELBSTHILFE-TECHNIKEN	KINDER DER GRUPPE											
	1	2	3	4	5	6	7	8	9	10	11	
Kleben z.b. Schuhe,Taschen vorfabrizierte Teile												
Bohren Drillbohrer man.Spiralbohrer el.Bohrmaschine schwierige Material.												
Löten mit Lötpistole mit Lötkolben hart												
Ausmessen von Flächen Ausmessen v.Räumen Anfertigen v.Skizzen Anfertigen v.Material- listen etc..												
Preisvergleiche vor Kauf												
Sein Fahrrad reparieren												
Film entwickeln Schw/W.-Vergrössern												
Wandzeitung gestalten												

4 QuaBS 3. Arbeitshilfen 17/18/19/20/21/22

Arbeitshilfe

BESTANDSAUFNAHME [4]												

SELBSTHILFE-TECHNIKEN (Fortsetzung)	KINDER DER GRUPPE											
	1	2	3	4	5	6	7	8	9	10	11	
Kochen einfache Gerichte Spezialitäten												
Nähen Knöpfe geplatze Nähte mit der Hand /mit Maschine neue Kleidungsstücke Stopfen Stricken (man.) (masch.) Häkeln												
Party gestalten Raumgestaltung Programm Gastgeberrolle												

4 QuaBS 3. Arbeitshilfen 17/18/19/20/21/22

Arbeitshilfe

BESTANDSAUFNAHME[4]

SOZIALE TUGENDEN	KINDER DER GRUPPE										
	1	2	3	4	5	6	7	8	9	10	11
ANDEREN ZUHÖREN											
Anteil nehmen an den Problemen anderer											
Bereitschaft zu helfen											
Fähigkeit ,Freund- schaften einzugehen sie zu erhalten											
Fähigkeit,jemanden gern zu haben											
Fähigkeit, in der Gruppe eine positive Rolle zu haben											
Fähigkeit,sich soli- darisch zu verhalten											
SICH im Gespräch aus- drücken können											
SICH vor vielen anderen äußern können											
Andern etwas abgeben können											
Gewinnen u.verlieren können											
Empfindlichkeit gegen Unrecht											

4 QuaBS 3. Arbeitshilfen 17/18/19/20/21/22

Arbeitshilfe

BESTANDSAUFNAHME[4]

GRUPPENFÄHIGKEITEN	JA	NEIN	
Kannn die Grupppe Binnen- konflikte selbst regeln?			
Diszipliniert diskutieren ?			
Außenseiter reintegrieren?			
wie regelt sie auseinander- laufende Interessen ?			
Wer hat Führungsrollen inne ? - laufend - wechselnd			
Welche Formen der Arbeits- teilung gibt es ?			
Hat die Gruppe gemeins. Interessen ? Sind ihr diese voll bewußt ?			
Wie ist das Beziehungsge- flecht der Gruppe ?			
Wie organisiert sie den Weg zur Erreichung der Gruppenziele ?			

4 QuaBS 3. Arbeitshilfen 17/18/19/20/21/22

6 Hilfe, wir brauchen Beratung!

Ich möchte ein beliebter Erzieher sein

Nein, ich möchte mehr als nur "beliebt" sein

Ich möchte daß die Leute sagen:"Dieser Erzieher ist ein großartiger Kerl!"

Und die Heimkinder sollen nach mir Ausschau halten, und wenn ich endlich erscheine, sollen sie sagen:"Ah da kommt er der gute Freund...Jetzt wird schon alles werden!"

Ich möchte ein besonderer Mensch sein...Ich möchte gebrauchtowerden... Es ist schwer zu erklären!

Verstehst Du? Ich meine, weißt Du, wovon ich rede?

Klar, ich verstehe absolut

Und?

Vergiß es! Zehn Pfennig bitte!

Der Wunsch nach Beratung ist vielfach zu vernehmen[1]. Hinter ihm können vielfältige Begründungen stehen. Neben aktuellen Problemen, die scheinbar ohne Hilfe von außen nicht gelöst werden können, dem Eindruck, in seiner täglichen Arbeit in Routine erstarrt zu sein und ohne Hilfe von außen keine Chance zur Änderung zu sehen, bis hin zu der Auffassung, daß Beratung zum Geschäft des Erziehens so notwendig dazugehört wie eine fachliche Ausbildung der Erzieher.

Möglichkeiten

● Man kann sich beraten lassen bei spezifischen Problemen mit einem Kind/Jugendlichen.
● Man kann sich beraten lassen, wenn „Teamschwierigkeiten" übermächtig erscheinen.
● Man kann sich beraten lassen, um innerhalb des Heimalltags neue pädagogische Angebote anbieten zu können. Ein Erzieher kann sich supervisieren oder therapeutisch beraten lassen, weil er meint, seine Persönlichkeit in Beziehung zum Klienten bewußter einsetzen zu müssen.

Man kann sich

● fortbilden auf Fachtagungen, Kursen, Seminaren; auch die Fortbildung ins Heim holen (heiminterne Fortbildung), so daß alle pädagogischen Mitarbeiter daran teilnehmen können;
● einem Berufsverband anschließen oder sich in einer Gewerkschaft organisieren.

Wir sehen, das Spektrum ist sehr weit gespannt, und – zumindest in den Städten – existiert eine Vielzahl von Angeboten in dieser Richtung. In vielen Heimen gibt es bereits einen fest angestellten Psychologen, der u. a. die Erzieher beraten soll, es gibt auch – wie in Berlin – Heimberaterteams, fest angestellt und für mehrere Heime zuständig.

Wir möchten grundsätzlich unterscheiden in

● Beratung/Fortbildung für einzelne,
● Beratung/Fortbildung für offene Gruppen,
● Beratung/Fortbildung für geschlossene Arbeitsgruppen.

Die Beratung/Fortbildung, die sich an einzelne beratungswillige bzw. fortbildungswillige Erzieher wendet, mag für den Betreffenden sehr hilfreich sein. Da unser Interesse aber dem Heimalltag bzw. der gesamten Einrichtung gilt, stellt sich uns die Frage, wie es gewährleistet werden kann, daß individuell vollzogene Lernprozesse Auswirkungen auf die Gesamtproblematik innerhalb einer konkreten Einrichtung haben können.
Dies soll einmal als Maßstab genommen werden für folgende Überlegungen:

---

1 Vgl. S. SCHMIDT-TRAUB: Rollenkonflikte der Heimerzieher, S. 76. Nach dieser Untersuchung halten 89% der befragten Erzieher eine regelmäßige Weiterbildung für erforderlich.

■ Einzelberatung und Supervision beziehen sich zwangsläufig sehr stark auf die Persönlichkeit des zu Beratenden. Ihr Erfolg liegt darin, die einzelne Erzieherpersönlichkeit ein Repertoir an Erklärungs- und Verhaltensmustern sich erarbeiten zu lassen, mit dessen Hilfe sie sich z. B. angemessenere Reaktionen innerhalb von Beziehungen – seien es die zu den Kindern/Jugendlichen, zu Kollegen oder die ihres Privatbereiches – verspricht. So gerüstet, mag es dem Absolventen tatsächlich leichter fallen, sich zurechtzufinden. Er merkt auch, daß seine Einschätzungen und Erklärungen von sozialen Situationen von den anderen, die nicht beraten wurden, oft nur schwer geteilt und verstanden werden können. Ja, es kann sogar passieren, daß die anderen sehr mißtrauisch auf die neuen Verhaltensmöglichkeiten reagieren. Sie erleben sich als Objekte eines für sie fremden Erklärungsmodells, fühlen sich durch die Interpretationen des „Aufgeklärten" entlarvt oder diskriminiert. Auch dann, wenn es gelungen ist, diese Klippe zu umschiffen, bleibt nach unserer Auffassung ein grundsätzlicher Einwand bestehen: Jedes neue Verhalten trifft wiederum auf die alten, bestehenden Strukturen. Anders ausgedrückt, durch Bewußtsein allein ist noch nichts wesentlich geändert.

■ Sehen wir uns jetzt einmal die Weiter- bzw. Fortbildung an, die einzelne Kollegen anspricht und sie zu ihren Veranstaltungen außerhalb der Einrichtungen zusam-
■ menruft.
Der Teilnehmerkreis ist breit gestreut, die Fortbildungsangebote sind themenzentriert: Beschäftigungstherapie, Arbeitstherapie, Sexualität von Kindern, Bettnässen, Schulschwänzen, Freizeitangebote, Teamfähigkeit, Gruppendynamik, Psychoanalyse und ihre Bedeutung im Heim, der lerntheoretisch orientierte Erzieher, Funktion von Heimerziehung, Strafen, Interaktionsanalyse, Transaktionsanalyse, wie töpfere ich richtig ... usw.
Der fortbildungswillige Erzieher sieht sich Schwierigkeiten ausgesetzt. Seine Abwesenheit belastet den Dienstplan der Kollegen. Ja, er kann sogar verdächtigt werden, daß er ein heimlicher Karrierist ist und sich nur Aufstiegspunkte sammeln will. Hinzu kommt, daß er, wieder zurückgekehrt, vor der Schwierigkeit steht, seinen Kollegen vermitteln zu müssen, was er gelernt hat. Und, wieder im Alltag, ist das, was während der Veranstaltung noch so einsichtig und praktikabel erschien, plötzlich anders. Die Kollegen ziehen nicht mit, können oder wollen nicht verstehen. Die Möglichkeiten innerhalb des Heims stellen sich anders dar, als es der Dozent sehr überzeugend vorgetragen hatte. Das macht unsicher, Selbstzweifel stellen sich ein. Nach kurzem Aufbegehren läuft alles wieder wie zuvor, der Alltag hat ihn wieder.

■ Als Letztes möchten wir noch die heiminterne Fortbildung/Beratung anführen.
■ Diese Form entwickelte sich aus der Kritik der beiden zuvor genannten Formen.
Um den Transfer der Lerninhalte auf den Heimalltag zu sichern, bot sich zunächst
■ die Fortbildung/Beratung mit den gesamten Mitarbeitern einer Einrichtung an
bzw., wenn diese Zahl zu groß war, mit Teilen der Belegschaft (ein oder zwei Erzieherteams). Diese zunächst organisatorische Umstrukturierung hatte aber auch Veränderungen der Inhalte zur Folge. Nicht mehr einzelne Themen standen im Mittelpunkt der Fortbildung/Beratung, sondern die Probleme, die sich aus dieser speziellen Einrichtung herleiteten. Auch die Rolle derjenigen, die an einer

solchen heiminternen Fortbildung/Beratung teilnahmen, veränderte sich: nicht mehr die Veranstalter bestimmten die Inhalte, sondern die Teilnehmer, da sie in erster Linie über die Probleme ihrer Einrichtung Bescheid wußten. Ihre Rolle wurde also wesentlich aktiver. Damit stiegen auch die Selbstbestimmungschancen nicht nur bei der Auswahl der zu bearbeitenden Problembereiche, sondern auch bei der gemeinsam erarbeiteten Problemlösung, die auf eine Veränderung des Alltagshandelns zielte.

Voraussetzung dieser heiminternen Variante ist die Bereitschaft der Kollegen, freiwillig und regelmäßig an der Fortbildung/Beratung teilzunehmen. Die Sitzungen selbst können innerhalb der Dienstzeit liegen und im Heim stattfinden. Eine Kombination mit Intensivseminaren außerhalb der Einrichtung wird empfohlen[2].

Wie soll man sich aber jetzt entscheiden? Nun, die Antwort können wir auch nicht für den Leser treffen. Wie entsteht das Bedürfnis nach Beratung? In welchen Zusammenhängen ist es sinnvoll, sich eine Unterstützung zu organisieren?

Als Einstimmung haben wir wieder eine Geschichte parat, die – so hoffen wir – durch ihre verdichtete Realität und mit etwas Dramatik zugespitzt, Hinweise liefert, denen wir dann nachspüren wollen.

Hilfe, wir brauchen Beratung! (Nicht so sehr für mich, sondern für meine Kollegen).

Es ist Montag, 10 Uhr, Teamsitzung, wie jeden – oder etwas genauer, wie fast jeden – Montag. Axel, 27 Jahre, seit drei Jahren Erzieher in der Gruppe, ist schon da, er hatte letzte Nacht Dienst. Christa und Monika, 26 und 30 Jahre, kommen zusammen ins Erzieherzimmer. Beide sind seit zwei bzw. drei Jahren Erzieherinnen in dieser Gruppe. Auch Wolfgang ist heute pünktlich, er ist der dienstälteste Erzieher mit 3$^1/_2$ Dienstjahren und 29 Jahre alt. Er wird heute in der Teamsitzung eine besondere Rolle spielen. Er hat den Heimleiter ausgeladen, da er heute „über Teamschwierigkeiten sprechen" will. Der Leiter war nicht sehr beleidigt, er kann die Zeit gut benutzen, er muß auf's Amt. Jetzt fehlt noch eine, Nora, 21 Jahre, Jahrespraktikantin und seit $^1/_2$ Jahr in dieser Gruppe. Mittlerweile macht sie normalen Gruppendienst, und wenn sie nicht einmal in der Woche zur Schule gehen müßte, wäre nach außen gar kein Unterschied mehr zu sehen, sie hat sich gut eingepaßt. Ah, da kommt sie, etwas atemlos und abgehetzt wie immer, sie hat auch den weitesten Anfahrtsweg und kein eigenes Auto, für ihr Mofa ist es bereits zu kalt.

Wie sonst auch läuft das kleine Ritual ab; bevor es losgeht, wird erst 'mal Kaffee aufgebrüht. Nora macht sich Tee, eine Neuerung. Christa, Monika und Nora wissen noch nicht, daß der Leiter heute nicht kommt, und wundern sich darüber. Wolfgang erklärt: „Ich habe den heute ausgeladen, denn ich habe 'ne Stinkwut auf Monika, und das will ich heute besprechen, ich wollte ihn nicht dabei haben."

„So, so, ohne das vorher mit uns zu besprechen, vielleicht will ich ihn gerade dabei

---

2 Soweit uns bekannt ist, hat die „Qualifizierungsvereinigung Berliner Sozialpädagogen e. V." (QuaBS) diesen heiminternen Fortbildungsansatz in „Aktionsprojekten" am weitesten fortentwickelt.

haben, so als Schiedsrichter", stoppt Christa Wolfgang und sorgt mit dafür, daß die Stimmung sehr gespannt wird. Das Herumalbern ist wie weggefegt, und alle sind eigentlich erstaunt darüber, daß sich eine so bissige Atmosphäre aufgebaut hat. Axel, der immer ein wenig die Neigung zum Vermitteln hat, bricht das etwas ratlose Schweigen: „Na, so wild wird's ja nicht sein, los Wolfgang, laß mal raus, was Du im Koffer hast!" und fährt fort: „Nur Wut zu haben, reicht ja wohl nicht aus, schließlich sind wir ein Team!"

„Team, Team, feines Team", erregt sich Wolfgang, „ich hör' immer Team, welches meinst Du denn, uns etwa?"

Nach diesem sehr heftig ausgestoßenen Satz wird allen deutlich, wie ernst es ihm ist. Monika hat sich, als sie angesprochen wurde, sofort kerzengerade hingesetzt. In ihrem Gesicht spiegelt sich Betroffenheit, aber auch Abwehr, gemischt mit etwas Angriffslust. Sie ist gewappnet. Und Christa, die merkt, daß ihre Freundin so angefahren wird, ist gleich ein wenig zu Monika rübergerutscht, wie um den anderen deutlich zu machen, daß sie Monika beisteht und Wolfgang es mit zwei Personen zu tun haben wird. Nora wirkt etwas unglücklich und sucht in den Gesichtern der anderen, wie diese das einschätzen. Hätte sie ein Lächeln bei irgendeinem entdecken können, sie hätte zurückgezwinkert. Bei Axel kann man nicht so richtig sehen, was er davon hält. Nachdem er die peinliche Situation durchbrochen hat, sitzt er jetzt in seiner typischen „Kutscherhaltung"; auf der vorderen Kante des Stuhls, die Arme auf die Schenkel gestützt, den Körper leicht vorgebeugt, den Blick auf den Boden, mit dem rechten Fuß klopft er gleichmäßig auf, so, als begleite er den Rhythmus eines Schlagers.

„Immerhin ist jetzt geklärt, daß es nicht nur um Dich und Monika geht", nimmt Christa den Faden wieder auf.

„Du brauchst mich nicht in Schutz zu nehmen", wendet sich Monika an Christa und fährt zu Wolfgang gewendet fort, „ich will jetzt wissen, warum Du so sauer auf mich bist und hier so ein Theater abziehst?"

„Was heißt hier Theater, Du hast mich vor den Kindern lächerlich gemacht!", so Wolfgang.

Christa sehr spitz: „Wie kann man denn einen so großen, starken, furchterregenden Erzieher lächerlich machen?!"

Axel: „Bitte, Christa, hör' auf!"

Christa rebellisch: „Na, ist doch wahr, spielt sich hier als Boß auf, der spinnt wohl!"

„Ich bin hier auch der dienstälteste Erzieher, und mir ist nicht egal, was 'mal aus den Kindern wird. Wenn wir nicht alle dasselbe Erzieherverhalten zeigen, machen die Kinder nicht nur, was sie wollen, und spielen uns gegenseitig aus, wir helfen ihnen auch nicht!" Einmal so in Schwung, will Wolfgang fortfahren, Monika unterbricht ihn aber:

„Ich möchte jetzt endlich von Dir wissen, wann ich Dich lächerlich gemacht haben soll?"

„Das weißt Du nicht? Dann will ich Dein Erinnerungsvermögen mal auffrischen!" Wolfgang greift zum Erzieherbuch und blättert darin herum, bis er die gesuchte Stelle findet.

„Hier steht's drin", und liest vor, „„Armin hat eine Woche lang die Schule geschwänzt, langes Gespräch mit Armin. Da er keine Einsicht zeigte, habe ich Armin eine Woche Hausarrest verhängt. Er soll in dieser Zeit den versäumten Stoff nachholen. Mit dem Klassenlehrer habe ich telefoniert, Armin muß in Biologie den Stoffwechsel nachholen und in Grammatik die Seiten 25 bis 30 üben. Nächste Woche wird darüber eine Arbeit geschrieben. Die schulischen Leistungen von Armin sind schlecht, der Klassenlehrer zweifelt an der Versetzung'.

Hier steht alles drin. Ist doch eindeutig, oder? Und was kriege ich mit, als ich am Freitag Dienst habe? Armin ist mit den anderen auf der Rolle. Als er heimkommt, will ich ihn mir vorknöpfen, da erklärt der mir, daß Du ihm den Hausarrest erlassen hättest. Dabei hat er mich frech angegrinst und ist in sein Zimmer."

Monika wehrt sich: „Na sicher habe ich das Erzieherbuch gelesen. Bevor Du Dich so aufregst, solltest Du Dich lieber mal informieren. Ich habe auch mit Armin geredet. So uneinsichtig, wie Du meinst, ist der gar nicht. Weißt Du überhaupt, warum der nicht in die Schule gegangen ist? Nein, weißt Du nicht, Dich interessiert ja immer nur, ob alles klappt. Ich kann mir schon vorstellen, wie euer langes Gespräch ausgesehen hat. Du hast ihn angeschnauzt, kein Wunder, daß er Dir nichts sagt, die Kinder haben ja Angst vor Dir. Er ist nämlich nicht in die Schule gegangen, da ihm von irgendeinem Prügel angedroht worden waren. Und als er dann einen Tag gefehlt hatte und sich nicht traute, eine Entschuldigung zu verlangen, ist er einfach an den anderen Tagen auch nicht hingegangen. Die anderen Kinder wußten das alle, sie haben uns aber nichts gesagt. Darüber müßten wir mal reden, darüber, daß die Kinder kein Vertrauen zu uns haben. Das ist mir klar geworden. Und mit Deinen idiotischen Strafen machst Du alles noch viel schlimmer. Ich habe auch nicht die Strafe nur erlassen. Ich habe nämlich mit Armin ausgehandelt, daß er täglich eine Stunde üben muß, zusätzlich zu den Hausaufgaben, und daß er erst danach wie die anderen 'raus kann. Das ist doch sinnvoller, als ihn im Haus verbiestert sitzen zu lassen. In so einer Stimmung lernt der gar nichts. Daß er das Versäumte nachholt, ist mir wichtiger als eine Strafe."

„Typisch, die verständige Mutter spielen und die großen Ungerechtigkeiten und Härten ausgleichen, die wir Männer den armen schwachen Kindern antun. Wenn irgendeine unpopuläre Entscheidung getroffen werden muß, sind immer Axel und ich dran. Die Kinder müssen uns ja als Buhmann erleben. Ich will Ruhe in die Gruppe bringen, ihnen klare Orientierungspunkte geben, da schmeichelt Ihr Frauen Euch bei den Kindern ein. Süchtig nach dem dankbaren Blick, schmeißt Ihr jede Gruppenregel um."

„Nun mach aber mal 'nen Punkt!", fährt Christa dazwischen. „Was heißt denn hier, wir Frauen würden Euch die Autorität klauen? Ihr seid es doch, die nur das mit den Kindern machen, was Ihr selbst wollt, ob das Fußballspielen ist oder Tischtennis, oder sich einschmeicheln und einen Hochbettenbauboom anzetteln, weil das das einzige ist, was ihr könnt. Und vor lauter Eifer laßt Ihr dann noch nicht einmal die Kinder mitmachen, die nicht so gut sind. Die dürfen dann nicht mitspielen, weil sie zu doof zum Toreschießen sind. Hab' ich selbst gehört. Uns Frauen schiebt Ihr die Kleinen und Doofen zu. Darüberhinaus sind wir für's Aufräumen da. Ihr laßt das mit dem Aufräumen einfach laufen, und wir müssen die unpopulären Aufgaben durchsetzen. Wenn wir dann Disziplinschwierigkeiten haben, tut Ihr groß und zeigt deutlich, daß Ihr sie nicht habt. Da wir auf die Frauenrolle reduziert werden, sieht es dann nach außen so aus, als kämt Ihr besser mit den Kindern zurecht. Ihr macht was, und wir müssen aufräumen. Tolle Pädagogen seid Ihr!"

Nun scheinen die Fronten geklärt. Nachdem Wolfgang noch „Emanzen" gestöhnt hat, besteht das Team aus „den" Frauen und „den" Männern. Um die Heftigkeit zu verstehen, müssen wir uns noch die momentane Situation vor Augen führen. Nora, die bisher noch nichts gesagt hat, versucht, eine Ebene ins Gespräch einzuführen, deren Erklärungsmuster zur Kanalisierung der Spannung hätte beitragen können. Nur, sie ist eben doch „nur" eine Praktikantin, und dies bekommt sie zu spüren, was sie übrigens für diese Sitzung endgültig zum Schweigen bringt. Sie meldet sich nämlich zu Wort und sagt:

„Ich finde es doof, daß wir uns hier gegenseitig anmachen. Ich glaube, daß sich unsere Schwierigkeiten aus der beschissenen Gruppensituation herleiten. Wir sind alle nicht zufrieden damit, wie es im Moment läuft. Durch die Neuaufnahme vor zwei Wochen ist hier alles so ziemlich durcheinandergewirbelt worden. Auch für die Kinder ist das schwierig. Sie sind aggressiv, dauernd wird 'was zerstört. Nachdem vorgestern das Waschbecken abgerissen worden ist und gestern das Hochbett zerstört wurde, habe ich richtig Angst, Dienst zu machen. Der Zustand ist schon ziemlich desolat, ich möchte gern darüber reden, wie ich, wie wir da aus dem Mist herauskommen. Auf der Schule haben wir gelernt ..."

„Dein Schulwissen kannste vergessen, das ist was für Klugscheißer", fährt ihr Wolfgang in die Parade.

„Mensch, laß Nora in Ruh'!" mischt sich jetzt wieder Axel ein. Es folgt ein bedrückendes Schweigen. Man sitzt sich gegenüber und weiß nicht, wie es weitergehen soll. Der Unmut liegt jetzt auf dem Tisch, aber was soll man jetzt anfangen? Ob es in den anderen Teams im Heim genauso geht? Oder ist man das schlechteste Team im Heim? Diese Fragen gehen allen durch den Kopf, während jeder noch versucht, die Vorwürfe und Kränkungen zu verdauen.

„So kommen wir nicht weiter", sagt Axel in die Stille hinein, „wir brauchen Beratung!"

Und da eigentlich alle guten Willens sind und ihre Einstellung immer noch richtig finden, aber keinen Weg wissen, sie den anderen plausibel zu machen, stimmen sie bei, nicht so sehr wegen sich selbst, sondern wegen der anderen. So ein Berater kann sicher helfen, die eigenen Vorstellungen zu vermitteln.

„Verdammt, ja!" meldet sich Wolfgang, blinzelt zu Monika hinüber und sagt versöhnlich: „War nicht so gemeint!"

Nora nickt mit dem Kopf, und Christa meldet sich: „Ich bin auch einverstanden. Ich kenne da einen Verein, den könnten wir ja mal fragen!"

An dieser Stelle hätte ein aufmerksamer Beobachter etwas Bemerkenswertes feststellen können. Plötzlich war wieder Mißtrauen auf einigen Gesichtern. Wieso eigentlich? Waren nicht alle Teammitglieder mit einer Beratung einverstanden?

„Ach du meine Güte!" darf jetzt gestöhnt werden. „Ging's denn nicht einfacher? Da ist ja soviel durcheinandergemischt."

Nach unseren Erfahrungen leider nein, so verworren sieht es tatsächlich aus. Eher kommen noch mehr Faktoren hinzu, etwa Belastungen aus dem persönlichen Bereich. Aber die wollen wir hier lieber draußen vor der Tür halten.

Versuchen wir also, die verschiedenen Ebenen 'mal auseinanderzuzerren. Da ist zunächst

■ DER ÄUSSERE ANLASS: Ein Erzieher hat eine Strafe verhängt, ein anderer hat sie wieder aufgehoben. Dann haben wir direkt damit verflochten ein

■ EINZELPROBLEM MIT EINEM KIND: Das Kind hat die Schule geschwänzt, die Versetzung ist gefährdet, und außerdem hat es die Erzieher getäuscht. Dies konnte es aber nur schaffen, indem die anderen Kinder „dicht" hielten. Schon haben wir eine dritte Ebene,

■ DIE GRUPPENSITUATION: Hier erfahren wir, daß es eine Neuaufnahme gab, der Gruppenzusammenhalt der Kinder und Jugendlichen *gegen* die Erzieher zwar funktioniert, aber ansonsten wird die Atmosphäre als aggressiv, wenig integrativ und desolat beschrieben. Die einzelnen Erzieher müssen dazu Stellung beziehen, und da sie im Team arbeiten, kennzeichnen wir eine andere Problematik,

■ DIE TEAMSTRUKTUR: In ihr sind nicht alle Rollen gleichwertig. Im Laufe der Zusammenarbeit haben sich besondere Zuständigkeiten herausgebildet. In unserem Beispiel orientieren sich die Funktionsaufteilungen an den gesellschaftlichen Rollen von Männern und Frauen. Diese Aufteilung ist nicht unproblematisch, da sie offensichtlich verschiedene Wertschätzungen mit sich bringt und mit unterschiedlichem Prestige ausgestattet ist. So können sich die Erzieher wechselseitig Vorwürfe machen. Die Erziehungstätigkeit hat Auswirkungen auf die

■ PSYCHISCHE BELASTBARKEIT DER EINZELNEN: Die Enttäuschung über die desolate Gruppensituation, die Einzelproblematik, aber auch die Festlegung auf bestimmte Rollen innerhalb des Teams lassen jeden einzelnen an seiner Professionalität zweifeln. Er ist empfindlich geworden gegenüber Kritik, da er sie auf seine Person insgesamt bezieht. Wenn er scheinbar falsch gehandelt hat, heißt dies für ihn dann auch, er sei überhaupt falsch am Platz. Wer will das schon sein. Deshalb trifft es auch alle empfindlich, wenn sie hören, vor ihnen hätten die Kinder Angst und man könne kein Vertrauen zu ihnen haben.

Wir erfahren eine weitere Schwierigkeit,

■ DIE ARBEITSSITUATION: die ausschließt, daß die Erzieher zusammen Erfahrungen sammeln können. Der Schichtdienst behindert eine kontinuierliche Zusammenarbeit. Der Erzieher muß auf Außendrücke (hier die Schule) reagieren, auf die er nur wenig Einflußmöglichkeiten besitzt. Zur Arbeitssituation gehört auch, daß man sich und sein Team vergleicht, um zu erfahren, wie man ist. Dies ist ein Hinweis auf

■ DIE KONKURRENZ: Nicht nur der Leiter hat die Leistungen der einzelnen Erzieher in Dienstleistungsberichten zu bewerten, auch untereinander herrscht Konkurrenz; um die Gunst der Kinder etwa oder die Anerkennung der anderen Mitarbeiter, aber auch um die Stellung des Teams zu den anderen. Da solche und andere Probleme Bestandteil des Heimalltags sind, haben sich herausgebildet

■DIE TRADITIONELLEN PROBLEMLÖSUNGSWEGE: In unserem Falle der Wunsch nach Beratung. Denkbar wäre auch die „Überweisung" des Einzelfalles an einen Spezialisten, der Ruf nach einer Konzeption (s. o.), um etwa das Problem des Strafens im Heim fest zu regeln. Ein Weg, die Probleme zu lösen, könnte auch darin bestehen, daß ein in der Hierarchie höher Stehender anordnet, wie's gemacht werden soll. Beratung könnte auch die Anmeldung zu einem gruppendynamischen Seminar oder das Ausrichten der Teammitglieder auf *ein* gültiges Erklärungsmuster (etwa lerntheoretisch) bedeuten. Es könnte sich auch die Meinung verfestigen, ein Teammitglied hätte eine so handfeste Neurose, daß es sich in Behandlung begeben müsse. Es gibt noch mehr Möglichkeiten, u. a. kann man die Probleme auch ignorieren.

FRAGEN, DIE SIE GEMEINSAM MIT IHREN KOLLEGEN VOR EINER
MÖGLICHEN FORTBILDUNG/BERATUNG KLÄREN SOLLTEN

○ Ist das Problem, welches Sie zur Frage nach Fort-
  bildung/Beratung führte, ein eher außergewöhnliches
  oder wiederholt sich dieses Problem regelmäßig?
  Wie würden Sie das Problem stichwortartig beschreiben?

○ Gibt es in Ihrem Team unterschiedliche Einschätzungen über den Charakter der aktuellen Problematik?

○ Was würde Ihrer Meinung nach geschehen, wenn Sie
  und Ihre Kollegen kaum oder überhaupt nicht darauf
  reagieren würden?

○ Fühlen Sie sich bei der "Lösung" der Problematik
  überfordert?

○ Stehen Sie unter internem oder äußerem Druck, das
  Problem alsbald zu klären?

○ Haben Sie den Eindruck, daß einmal etwas Außergewöhnliches geschehen sollte? Wie könnte dies aussehen?

○ Soll die Beratung/Fortbildung eher für die Stabili-
  sierung Ihres Teams sein?

○ Soll die Beratung/Fortbildung direkt auf den Erziehungsalltag Auswirkungen haben?

○ Sind Sie in erster Linie daran interessiert, Ihr
  persönliches Wissen zu erweitern?

○ Haben Sie Befürchtungen, daß die geplante Fortbil-
  dung/Beratung einseitig bestimmte Positionen unter-
  stützt? Kommen dabei Ihre Vorstellungen zu kurz?

124

FRAGEN, DIE SIE GEMEINSAM MIT IHREN KOLLEGEN VOR EINER
MÖGLICHEN FORTBILDUNG/BERATUNG KLÄREN SOLLTEN

○ Erwarten Sie, daß sich die Fortbilder/Berater auf
die von Ihnen genannten Probleme beschränken?
Könnten Sie es akzeptieren, wenn diese von sich aus
tiefer in den Heimalltag eindringen wollen?

○ Sind Sie bereit, Ihr persönliches Erzieherverhalten zum Gegenstand der Fortbildung/Beratung zu
machen?

○ Wie werden Sie sich verhalten, wenn eine Minderheit
Ihres Teams die Beratung/Fortbildung ablehnt?

○ Wieviel Zeit können und wollen Sie in eine Fort-
bildung/Beratung investieren?

○ Soll die Beratung/Fortbildung innerhalb der Dienstzeit liegen? Wer soll die Honorare bezahlen?

○ Was halten Sie und Ihre Kollegen von folgender
Einschätzung:
Die Probleme, Teamschwierigkeiten, die wir haben,
sind weniger ein Ausdruck unseres erzieherischen
Unvermögens, sondern eine Folge unserer Arbeitsbe-
dingungen wie der Lebensbedingungen unserer Heim-
bewohner. Es kommt deshalb weniger darauf an, die
Probleme allein als "Erzieherprobleme" oder als
"Einzelfallproblematik der Minderjährigen" anzu-
sehen, sondern vielmehr daran zu arbeiten, die
Bedingungen unseres Heimes zu verändern.
Dazu benötigen wir heiminterne Fortbildung/Beratung.

○ ....
.... ?

7 Schon wieder ein Erziehungsbericht

„Während der Heimunterbringung eines Minderjährigen ist regelmäßig –
mindestens einmal im Jahr – zu prüfen, ob seine Rückkehr in das Elternhaus
oder Aufnahme in eine Adoptions- oder Pflegestelle möglich ist!"
(Auszug: Heimunterbringungsvorschriften 1977)[1]

Das bedeutet für den Erzieher:

Schon wieder ein Erziehungsbericht!

Was für die Erzieher eine lästige Pflicht ist, stellt sich für den minderjährigen
Heimbewohner als ein wichtiges Papier über seine Lebenskarriere dar. Was für die
Erzieher „normal" ist, nämlich die Erziehungsarbeit in einem Heim, ist nicht der
„Normalfall" innerhalb unserer Gesellschaft. Diejenigen, die Empfänger der
Erziehungsberichte sind, benutzen diese als Grundlage ihrer Entscheidungen über
das weitere Schicksal des Heimbewohners. Sie haben für ihre Entscheidung nicht
wie die Erzieher ein konkretes Bild der beschriebenen Persönlichkeit vor Augen,
sondern sind auf Fakten angewiesen, die in einer Akte gesammelt und chronologisch
geführt werden. Die Unterbringung in einem Heim ist nur nach Prüfung und
Begutachtung jedes Einzelfalles im Rahmen der gesetzlichen Vorschriften und
deren Ausführungsbestimmungen möglich. Entfallen die Voraussetzungen für die
Heimeinweisung, ist die Erziehungsmaßnahme aufzuheben. Das Führen einer Akte
über einen Menschen ist für die Sachbearbeiter in den Ämtern tägliche Pflicht. Für
sie ist die Reduktion eines Teils des Lebensweges ihrer „Klienten" auf beschreib-
bare Fakten, aus denen sie folgerichtige Schlüsse zu ziehen versuchen, „normal".
Eine solche Akte enthält im Regelfall:
- biographische Daten des Minderjährigen und seiner engeren Angehörigen (sie
  werden meist aus den Akten der Familienfürsorge übernommen);
- eine Anamnese, die von einem Gutachter oder einer Erziehungsberatungsstelle
  erstellt wurde;
- medizinische und psychologische Untersuchungsergebnisse;
- Hinweise und Anregungen für die „Behandlung" des Minderjährigen bzw. die
  Aufstellung eines Erziehungsplanes;
- Empfehlungen über die für angemessen erachtete Form der Unterbringung und
  die in Betracht kommenden Heime;

---

1 Senator für Familie, Jugend und Sport: Ausführungsvorschriften über die Unterbringung Minderjähriger in Heimen (HUV), vom 28. 12. 1976

- Erziehungsberichte;
- alles, was irgendwie offiziell geworden ist: ein Polizeibericht etwa, Beschwerden des Heims über die Eltern des Minderjährigen, Gerichtsentscheidungen;
- darüberhinaus die Korrespondenz mit den anderen Ämtern, Stellen (Familienfürsorge, Pflegekindervermittlung, Adoptionsstelle, Haushaltsstelle, mit dem Heim) und eventuelle Anträge des Heims zur Durchführung besonderer Maßnahmen.

„Nun gut, wenn die so fleißig sammeln, dann wird ja auch ihre Entscheidung schon in Ordnung sein. Die haben ja durch die Unterlagen schließlich den besten Überblick." Leider ist es nicht so einfach. Versuchen wir einmal nachzuvollziehen, was eine solche „Akte" für den minderjährigen Heimbewohner bedeutet.

Er selbst oder seine Familie ist auffällig geworden. Der Familienfürsorger begibt sich zum Ort der „Auffälligkeit", und wenn er noch keinen Vorgang über die betreffenden Personen hat, eröffnet er selbst einen, legt eine Akte an. Von diesem Zeitpunkt an sind die betroffenen Menschen Objekte eines Amtes, eben Fälle, die öffentlichen Sozialinstanzen zur Kontrolle ausgesetzt sind. Ihnen haftet allein schon durch die Tatsache eines öffentlich gewordenen Vorfalles ein Makel an. Der Fürsorger steht nun vor der Notwendigkeit, Informationen zu sammeln, damit er sich ein Bild machen kann, um entsprechende Hilfsmaßnahmen anbieten zu können. Er muß den Verhaltensweisen, Lebensumständen und Beziehungen nachspüren und diese in dem Rahmen interpretieren, der ihm rechtlich vorgeschrieben ist.

Diese Interpretationen haben Definitionscharakter, indem sie komplexe Problemlagen auf ein juristisches Vokabular und Bedeutungssystem zurechtstutzen. Diese juristisch formulierten Situationsdefinitionen werden dann zur Grundlage einer rechtlich abgesicherten Intervention des Jugendamtes. So ist die Verwahrlosung[2] bzw. die drohende Verwahrlosung die Voraussetzung zur Anordnung einer Fürsorgeerziehung, zur Verhängung einer Jugendstrafe sind „schädliche Neigungen" Bedingung. Bezeichnungen wie „kriminell", „asozial", „verwahrlost" sind Eigenschaften, die den so bezeichneten Personen und ihren Verhaltensweisen anhaften. (Sie sind Zuschreibungen, die eine Entwicklung – Zuschreibungsprozesse – voraussetzen.)

In vielen „Fällen" liegt über eine Familie bereits eine „Akte" mit entsprechenden Zuschreibungen vor, so daß der erstmals auffällig gewordene Minderjährige das früher gewonnene Bild nur zu bestätigen scheint. In den Akten entsteht so ein bestimmtes Bild des Minderjährigen: Ausgewählte Informationen, in einen schlüssigen Zusammenhang gestellt[3]. Diese Fakten, internen Aktenvermerke, Besuchsberichte usw. werden allesamt bei den anderen Anlässen (etwa Jugendgerichtshilfeberichten) mitverwertet und dienen bei wissenschaftlichen Gutachten als Vorausinfor-

---

2 Zum Verwahrlosungsbegriff vgl. Ahlheim u. a.: Gefesselte Jugend. Fürsorgeerziehung im Kapitalismus; S. 66ff., Frankfurt/M. 1972
3 Vgl. zum Zuschreibungsprozeß M. Brusten: Prozesse der Kriminalisierung – Ergebnisse einer Analyse von Jugendamtsakten, in: H.-U. Otto/S. Schneider (Hrsg.): Gesellschaftliche Perspektiven der Sozialarbeit, 2. Halbband, S. 85–125 Neuwied 1973

mation[4] für die beteiligten sozialen Instanzen. Die Beurteilungen und Definitionen werden zu neuen Anlässen immer wieder herangezogen und – so zeigen Untersuchungen über Akten des Jugendamtes – weitgehend übernommen. Die Definitionen, Zuschreibungen von Verhaltensweisen sind abhängig von dem Rahmen, in dem „Auffälligkeiten" stattfinden. Ein Ladendiebstahl eines Kindes aus einer Arztfamilie etwa wird anders beurteilt als derselbe Tatbestand bei einer Familie, die seit Jahren vom Amt betreut wird. Das wirft nicht nur ein Licht auf die Normen und Werte, denen sich die „Zuschreiber" verpflichtet fühlen bzw. verpflichtet sind, sondern läßt uns die Personengruppen beschreiben, die potentiell von Heimeinweisung bedroht sind.

---

4 Vgl. M. Brusten; a.a.O., S. 109ff.

Je höher der soziale Status der Herkunftsfamilie, also
   je besser die berufliche Qualifikation der Eltern,
   je höher das Familieneinkommen,
   je geringer die Geschwisterzahl,
   je geringer die Wohndichte,
   je größer die Wohnfläche,
   je gesicherter also die allgemeine Lebenslage,
desto größer ist die Wahrscheinlichkeit, n i c h t in die Gefahr
zu gelangen, in Heimerziehung zu geraten.

Je niedriger der soziale und berufliche Status der Eltern,
   je ungesicherter die allgemeine Lebenslage der Familie,
   je geringer das Einkommen,
   je stärker also die materielle Nötigung der Mütter, außer Haus zu
                                      arbeiten,
   je abhängiger von den Instanzen der Wohlfahrtspflege,
   je kontrollierter durch die Nachbarschaft,
   je geringer der zur Verfügung stehende Wohnraum,
desto größer ist die Wahrscheinlichkeit, daß die betroffenen Kinder
und Jugendlichen von Heimeinweisung bedroht sind.

Diese Wahrscheinlichkeit verstärkt sich durch das Hinzutreten folgender,
weiterer Faktoren:
   je isolierter die Herkunftsfamilie von ihrer sozialen Gruppe und
                              deren Organisationen ist,
   je länger die Familie schon Objekt der Wohlfahrtspflege ist,
   je deutlicher die Familie von der Nachbarschaft unterschieden ist,
   je mehr die Familie innerer Zerstörung anheimgefallen ist,
   je amtlicher die abweichenden Zuschreibungen registriert sind,
   je stärker das Individuum auch in der Herkunftsfamilie isoliert oder
                     negativ stigmatisiert ist,
   je stärker die Anreize für Elternteile sind, familienflüchtig zu werden,
   je geringer das Maß an schulischer Förderung ist, das in der Familie
                  oder im Wohnquartier angeboten wird,
   je stärker der Leistungsdruck den jeweiligen Lehrer zur Absonderung
                      der Versager nötigt,
   je geringer die Orientierung der zuständigen Sozialarbeit an Umfeld-
                          arbeit ist,
desto größer wird die Wahrscheinlichkeit, zur Heimerziehung `präpa-
riert´ zu werden.

---

5 QuaBS 4. Überarbeitete Arbeitshilfe 6

WEITERE (VERKÜRZTE) VERMUTUNGEN ÜBER DIE FOLGEN VON ZUSCHREIBUNGEN:[5]

Je eindeutiger die negative schulische Vorsortierung sich im Abgangs-
                                                   zeugnis ausdrückt,
    je geringer der öffentlich-rechtliche Anteil an der Bereitstellung
        von Ausbildungsplätzen insbesondere bei allgemeiner
        Knappheit an Ausbildungsplätzen ist,
    je ungünstiger die allgemeine Arbeitsmarktsituation ist,
desto wahrscheinlicher wird das Ausweichen auf kriminelle Überlebens-
und Selbstdarstellungstechniken.

Je früher Fremdunterbringung außerhalb der eigenen Familie erfolgt,
    je institutionalisierter und kasernenähnlicher der Ort der
        Ersatzerziehung ist,
    je geringer der Anlaß und die Chance ist, permanente Kontakte zu
        nicht abweichenden Personen aufzubauen und zu behalten,
desto abhängiger wird das Individuum von seinen Kontakten zur devianten
Subkultur und
desto geringer wird die Chance eines erfolgreichen korrigierenden Eingriffs.

Je stärker die Lebensbedingungen in der Ersatzerziehung Eigeninitiative
        überflüssig machen oder verhindern, also Verwahrung und
        Totalversorgung anbieten,
    je undurchschaubarer der Zusammenhang zwischen Arbeit und Verbrauch,
        zwischen Leistung und Genuß wird,
    je übermächtiger die bestimmenden Instanzen über das Leben des
        Individuums verfügen,
desto stärker wird die Orientierung des Individuums auf das Leben in
der Anstalt für die Anstalt festgelegt.

Diese Existenzweise führt zur Furcht vor der Freiheit, zum einpro-
grammierten Verlangen nach der `Geborgenheit` der Anstalt
- ihrer Versorgung und ihrer Subkultur - und verstärkt die
    Unfähigkeit zu arbeiten,
    Unfähigkeit, sich zu orientieren,
    Unfähigkeit, andere zu achten oder zu lieben,
    Unfähigkeit zum Genuß,
    Unfähigkeit, sich und sein Leben zu organisieren.

---

5 QuaBS 4. Überarbeitete Arbeitshilfe 6

VERWAHRUNG
DEQUALIFIZIERT [6]

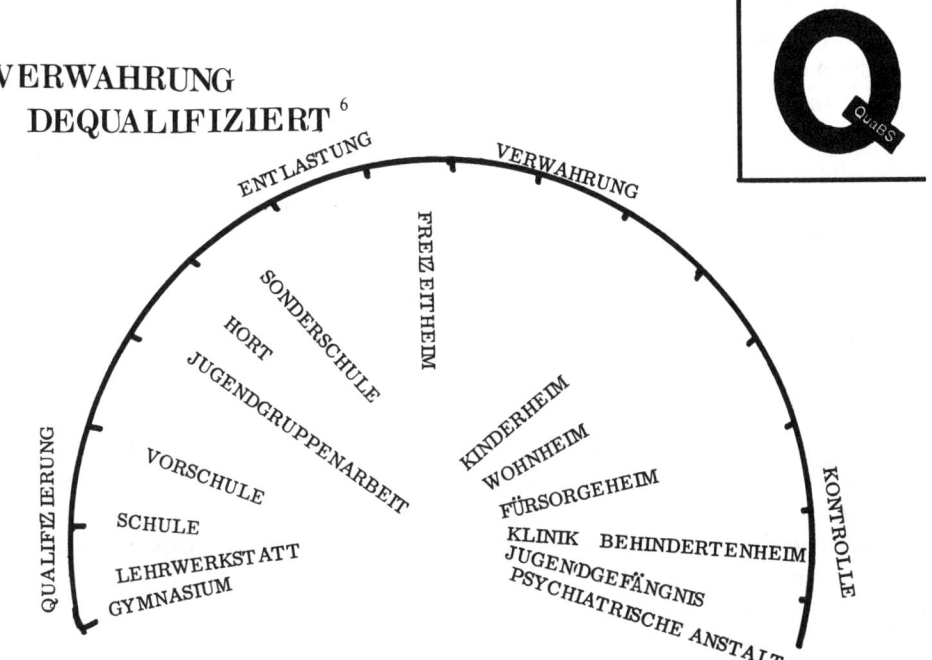

Als ick in die SCHULE kam, konnte ich schon lesen und rechnen. Also war det für mich langweilig. Da ha'ick jestört. Bums, da war ick uff de Sonderschule. Weil die anderen Kinder mich deswegen gehänselt haben, hab ich sie in der Kita verdroschen. Also sagten die Tanten da, ich sei aggressiv. Verhaltensgestört. Denn kam ick zum Psychofritzen. Der meinte, weil ich seine Tests nicht mitspielte, ich muss in'n heilpädagogisches Heim. Rums die Laube, da sass ick nu. Und in'ne Heim-Sonderschule habense mich gesteckt. Nu brachten die Lehrer da garnischt mehr. Det hätte auch keen Sinn jehabt, wir hatten uns alle schon dran jewöhnt, dass keiner was von uns erwartet. Bloss: den janzen Tach nischt richtiget zu tun: irjendwie nervt dich det. Und allet kriste vorjesetzt. Essen und Wäsche und wenn du's drauf anlegst waschen sie dir auch noch die Haare und den Bauch.

Als ich det satt hatte, hab ich mit'n paar Kumpels Bambule jemacht. Ist einiges zu Bruch jegangen. Vater Staat hats ja. Aber ick musste raus aus dem Heim. Det nächste war'n Erziehungsheim. In Westdeutschland. So mit Zucht und Ordnung. Bin ich uff Trebe jegangen. Musst ick mir doch ernähren unterwegs. Haben 'se mich jekricht und ab in die Zelle. Dann ha'm die Erziehers mich zurückjeholt. Und ich wieder weg – ab geht die Lucie.

Ick bin zurückgekommen bis Berlin. Muttern wollte mich nehmen. Aber ne, sachten die vom Jugendamt, ick müsste ja weiterbehandelt wern. Mann, Schule ha'ck schon lange nich mehr jesehen. Aber jelernt ha ick viel. Was man halt so braucht inner Anstalt. Und auch, was man machen muss, wenn man wieder rein will.

Was aus mir werd'n soll? Dreimal darfste raten. Vater Staat wirds schon bezahln.

SCHULE schiebt (in Wahrnehmung berechtigter Interessen) ab zur SONDERSCHULE.
KITA schiebt (in Wahrnehmung berechtigter Interessen) ab an EB und FAFÜ.
FAFÜ schiebt (in Ermangelung anderer Möglichkeiten) ab an HEIM A.
HEIM A schiebt (I.W.b.I.) ab an HEIM B. USW. USW. HEIM X schiebt ab
an GRENZFALLKLINIK (?) POLIZEI schiebt ab an KNAST.

WER DRÜCKT WIE DAGEGEN ?

6 QuaBS 3. Arbeitshilfe 28

Welche Chancen hat der Minderjährige, diesen Zuschreibungen entgegenzutreten? Es wird ihm sicherlich nichts nutzen zu sagen:

„Ich bin nicht asozial!"

„Ich bin nicht kriminell veranlagt!"

„Ich bin kein Schulversager!"

„Ich will kein Heimkind sein!"

„Ich will nicht begutachtet werden, denn ich bin nicht verrückt!"

„Ich will bei meinen Freunden bleiben, bei meiner Mutter!"

Er hat allein keine Chancen. Deshalb beginnt ein Prozeß, in dem der Minderjährige die Beurteilungen und Zuschreibungen seiner Persönlichkeit als sein Bild von sich selbst übernimmt. Er nimmt die Zuschreibungen an. Das hat aber nicht nur zur Folge, daß er sich selbst als „Fall" sieht und die eingeleiteten Maßnahmen hinnimmt, er wird dadurch auch auf die Regeln, die Normen und Werte einer Subkultur verpflichtet, der er nun angehört.

Beispiel: Im Gefängnis genießt der Gefangene die meiste Anerkennung und das höchste Prestige bei seinen Mithäftlingen, der eine besonders schwere Tat vorweisen kann.

Beispiel: Innerhalb der Gruppe in einem Mädchenheim gehört es zur Anerkennung bei den anderen Gruppenmitgliedern dazu, auch einmal über Nacht dem Heim fernzubleiben und einen Mann „anzumachen".

Hat der Minderjährige Definitionen und die Prognosen seiner sozialen Existenz übernommen, wird sein Verhalten auch zunehmend dieser Definition entsprechen. Die, die zugeschrieben haben, finden sich bestätigt. Der Kreislauf ist geschlossen. So produzieren die Instanzen, die vorgeben, die „Fälle" durch Hilfsangebote sanieren zu wollen, in gewisser Weise ihre „Fälle" selbst.

Was hat denn dies alles mit dem Erziehungsbericht zu tun?

Nach unserer Meinung hat dies sehr viel mit dem Erziehungsbericht des Heimes zu tun, in dem über die Entwicklung und die Führung des Minderjährigen im Heim berichtet wird. Der Erziehungsbericht hat für die „Fallbeschreibung" aus der „Akte" eine große Bedeutung. Für die Zeit der Heimunterbringung hat ja das Heim ein „Beobachtungsmonopol". Die Einschätzung der Minderjährigen ist für den Ablauf des Zuschreibungsprozesses von entscheidender Bedeutung. So kommt das „Beobachtungsmonopol" einer Definitionsmacht gleich. Daß die dort beschriebenen Verhaltensweisen der Heimbewohner, ihre Einstellungen und ihr Entwicklungsstand vielfach erst durch die Bedingungen der Heimunterbringung und die Bedingungen des Heims selbst hervorgerufen werden, bleibt meist unberücksichtigt. Und es hat Folgen, wenn in einem Erziehungsbericht steht:

„Klaus-Dieter kann sich immer noch nicht anpassen, sein Verhalten ist destruktiv. Er stellt für die Gruppe eine große Belastung dar, zu den Erziehern hat er nur negative Beziehungen. Er ist zu den Erziehern frech und unbeherrscht. Er bestiehlt andere Kinder und leugnet seine Tat, er lügt und versucht, seine Mitbewohner und die Erzieher zu täuschen. In der Schule ist er als Schläger gefürchtet, Leistungsanforderungen entzieht er sich regelmäßig, seine Umschulung in eine Sonderklasse ist auf Anraten des Klassenlehrers notwendig. Wir schlagen eine psychiatrische Untersuchung in der hiesigen Nervenklinik vor, um etwaige Hirnanomalien ausschließen zu können. Nach Abschluß der psychiatrischen Untersuchung ist unserer Meinung nach eine Verlegung in ein Spezialheim indiziert."

Sicher, in diesem Beispiel ist sehr viel zusammengekommen, es ist auch schwarz gemalt. Wie kann aber der Erzieher gegen die fortschreitende Stigmatisierung angehen? Was muß er beachten?

Zunächst ein Grundsatz:
★ *Versuchen Sie der Anwalt des Minderjährigen zu sein und nicht einer seiner Richter!*

Wenn Sie dem negativen Zuschreibungsprozeß entgegenwirken wollen, sollten Sie

UNTER KEINEN UMSTÄNDEN
die traditionellen Zuschreibungen wie
verwahrlost, kriminell, asozial, schädliche Neigung, seelisch gefährdet, sittlich geschädigt, arbeitsscheu, labil
benutzen;

ebenso keine Zuschreibungen, die allgemeine Charakterzüge des Minderjährigen beurteilen, etwa:
heimtückisch, unaufrichtig, verschlagen, zerstörerisch, aggressive Grundhaltung, leistungsverweigernd, beziehungsunfähig, zur Gewalt neigend, amoralisch, sexuell übersteigert, lernschwach, uninteressiert, apathisch, umtriebig, zeigt Charaktereigenschaften wie der Vater, die Mutter, ...

Enthalten Sie sich aller Erörterungen über ungesicherte Überlegungen, etwa: ein Verdacht auf Hirnanomalien, die Intelligenz oder Spekulationen, was aus dem Minderjährigen schlimmstenfalls noch einmal werden könne, wenn er die Lehren des Heims nicht annimmt. Steht eine solche Äußerung erst einmal in der Akte, wird sie immer und immer wieder berücksichtigt, ohne daß deren Richtigkeit jemals geprüft würde.

BESSER NICHT
Schreiben Sie nicht aus den Ihnen zugänglichen Gutachten ab. Testergebnisse sind keineswegs so *objektiv*, wie sie präsentiert werden. Außerdem sind die Gutachter meist durch Vorausinformationen voreingenommen. Auch medizinische Gutachten, zum

Entwicklungsstand etwa, sind umstritten. Wenn Sie Teile davon wiederholen, werden diese für den, der sie später auswertet, zum gesicherten Beweis.

Übernehmen Sie keine Formulierungen von Aktenvermerken. Die dort gestellten Diagnosen sind meistens auf die einzuleitende Maßnahme zugeschnitten, damit der „Fall" mit den rechtlichen Erfordernissen übereinstimmt. Es sollte zwar nicht sein, aber meist orientiert sich die angepeilte Maßnahme nicht an den tatsächlichen Erfordernissen des „Falles", sondern an den in der Praxis vorfindbaren Möglichkeiten. Wenn über keine passende Hilfsmöglichkeit verfügt werden kann, wird oftmals der „Fall" passend gemacht.

Versuchen Sie nicht, die „Imponiersprache" von Fachwissenschaften nachzuahmen. Bleiben Sie bei Ihren Worten und erklären Sie Ihre Einschätzungen aus Ihrer Praxis heraus.

Vermeiden Sie auch die „Stummelsprache" der Behörden. Kleben Sie besser 'mal ein Foto mit hinein oder eine Zeichnung des Minderjährigen.

Denken Sie daran: alles, was Sie in den Bericht schreiben, wird von anderen als Ihnen gewertet. Deshalb schreiben Sie nicht zuviel, der Sachbearbeiter im Amt hat kein eigenes Bild von dem Minderjährigen, das eine Einschätzung der Probleme und Verhaltensweisen relativieren könnte.

SO KANN ES SEIN

Stellen Sie deutlich den Zusammenhang des Beschriebenen zu den Lebensbedingungen im Heim her.

Beschreiben Sie kleinere tatsächliche Begebenheiten und erklären Sie damit Ihre Einschätzung.

Fragen Sie den Minderjährigen vorher, wie er sich jetzt selber einschätzt. Fragen Sie ihn nach seinen Hoffnungen, seinen Perspektiven.

Führen Sie auch *Ihre* Schwierigkeiten auf, den Erziehungsplan einzuhalten, und nicht nur die des Minderjährigen.

Stellen Sie nur kurz- und mittelfristige Erziehungsperspektiven dar, die Sie auch umsetzen können. Nennen Sie Zeiträume und die Voraussetzungen, die Ihrer Auffassung nach dazu nötig sind.

Führen Sie Fähigkeiten und Fertigkeiten des Minderjährigen auf, seine Vorlieben und Hobbies, und geben Sie an, wie Sie darauf aufbauen wollen.

Weichen Sie der zentralen Fragestellung des Erziehungsberichtes nicht aus. Nehmen Sie deutlich Stellung. Wenn Sie sich für einen Verbleib in der Einrichtung aussprechen, geben Sie an, welche Förderung Sie in Ihrem Heim noch erreichen wollen. Haben Sie den Eindruck, daß eine andere Maßnahme für den Minderjährigen sinnvoll wäre, stellen Sie unbedingt Forderungen, wie dieser Wechsel Ihrer Meinung nach nur sinnvoll eingeleitet und durchgeführt werden kann. So haben Sie es nicht nötig, etwa einen negativen Bericht zu schreiben, um den Verbleib in Ihrer Einrichtung zu sichern.

VORTEILE FÜR SIE:

Nehmen Sie den Erziehungsbericht als willkommenen Anlaß, sich mit Ihren Kollegen *und* dem Minderjährigen wieder einmal Gedanken zu machen, wie weiter an einer vernünftigen, d.h. auch umsetzbaren Lebensperspektive gearbeitet werden kann.

Lassen Sie den Erziehungsbericht nicht vom Heimleiter anfertigen. Diskutieren Sie zusammen darüber. Ein Erziehungsbericht ist auch eine Selbstdarstellung des Heimes und Ihrer Gruppe.

Es ist vorteilhaft, wenn Sie sich beim Abfassen des Erziehungsberichtes nicht von einer aktuellen Stimmung leiten lassen, deshalb besprechen Sie ihn unbedingt mit Ihren Kollegen.

LASSEN SIE SICH NICHT EINSCHÜCHTERN

▶ von Ihrer eigenen Angst, daß Sie Rechtschreibfeeler machen oder die Zeichen falsch setzen. Schauen Sie den Bericht zusammen daraufhin durch;

▶ von der (scheinbar) höheren Qualifikation der Adressaten. Versuchen Sie also nicht, wie ein Psychologe o. ä. zu schreiben, Ihre Eindrücke sind viel direkter. Sie kennen den Minderjährigen besser, trauen Sie Ihrem Augenschein und nicht den vorgefertigten Etiketten;

▶ von einem Fragebogen, der Ihnen nur scheinbar das Geschäft des Erziehungsberichtes erleichtert. Ist dort bei einer Frage zu wenig Platz vorgesehen, machen Sie eine Anlage. Kommt Ihnen der ganze Fragebogen zu einseitig vor, füllen Sie nur die biographischen Daten aus und schreiben Sie dann: Siehe Erziehungsbericht.

UND WENN IHNEN PARTOUT NICHTS POSITIVES EINFÄLLT,
weil Sie der betreffende Heimbewohner wieder einmal kolossal geärgert hat, er sich „biestig" verhält, Sie nicht mehr wissen, was man mit so einem noch anfangen soll, und Sie selbst schon genauso „biestig" zu werden drohen, Ihnen aber auch kein „gutes Haar" an dem Kind/Jugendlichen einfallen will. Was dann? Dann probieren Sie es bitte einmal nach dem Motto:

Nun nimm's mal nicht so tragisch, das kann man ja auch mal so sehen, dann wirst du wieder klar sehen!
(frei nach U. Lindenberg)

Die Probe auf's Exempel
„Klaus-Dieter kann sich immer noch nicht anpassen, sein Verhalten ist destruktiv! ...“

... das kann man ja auch 'mal so sehen, ...
„Klaus-Dieter findet sich nicht damit ab, daß man ihn in ein Heim gesteckt hat. Noch verfügt er über Widerstandskraft und Selbstbehauptungswillen. Sein ,Rückgrat' dürfen wir ihm nicht brechen, seine ,Ehre' lassen wir ihm. Wir müssen ihm Regeln anbieten, die er akzeptieren kann.“

Weiterführende Literatur:
M. BRUSTEN/J. HOHMEIER (Hrsg.): Stigmatisierung Bände 1 und 2 – Zur Produktion gesellschaftlicher Randgruppen, Neuwied 1975.
E. GOFFMAN: Stigma, Frankfurt/M. 1974.
P. AICH (Hrsg.): Da weitere Verwahrlosung droht ..., Reinbek 1974.
P. BROSCH: Fürsorgeerziehung – Heimterror und Gegenwehr, Frankfurt/M. 1971.

I. Biographische Daten

    a) Geburtstag
    b) Aufenthalt im Heim
    c) eventuell letzter Erziehungsbericht

II. Entwicklungsprozeß des Minderjährigen

    a) zum Heim allgemein
    b) zur Gruppe
    c) zu den pädagogischen Mitarbeitern,
    insbesondere dabei
    seine Fähigkeiten und Fertigkeiten
    - soziale
    - kulturelle

III. Entwicklungsprozeß seiner schulischen/
beruflichen Qualifikation

    a) Ist-Zustand
    b) Perspektiven (mögliche Abschlüsse)

IV. Vergleich des jetzigen Standes seiner Entwicklung mit dem angestrebten Erziehungsziel

    a) mittelfristige Perspektiven
    b) Lebens- und Berufsperspektive

V. Darstellung Ihrer nächsten Erziehungs-
schritte

VI. Vorschlag über den weiteren Verbleib des
Minderjährigen.
Ihre genauen Vorstellungen bei einem Ver-
bleiben in Ihrer Einrichtung bzw. die
Bedingungen einer Veränderung der Maß-
nahme.

8 Geld und Erziehung

Über das Geld und wie es verwaltet wird

„Was sollen wir Erzieher uns um das Geld kümmern, dafür gibt es schließlich den Leiter und die Verwaltungsfritzen, wir sind Pädagogen. Das wäre ja noch schöner, wenn wir uns um die Penunzen kümmern müßten. Wir haben zu erziehen, alles andere ist berufsfremde Arbeit und abzulehnen."

Nun, das ist auch ein Standpunkt, und nicht wenige Kollegen verhalten sich auch so. Aber (klar, daß jetzt von uns ein „aber" kommt), um's mangelnde Geld zu klagen ist ebenso verbreitet wie das Kokettieren mit der Unkenntnis verwaltungstechnischer Abläufe und der mangelnden Fähigkeit, Geld zu organisieren. Wir sind halt Pädagogen und haben uns um die Menschen zu kümmern, nicht um deren Verwaltung. Brav gedacht, könnte man jetzt sagen, hier verweigern sich welche, um der zunehmenden Entfremdung entgegenzutreten. Zu kurz gedacht, ist unsere Auffassung, denn durch diese Verweigerung erreicht man lediglich, daß andere, von deren Sachverstand in pädagogischen Belangen nicht unbedingt ausgegangen werden kann, nach ihren Vorstellungen arbeiten und die pädagogische Arbeit mitbestimmen.

Beispiel: Sie brauchen weitere Freizeitmittel, weil Sie mehr Gruppenaktivitäten durchführen wollen. Die Kinder/Jugendlichen sind nur ungern bereit, von ihrem Taschengeld etwas dafür herauszurücken. Auch Sie und die Kollegen sind es leid, immer aus der eigenen Tasche etwas dazuzuschießen. Der Leiter schaut in sein Wirtschaftsbuch und gibt bekannt: „Tut mir leid, die Mittel sind verbraucht, Sie müssen sich etwas einfallen lassen, was nichts kostet, von mir bekommen Sie nichts." Da Sie über die Verteilung des Geldes keine Ahnung haben, können Sie's glauben oder auch nicht. Auf Ihre Proteste sagt der Leiter dann freundlich, aber bestimmt: „Wo nichts ist, hat auch der Kaiser sein Recht verloren." Trotz grandioser pädagogischer Begründung sitzen Sie auf dem Trockenen. Mist, verdammter!
Bitte, noch nicht weiterblättern. Wir kennen auch den „Ausweg", die Schwarze Kasse. Für den Erzieher gewiß ein nützliches Instrument, um sich freie Verfügung über Gelder zu verschaffen, aber dieser Weg ist dann problematisch, wenn die Kasse sich durch Taschengeldentzug, Geldstrafen oder durch „freiwillige" Zwangsabgaben der Gruppenmitglieder auffüllt.
Sie kennen noch mehr Wege, sich Geld zu beschaffen, können darüber aber nicht offen sprechen? Nun, ein paar Tricks am Rande der Legalität kennen wir auch. Wir kennen auch die Moral des „ehrlichen Betrügens", was nichts anderes sagt, als daß man nicht in seine eigene Tasche wirtschaftet, sondern den guten Zweck die Mittel heiligen läßt. Wir wollen hier nicht die Tricks aufschreiben und zum Betrug aufrufen. Es gibt Nötigungen, sich dieser Methoden zu bedienen – wir wollen da nicht moralisch argumentieren –, es gibt aber auch zahlreiche Fälle, in denen Kollegen dabei hereingefallen sind. So unbekannt sind diese Methoden eben doch nicht und werden

unter der Hand toleriert, bis zu einem gewissen Maß natürlich. Und wenn es dann mal zum Konflikt kommt, dann kann es passieren, daß …

Aber es gibt noch ein anderes Argument dagegen, das unserer Meinung nach schwerer wiegt:

Bedient man sich solcher Methoden, bleibt das, was einen zu diesen Methoden hat greifen lassen, ungerügt bestehen. Für jene, die über die Mittelverteilung zu bestimmen haben, muß es so aussehen, als reichten die Mittel aus, und es besteht kein Anlaß, zum Beispiel die Freizeitmittel aufzustocken.

Sie müssen ja den vermehrten Bedarf anmelden, und dies glaubhaft.

Wenn Sie trotzdem nicht auf solche „Finanztricks" verzichten, dann lassen Sie sich raten, daß Sie bitte diese Kasse genauso abrechnen, als wäre es eine offizielle. Auch wenn Sie keine Belege haben, schreiben Sie den Betrag auf und dahinter, was Sie dafür gekauft haben. Sollte es mal zum Konflikt kommen, müssen Sie nämlich nachweisen, wohin das Geld gegangen ist. Wenn Sie's nicht können, sieht's sehr dumm für Sie aus.

Wir behaupten:

Es gibt auch legale Möglichkeiten, sich die nötigen Mittel für die Verbesserung der pädagogischen Arbeit zu verschaffen. Dazu ist es allerdings notwendig, über die Grundzüge der Finanzierung und des Haushaltswesens informiert zu sein. So trocken, wie immer behauptet wird, ist dieses Geschäft auch nicht, man kann es lernen. Sie sind dann nicht mehr abhängig von „Fachleuten", die nur allzu gern Sachzwänge bemühen, sondern haben selbst einen Überblick darüber, wieviel Geld noch vorhanden ist.

An dieser Stelle müssen wir eine Einschränkung machen. Wir sind nicht in der Lage, genaue Auskunft für alle denkbaren Fälle zu geben. Dazu ist nicht nur die Materie zu umfangreich, sondern die Einzelfälle sind auch unterschiedlich geartet, so daß wir nur Hinweise anzubieten haben, in welche Ecken Sie einmal die Nase stecken sollten.

Zunächst sind wichtige Unterschiede in der Trägerschaft einer solchen Einrichtung festzuhalten. Auf der einen Seite haben wir die sogenannten *privaten Träger*, zu denen wir auch die großen Wohlfahrtsverbände zählen wollen, auf der anderen Seite Einrichtungen, die von den Kommunen oder von Landesbehörden betrieben werden. Während die letzteren finanziell innerhalb der öffentlichen Haushaltspläne geführt werden, also ein kameralistische Haushaltsführung haben, rechnen die zuerst genannten Träger nach der kaufmännischen Buchführung ab. Das heißt nichts anderes, als daß sie Gewinn- und Verlustrechnungen aufführen müssen (Bilanzen). Daraus errechnen sich die Pflegesätze pro Tag und Heimbewohner. Dabei ist grundsätzlich zu bemerken, daß durch das im JWG verankerte Subsidiaritätsprinzip den freien Trägern der Jugendhilfe ein Vorrang vor den staatlichen Einrichtungen eingeräumt ist. Deshalb gibt es auch mehr private oder halbprivate Einrichtungen als staatliche.

Prinzipiell besteht für private Einrichtungen Vertragsfreiheit, so daß diese Träger den Preis nehmen könnten, den sie von den Kostenträgern bekommen. Faktisch ist diese Vertragsfreiheit konfrontiert mit Rechtsverordnungen, die neben der Anerkennung als zuwendungsfähiger Träger der Jugendhilfe, neben Heimpflegevereinbarungen und Heimunterbringungsvorschriften Eingriffsrechte zum Nutzen der minderjährigen Heimbewohner installiert haben. Zwei weitere Punkte kommen hinzu: trotz der Vertragsfreiheit läßt sich kaum ein Kostenträger mehr darauf ein, ungeprüft die Pflegesätze zu bezahlen; zum anderen sind jene Träger mit anerkannter Gemeinnützigkeit verpflichtet nachzuweisen, daß sie keine Gewinne machen bzw. die Gewinne wieder gemeinnützigen Zwecken zuführen.

Grundsätzlich gilt:

Grundlage der Überprüfung und Festsetzung eines Pflegesatzes sind die Realkosten des abgeschlossenen Rechnungsjahres bzw. die zu erwartenden Betriebskosten bei Neugründung. Dies führt kleine Einrichtungen in eine fatale Situation. Durch das Prinzip der Kostendeckung müssen sie bei der Kündigung ihres Pflegesatzes einen Mehrbedarf durch Schulden nachweisen. Diese Schulden sind nicht einfach im neuen Pflegesatz aufzufangen, sondern meist nur die Zinsbelastung, so daß kleine Einrichtungen hier in Nöte geraten.

Da die Höhe des Pflegesatzes die Mittel bestimmt, über die verfügt werden kann, wollen wir uns diesen einmal genauer anschauen.

Wie der Pflegesatz berechnet wird, welche Kosten in ihm enthalten sind und welche Kosten nicht durch den Pflegesatz gedeckt werden

Zentraler Punkt bei der Anerkennung der Pflegesätze sind die Personalkosten, die mittlerweile 60 bis 70% der Kosten insgesamt ausmachen. Da nicht für jeden Einzelfall grundsätzliche Prüfverfahren in Gang gesetzt werden können, haben die jeweiligen Rechnungsprüfungsstellen zu diesem Zwecke Gutachten von den Heimaufsichtsbehörden erstellen lassen, die zusammen mit landeseigenen Orientierungsgutachten eine Art Musterpflegesatz festlegen. In den einzelnen Ländern und Stadtstaaten ist eine Pflegesatzkommission als Dauereinrichtung installiert, in der Vertreter der Kostenträger (Land und Gemeinden) und Vertreter der Liga der freien Wohlfahrtsverbände sitzen, die diese Funktion übernehmen. Ihre wichtigste Aufgabe ist es, die jährliche Steigerungsrate der Pflegesätze festzulegen, innerhalb der ein Heim seinen Pflegesatz erhöhen darf, ohne deshalb vom zuständigen Rechnungsprüfungsamt einer strengen Kontrolle unterzogen werden zu müssen. In Berlin haben wir sieben Heimpflegesatzgruppen, zu der für jede Gruppe durchschnittliche Pflegesatzkosten errechnet werden, die durch das Preisamt in Berlin durch Vergleichsprüfungen festgestellt wurden. Die Pflegesatzkommission ist bei der Auswahl der zu prüfenden Einrichtungen und bei der Einordnung der einzelnen Heime zu den Heimgruppen zu beteiligen. Rechnungsprüfungsstelle für Heime ist das örtliche Rechnungsprüfungsamt (wenn bis zu 50% der untergebrachten Minderjährigen nach den §§5 und 6 JWG untergebracht sind). Das überörtliche Rechnungsprüfungsamt ist dann zuständig, wenn überwiegend Minderjährige untergebracht sind, für die nach § 62 ff. JWG (FEH oder FE) das Landesjugendamt bzw. andere Behörden, die diese Aufgaben übertragen bekommen haben (Landeswohlfahrtsverbände oder Landschaftsverbände), Kostenträger sind.

An den Personalkosten interessiert uns besonders, wie es zum Erzieherschlüssel kommt und wie er berechnet wird.

Modellrechnung zur Bestimmung des Erzieherschlüssels

1 Erzieher arbeitet pro Woche:	40 Stunden
davon werden abgezogen für	
Besprechung und Vorbereitung:	8 Stunden
bleiben:	32 Stunden/pro Woche

1 Jahr wird mit 52 Arbeitswochen gerechnet. Davon werden abgezogen für Krankheit, Urlaub und Fortbildung: 8 Wochen

1 Erzieher leistet 44 Arbeitswochen pro Jahr!

44 Wochen × 32 Arbeitsstunden
= 1408 Stunden/Erzieher/Jahr

Beispiel I: Gruppen mit schulpflichtigen Minderjährigen
Nach einem Organisationsgutachten wird die tägliche Arbeitszeit von 7.00 h bis 21.00 h bestimmt.
= 14 Stunden tägl. Arbeitszeit
= 5110 Jahresstunden
Davon werden (laut Organisationsgutachten) 1200 Jahresschulstunden abgezogen und 440 Jahresstunden zusätzlicher Betreuung wieder hinzugezählt.

$$\begin{array}{r} 5110 \\ + \ 440 \\ \hline 5550 \\ -1200 \\ \hline 4350 \end{array}$$ Gruppenarbeitsstunden/Jahr

4350 Gr. arb. Std.: 1408 Erz.arb.Std. = 3,09 Erzieher/Gruppe

Beispiel II: Gruppen mit arbeitspflichtigen Minderjährigen

Gruppenarbeitszeit:	6.00 h bis 22.30 h
Gruppenstunden/Tag:	16,5 Stunden
im Jahr:	6022,5 Stunden
Abzüge:	1920 Stunden (40 Arbeitsstunden pro 48 Arbeitswochen)
4102,5 Gr.arb.Std.:	1408 Erz.arb.Std. = 2,9 Erzieher/Gruppe

Sie sehen, je nach Art des Heimes ist eine Berechnungsform zugrundegelegt. Diese Schlüsselzahlen sind unterschiedlich. Sie sollten deshalb in Ihrem Bereich einmal nachfragen, wie sie sich *dort* zusammensetzen. Es wäre nicht erstaunlich, wenn Sie auf eine Minderbesetzung Ihres Heimes stoßen würden. Doch bedenken Sie, daß meist die Stelle des stellvertretenden Leiters im Gesamtschlüssel eines Heimes enthalten ist. Ähnliche Verhältniszahlen gelten auch für das Wirtschafts-, das technische sowie das Verwaltungspersonal.

Nun zwei Beispiele (S. 142 ff.) für eine Pflegesatzberechnung: Hier haben wir freundlicherweise die Selbstkostenrechnung eines in der Bundesrepublik liegenden Privatheims zur Verfügung gestellt bekommen, das diese Bilanz bei der Kündigung des alten Pflegesatzes vorlegen mußte, und eine Pflegesatzzusammenstellung eines heilpädagogischen Heims in Berlin. Diese Berechnungen müssen nicht in jedem Jahr aufgestellt werden, wenn sich der Träger mit einer jährlich festgelegten Steigerungspauschale begnügt.

Es folgt dann eine Auflistung von Kosten, die nicht im Pflegesatz berücksichtigt sind, also pro Kind gesondert von den Kostenträgern beantragt werden müssen. Diesem Bereich wenden wir uns dann noch einmal genauer zu.

Zu dem Selbstkostenblatt:
Sie finden im Kopf des Selbstkostenblattes die Durchschnittsbelegung, aus der sich der Ausnutzungsgrad errechnen läßt. In dem Pflegesatz sind bei der Belegungsstärke Toleranzen eingebaut, die es den Trägern ermöglichen sollen, fachbezogene Kriterien für eine Aufnahme anzuwenden. Das heißt konkret: Sie müssen zwar darauf achten, daß Ihr Heim wirtschaftlich belegt ist, haben aber einen Spielraum eingeräumt bekommen, der Sie nicht sofort an die Grenze des Bankrotts führt.

Wie kann ein Erzieher auf die Zusammenstellung des Pflegesatzes einwirken? Im Prinzip ist das ganz einfach: Er stellt mit seinen Kollegen zusammen, was er an Geldmitteln benötigt, teilt diese Summe durch die Zahl der Minderjährigen und der Pflegetage, und schon hat er den Betrag für diese Position. Mit diesem Betrag und mit seiner Aufstellung inklusive Begründung wendet er sich an den Leiter bzw. die Verwaltung und fordert, daß in der Gesamtrechnung diese Zahlen berücksichtigt werden. Noch besser ist es natürlich, wenn alle Erzieher einer Einrichtung sich gemeinsam abstimmen. Das wäre der erste Schritt. Dabei ist im wesentlichen nur darauf zu achten, daß Sie diese Forderungen rechtzeitig anmelden. Kein Leiter oder keine Verwaltung ist normalerweise bereit, nachträglich noch einmal das Zahlenwerk zu ändern. Deshalb sollten Sie immer frühzeitig solche Forderungen einreichen. Sie müssen sich also erkundigen, wann diese Aufstellungen gefertigt werden.

Nun sind natürlich die Leiter bzw. die Heimverwaltung nicht frei in der Festlegung der Gelder. Sie müssen sich der früher beschriebenen Prüfungsprozedur unterwerfen. Dort werden nur gewisse Spannen bei den einzelnen Positionen toleriert. Es gibt aber auch dort ein paar Tricks, mit denen man diese Rahmenbestimmungen für sich ausschöpfen kann. Nur ist hier der Träger mehr angesprochen als der einzelne Erzieher im Erziehungsdienst. Trotzdem sollten Sie wissen, daß man z. B. bestimmte

SELBSTKOSTENBLATT

(1)	Name und Anschrift der Einrichtung: Rechtsform, Träger, Trägergruppe: Art der Einrichtung:		Kinder- und Jugendheim

(2)	Art der Buchhaltung:	Kaufmännisch	(4)	Zahl der Normalbetten: Belegung:	32 30,7
	Berechnungszeitraum: (Geschäftsjahr)	1983	(5)	Abwesenheitstage:	409
(3)	Pflegetage:	10.839	(6)	Ausnutzungsgrad:	96%

		(7)	(8)	(9)	(10)
(11)	Kostenarten	Buchhalt. Aufwand DM	Berichti- gungen DM	Bereinigte Kosten DM	je Pflege- tag DM
(12)	**Personalkosten**	1.055.197,45	− 110.937,33	944.260,12	87,12
(13)	**Sachkosten**				
(14)	Nahrungsmittel	98.821,72	/	98.821,72	9,12
(15)	Sachaufwand für gesundheitliche Betreuung	1.758,06	− 294,17	1.463,89	0,14
(16)	Allg. Betriebskosten	247.864,74	− 111.593,69 − 39.254,52	97.016,53	8,95
(17)	Instandhaltung der Gebäude und Einrichtung	33.245,70	− 1.688,89	31.556,81	2,91
(18)	Ersatzanschaffung geringwertiger Wirtschaftsgüter	16.242,92	− 1.020,33	15.222,59	1,40
(19)	Allg. Verwaltungs- kosten	50.444,85	− 7.373,14	43.071,71	3,97
(20)	Steuern, Abgaben, Versicherungen	9.159,44	− 800.00	8.359,44	0,77
(21)	Zinsen, Mieten, Pachten, Erbbau- zinsen	124.828,96	− 22.323,15	(Z) 16.905,81 (M) 85.600,00	1,56 7,90
(22)	Abschreibungen	19.992,11	+ 5.086,89	25.079,00	2,31
(23)	Aufwand für Betreu- ung, kulturelle Bedürfnisse	33.488,54	− 2.044,70	31.443,84	2,90
(24)	Leistungsbel. Taschengeld	1.160,27	/	1.160,27	0,11
(25)	Hilfsbetriebe				
(26)	Sonst. Kosten	11.915,99	/	11.915,99	1,10
(27)	Jahressumme von Aufwand u. Kosten	1.704.120,90	− 292.243,03	1.411.877,72	130,26

	Kostenarten	Buchhalt. Aufwand DM	Berichtigungen DM	Bereinigte Kosten DM	je Pflegetag DM
	Übertrag	**1.704.120,90**	**− 292.243,03**	**1.411.877,72**	**130,26**
(28)	Kostenänderungen				
(29)	Brutto-Gesamtkosten				
(30)	**Kostenabzüge**				
(31)	Bekleidungsbeihilfe nach BSHG				
(32)	Bekleidungskosten für Minderjährige				
(33)	Sonst. Kostenabzüge (Diätzuschlag, Bettnässerzulage)	4.760,00	/	4.760,00	0,44
(34)	**Erlösabzüge**				
(35)	Sachbezüge für Personal (Verpflegung)	16.522,40	/	16.522,40	1,52
(36)	Rückvergütungen Erstattungen Telefon	4.734,20	− 715,20	4.019,00	0,37
(37)	Mieten, Pachten Nebenkosten-Erstattungen	33.521,34	/	33.521,34	3,09
	sonst. Erträge	1.624,00	/	1.624,00	0,15
(38)	außerordentliche Erträge	38.512,50	− 6.907,25	31.605,25	2,92
(39)	Zivildienstleistende-Erstattungen + Sonst. Erlösabzüge	7.821,32	− 564,58	7.256,74	0,67
(40)	Hilfsbetriebe				
(41)	Bettengelder	44.582,75	− 7.968,75	36.614,00	3,38
(42)	Einzelzimmerzuschläge				
(43)	Jahressumme der Abzüge	152.078,51	− 16.155,78	135.922,73	12,54
(44)	Kosten- und Erlösabzüge − Änderungen −				
(45)	Abzüge insgesamt				
				1.411.877,72 − 135.922,73	
(46)	**Selbstkosten** 1983			1.275.954,99	= 117,72

143

Beispiel der Pflegesatzberechnung eines heilpädagogischen Heimes in Berlin

	Divisor / Auslastungsgrad:	71,8 %
Kostenarten pro Pflegetag		1982 lt. Prüfung
I. **Personalkosten:**		DM
a) Pflege- und Erziehungspersonal		87,69
b) Wirtschafts- und Verwaltungspersonal einschl. Instandhaltungsdienst		29,47
c) Praktikanten		2,03
d) Ausbildungskosten		9,67
	Summe I	128,86
II. **Sachkosten:**		
a) Lebensmittel		16,06
b) Wasser, Energie, Brennstoffe		4,96
c) Wirtschaftsbedarf, Betreuungsaufwand		5,39
d) Verwaltungsbedarf		5,79
e) Miete und Pacht		−
f) Steuern, Abgaben, Versicherungen		1,25
g) Instandhaltung, Instandsetzung		3,07
h) kurzlebige Wirtschaftsgüter		−,56
i) Abschreibungen		5,04
j) Anpassungsrückstellung		−,84
k) Umlage		21,89
	Summe II	64,85
III. **Brutto-Gesamtkosten (Summe I + II)**		193,71
IV. **Erlösabzüge:**		
a) Sachbezüge des Personals		−
b) Rückvergütungen u. Erstattungen		0,02
c) Miete und Pacht		0,20
d) Hilfsbetriebe		−
e) Sonstige Erlöse		0,07
V. Gesamtabzüge (Summe IV)		−,29
VI. **Netto-Gesamtkosten (Summe III ./. IV)**		193,42
VII. **Auf- bzw. abgerundeter Pflegesatz**		193,40

Nichtberücksichtigte Kosten pro Kind:

Ausstattungen zur Konfirmation o. ä.
Erstausttattung und Ergänzung der Bekleidung
Persönliche Ausstattung (z. B. Koffer)
Erholungsmaßnahmen
Taschengelder
Ausbildungsvergütung
Transport und Zuführungskosten
besondere Heil- und Arztkosten
Therapiekosten
Schulgeld, Fahrgelder
Anlaufkosten bei Inbetriebnahme neuer Heime

„Mondpositionen" einarbeitet, an denen sich dann der „Streicher" gütlich tun kann, in der Hoffnung, daß sich dann andere Positionen unter Hinweis auf die schon zusammengestrichenen leichter werden durchsetzen lassen.

Das eigentliche Feld der Geldorganisierung liegt aber in den Bereichen, die nicht vom Pflegesatz abgedeckt sind. Dies gilt allerdings im wesentlichen nur für die Heime freier Träger und nicht für die behördlichen Heime, da dort auch diese Positionen innerhalb des Haushaltsplanes festgeschrieben sind.

Da üblicherweise die einzelnen Erziehergruppen nicht autonom sind, wird hier der Weg auch immer über den Leiter einzuschlagen sein, der direkt mit den Kostenträgern korrespondiert. Sie sind also hier auf das Mitmachen des Leiters angewiesen. Dies ist aber meist nicht so problematisch, weil dieser selbst ein Fachmann im „Geldbeschaffen" ist und den Erziehern Wege zeigen kann, auf denen man zu Geld kommt. Zum anderen wird er normalerweise erfreut sein, daß man sich auch um diese Seite des Erziehergeschäfts kümmert, denn üblicherweise ist er damit alleingelassen. Es soll allerdings auch Leiter geben, die ihren Bereich eifersüchtig hüten. Allerdings haben die Leiter, mit denen wir zusammenkamen, stets darüber geklagt, daß die Erzieher sich zu wenig für die Finanzen interessierten.

Bestimmte Geldmittel – etwa das Taschengeld – sind einheitlich geregelt. An ihnen kann nichts mehr verändert werden, außer bei lautstarkem Klagen, daß dies (natürlich stets aus pädagogischen Gründen) nicht ausreiche. In den anderen Fällen aber liegt es an dem Geschick, Forderungen per Antrag an die Kostenträger durchzusetzen. Auch kann man versuchen, außergewöhnliche Anforderungen per Antrag zu stellen.

Wie wird dies nun gemacht?

Zunächst muß man feststellen, welcher Kostenträger zuständig ist. Dies läßt sich ermitteln aufgrund der Rechtsgrundlage der Einweisung des Minderjährigen in das Heim, oder der zuständige örtliche Träger (Jugendamt) ist herauszusuchen.

Günstig ist es in jedem Falle, wenn man einen Ansprechpartner in diesen Behörden sitzen hat, der bereit ist, Vorausinformationen zur Verfügung zu stellen; etwa: Wie ein Antrag sinnvollerweise formuliert sein muß, damit ihm stattgegeben wird, oder in welchem Topf noch Mittel vorhanden sind bzw. welche Anträge schon einmal positiv beschieden worden sind, damit man sich an diese Argumentation anhängen kann. So abgesichert, läßt sich leichter ein Antrag durchbringen.

Eine weitere Möglichkeit ist, daß sich Heime untereinander darüber austauschen, was sie schon durchgesetzt haben, bei wem sie's durchgesetzt haben und wie sie dies schafften. Dieser Austausch auf Heimebene funktioniert meist nur bei Erzieher- bzw. Leiterkontakten, da die Träger oft in Konkurrenz zueinander stehen. Auf Fachtagungen, in Gewerkschaften und vergleichbaren Treffen sollte man die Kontaktmöglichkeit zu einem solchen Austausch nutzen. Egoismus schadet hier langfristig mehr, als er nutzt.

Eine Möglichkeit, die außerhalb des „Antragswesens" liegt, ist das Beitreiben von Spenden. Sie können natürlich nicht einfach mit einer Sammelbüchse auf die Straße gehen. Eine solche Aktion kann – gut vorbereitet – zu einem erheblichen Betrag führen. So können Sie (in Absprache mit dem Leiter) einen Artikel in der Regionalzeitung plazieren oder den Rundfunk für ein Statement gewinnen. Danach gehen Sie in die Geschäfte Ihrer Umgebung oder wo Sie sich sonst noch Erfolg versprechen und fragen nach Spenden. Dabei müssen Sie darauf achten, daß Erzieher normalerweise nicht berechtigt sind, Gelder entgegenzunehmen bzw. Spendenquittungen auszuschreiben. Sie müssen sich deshalb vorher erkundigen, wie der Spender den Betrag loswerden kann. Wenn Sie die Spende nicht zweckgebunden haben wollen, bitten Sie den Spender, nur allgemein den Zweck zu bestimmen (etwa für das Heim XXX). Wollen Sie aber das Geld nur für Ihre Gruppe haben, veranlassen Sie, daß der Spender den Zweck bestimmt (etwa: Für die Gruppe II des Kinderheimes XXX). Wenn der Spender vermerkt: „Für Geschenke" oder „zur Ferienreise", dann dürfen Sie den Spenderwillen nicht brechen und müssen den Betrag auch zweckgebunden ausgeben, genauer (was oft nicht dasselbe ist wie das zuvor genannte): die Zweckausgaben dieser Spende durch Belege nachweisen. Drückt Ihnen jemand Geld in die Hand und legt keinen Wert auf eine Spendenquittung, ist dies ein Fall für die berüchtigte „Schwarze Kasse" – die es ja eigentlich nicht gibt.

Eine weitere Möglichkeit ist ein Basar. Der Erlös wird dann meist für irgendeinen Zweck benötigt (z. B. eine Sommerfahrt). Wenn es nur ums Geld geht, sollten sie bei einem Basar vorher kalkulieren, wie die Kosten des Materials im Verhältnis zu den Einnahmen stehen. Denn normalerweise müssen von diesen Einnahmen auch noch die Ausgaben gedeckt werden, etwa die Wurst, die Plakate, der Sprudel etc. Es wäre nicht der erste Basar, bei dem die Freizeitmittel draufgingen, die Einnahmen gerade so die Ausgaben deckten und von dem erhofften Gewinn nichts blieb.

Wenn Sie nun Erzieher in einem *behördlichen Heim* sind, trifft – bis auf die schon genannten Anträge an die Kostenträger bei den privaten Einrichtungen – in abgewandelter Form auch alles für Sie zu. Sie müssen nur beachten, daß alle Gelder in einem Haushaltsplan festgeschrieben sind, der von den Bezirks- bzw. Stadtverordneten oder Landesparlamentariern verabschiedet worden ist. Ein Bestandteil des Haushaltsplans ist der Einzelplan „40 32, Kinderheime". Dort sind die Haushaltsstellen aufgeführt, die im einzelnen die Ausgabepositionen inhaltlich und vom Volumen festlegen. Ein solcher Haushaltsplan liegt öffentlich aus. Sie können ihn sich besorgen, zumindest aber einsehen. Wenn die Trägerbehörde mehrere Einrichtungen betreibt, ist es schwieriger, aus dem vorliegenden Haushaltsplan die genauen Beträge herauszulesen, die von Ihrer Einrichtung verwendet werden können, da sich alle Einzelpositionen auf die Gesamtheit der Einrichtungen beziehen. Es ist jedoch üblich, daß die Leiter dieser Einrichtungen sich untereinander so abgesprochen haben, daß sie über eine Aufstellung verfügen, die in den einzelnen Haushaltsstellen den genauen Betrag für die jeweilige Einrichtung erkennen lassen.

Nun ist das Haushaltsrecht eine sehr komplizierte Materie und von uns hier nicht annähernd darstellbar. Wir wollen uns deshalb auf die Bereiche beschränken, die u. E. für die Erzieher von Bedeutung sind. Doch bevor wir damit anfangen, zunächst einmal ein Beispiel, wie ein solcher Haushaltsplan aussieht.

Heime für Kinder und Jugendliche

Allgemeine Erläuterung

Das Kapitel enthält die Einnahmen und Ausgaben der Kinderheime, die der Unterbringung, Betreuung und Erziehung Minderjähriger dienen.

Bezeichnung und Anschrift	Alter der Pfleglinge	Plätze	Durchschnittsbelegung 1984	1985
Kinderheim »Eulenspiegel« Berner Straße 50-50 a, Berlin 45	familien-gegliedert	36[1]	28	19
Kinderheim Hagelberger Straße 30 Ecke Möckernstraße, Berlin 61	Schichtarbeitergruppe familien-gegliedert	18[2] 12	21	27
Kinderheim »Weilburger Land« Urbanstraße 44, Berlin 61	familien-gegliedert	12	10	11
Familienkleinstheim Fontanepromenade 14, Berlin 61	familien-gegliedert	12	12	11
Kinderheim Adalbertstraße 23 b, Berlin 36	familien-gegliedert	23[3]	15	9
	Insgesamt	113	86	77

[1] Davon 12 Plätze für externes, pädagogisch betreutes Einzelwohnen.
[2] Davon 10 Plätze für externes, pädagogisch betreutes Einzelwohnen.
[3] Davon 12 Plätze in 2 externen Wohngruppen mit je 6 Plätzen.

Titel	Einnahmen	Funk-tion	Ansatz 1987 DM	1986 DM	Rechnung 1985 DM
1 11 12	Entgelte für Beköstigung, Betreuung und Unterkunft .	238	1.000	1.000	1.387,91
1 19 79	Verschiedene Einnahmen	238	3.000	1.000	3.183,86
1 24 01	Mieten für Grundstücke, Gebäude und Räume	238	18.500	19.500	15.475,00
1 25 31	Entgelte des Personals für Beköstigung	238	1.000	1.000	573,75
2 53 90	Zuwendungen von Gemeinden für konsumtive Zwecke .	238	300	300	741,02
2 81 03	Ersatz von Bewirtschaftungsausgaben	238	2.200	2.200	2.561,76
2 82 90	Zuwendungen aus dem Inland	238	300	300	1.000,00
3 59 94	Zweckgebundene Entnahme aus dem Geldbestand des Stiftungsvermögens	950	400	400	–
3 81 02	Erträgnisse der nichtrechtsfähigen Stiftungen (Verrechnungen)	990	–	–	400,00
	Summe der Einnahmen		26.700	25.700	25.323,30

Ausgaben

Titel	Ausgaben	Funk-tion	Ansatz 1987 DM	1986 DM	Rechnung 1985 DM
4 25 01	Vergütungen der planmäßigen Angestellten	238	2.327.000	2.293.000	2.191.732,23
4 25 11	Vergütungen der nichtplanmäßigen Angestellten . . .	238	65.000	64.100	52.052,75
4 26 01	Löhne der planmäßigen Arbeiter	238	610.000	643.000	589.436,36
4 26 11	Löhne der nichtplanmäßigen Arbeiter	238	35.200	37.100	59.791,18
4 27 01	Aufwendungen für freie Mitarbeiter	238	39.200	32.100	22.551,00
4 41 00	Beihilfen für Dienstkräfte	238	400	1.100	350,00
4 42 00	Unterstützungen für Dienstkräfte	238	100	100	–
5 11 01 A	Geschäftsbedarf	238	2.600	2.200	2.952,60
5 12 01 A	Bücher, Zeitschriften	238	1.600	1.500	1.248,60

Titel	Einnahmen	Funk-tion	Ansatz 1987 DM	Ansatz 1986 DM	Rechnung 1985 DM
51301 A	Postgebühren	238	12.000	11.000	5.461,77
51501 A	Geräte, Ausstattungs- und Ausrüstungsgegenstände . .	238	52.000	45.000	46.454,56
51506 A	Bekleidung, Wäsche	238	35.000	32.000	20.837,56
51590 A	Geräte und Gebrauchsgegenstände aus Zuwendungen .	238	200	200	592,99
					53,27 R
51601 A	Dienst- und Schutzkleidung	238	500	300	–
51720 A	Schneebeseitigung	238	1.800	2.100	1.444,78
51721 A	Strom	238	97.500	90.000	88.454,55
51722 A	Gas	238	1.500	1.500	939,02
51723 A	Wasser	238	5.500	6.000	3.368,79
51724 A	Entwässerung	238	8.500	10.000	5.286,35
51725 A	Straßenreinigung	238	8.100	8.100	7.340,80
51726 A	Müllabfuhr	238	6.500	7.300	5.894,00
51727 A	Hausreinigung, Desinfektion	238	13.000	13.000	10.015,19
51728 A	Steuern und Versicherungen für Grundstücke	238	1.200	1.200	1.031,90
51729 A	Sonstige Bewirtschaftung der Grundstücke, Gebäude und Räume	238	2.800	2.800	1.206,18
51801 A	Mieten für Grundstücke, Gebäude und Räume	238	71.000	68.900	70.292,87
51802 A	Mieten für Fahrzeuge	238	1.000	800	497,86
51910 A	Kleiner Unterhaltungsbedarf	238	3.000	2.500	4.000,81
52201 A	Beköstigung	238	165.000	151.000	102.437,17
52279 A	Allgemeine Verbrauchsmittel	238	10.000	10.000	7.923,26
53205 A	Ausschmückung von Räumen	238	2.800	2.000	2.918,74
54019 A	Belehrung, Unterhaltung	238	86.000	86.000	55.092,80
54078 A	Verwendung von Erträgnissen der Stiftungen	238	–	–	399,81
54079 A	Verschiedene Ausgaben	238	600	600	176,20
54094 A	Verwendung von Erträgnissen der Stiftungen aus zweckgebundenen Einnahmen	238	400	400	–
54690 A	Sonstige sächliche Verwaltungsausgaben aus Zuwendungen	238	200	200	997,30
					493,72 R

Titel	Einnahmen	Funk-tion	Ansatz 1987 DM	Ansatz 1986 DM	Rechnung 1985 DM
681 11 A	Arbeitsbelohnungen, Taschengelder, Festtagsgaben . .	238	24.000	24.000	19.885,75
681 68 Z	Fahrgelder für Pfleglinge	238	11.000	9.000	6.633,40
681 77 Z	Bekleidung und Wäsche nach dem Jugendwohlfahrtsgesetz	237	51.000	47.000	40.508,96
681 90 A	Unterstützungen und sonstige Geldleistungen aus Zuwendungen	238	200	200	–
820 20	Wertersatz für die Übertragung von Grundstücken . .	238	–	–	295.900,00
	Summe der Ausgaben		3.753.400	3.707.300	3.726.108,09 546,99 R

Abschluß

Einnahmen	26.700	25.700	25.323,30
Ausgaben	3.753.400	3.707.300	3.726.655,08
Fehlbetrag	3.726.700	3.681.600	3.701.331,78

Erläuterungen zu den Titeln

111 12
Einnahmen insbesondere aus der Kostenbeteiligung arbeitender Jugendlicher.

119 79
Erlöse aus dem Verkauf von Altmaterial und Entgelte für die private Benutzung von Dienstfernsprechern.
Mehr, wegen Neueinschätzung der Einnahmen.

124 01
Einnahmen aus der Untervermietung von Wohnräumen an Mitglieder der externen Wohngruppen Stresemannstraße 30, Berlin 61 und Urbanstraße 87, Berlin 61 sowie an Personen im pädagogisch betreuten Einzelwohnen.

125 31
Einnahmen in Höhe der zu Lasten des Titels 522 01 für Personalbeköstigung geleisteten Ausgaben (bei Zubereitung des Essens durch eigene Kräfte zuzüglich eines Verwaltungskostenzuschlages von 40 v. H. des Beköstigungssatzes).

253 90
Zuwendungen in dieser Höhe werden erwartet
für Geräte, technische Einrichtungen, Ausstattungen . . . . 100 DM
für Belehrung, Unterhaltung . . . . 100 DM
für Arbeitsbelohnungen, Taschengelder, Festtagsgaben . . . 100 DM
                                                           300 DM

Zweckbindungsvermerk:
Die Einnahmen sind zweckgebunden für Ausgaben bei
Titel 515 90 in Höhe von 100 DM
Titel 546 90 in Höhe von 100 DM
Titel 681 90 in Höhe von 100 DM

281 03
Ersatz von Stromkosten durch Mitglieder der Wohngruppe Stresemannstraße 30 und Urbanstraße 87.

282 90
Zuwendungen in dieser Höhe werden von privaten Zuwendungsgebern erwartet
für Geräte, technische Einrichtungen, Ausstattung . . . . 100 DM
für Belehrung, Unterhaltung . . . . 100 DM
für Arbeitsbelohnungen, Taschengelder, Festtagsgaben . . . 100 DM
                                                          300 DM

Zweckbindungsvermerk:
Die Einnahmen sind zweckgebunden für Ausgaben bei
Titel 515 90 in Höhe von 100 DM
Titel 546 90 in Höhe von 100 DM
Titel 681 90 in Höhe von 100 DM

359 94
Erträgnisse der Kranzler-Stiftung

Zweckbindungsvermerk:
Die Einnahmen sind zweckgebunden für Ausgaben beim Titel 540 94.

425 01, 425 11, 426 01, 426 11, 427 01
Die Erläuterungen zu den Ansätzen für Dienstkräfte und freie Mitarbeiter sind gesondert ausgewiesen.

511 01
Ausgaben für den Bedarf an Büro- und Verpackungsmaterial
Barerstattung verauslagter Fahrkosten und Kilometerentschädigungen für die dienstliche Benutzung privater Kraftfahrzeuge sind bei 3500 / 511 01 nachzuweisen.

512 01
Zeitungen und Zeitschriften, soweit es sich um Informations- und Unterrichtsmaterial für Dienstkräfte handelt, Fachliteratur.

515 01
Ausgaben für die Instandhaltung und Ergänzung von Einrichtungsgegenständen, Turn-, Spiel- und Sportgeräten und sonstigen Geräten.
Hier sind auch die internen Verrechnungen an Kapitel 3934, Titel 125 21, für den Bezug von Blindenwaren nachzuweisen.

Mehr aufgrund höherer Beschaffungen.

515 06
Ausgaben für die Instandhaltung, Ergänzung und Reinigung der Bekleidung und Wäsche.

515 90
Die Zuwendungen sollen für die Ausstattung der Kinderheime verwendet werden (vgl. auch Erläuterungen und Zweckbindungsvermerke zu Titel 253 90 und Titel 282 90).
Ausgaben dürfen nur in Höhe der eingegangenen Einnahmen geleistet werden (verbindliche Erläuterung).

517 27
Hieraus sind auch Ausgaben für den Bezug von Blindenwaren an Kapitel 3934, Titel 125 21 (interne Verrechnungen), zu leisten.

518 01
Miete für die Grundstücke
Urbanstr. 87, Berlin 61 . . . . 20 000 DM
Berner Str. 50-50a, Berlin 45 . . . . 41 500 DM
Pädagogisch betreutes Einzelwohnen . . . . 8 950 DM
                                                      70 450 DM
Wegen zu erwartender Mieterhöhungen erhört auf   rd. 71 000 DM

518 02
Ausgaben für den Transport von Mobiliar und Geräten.

522 01
Hieraus sind auch die Ausgaben für Erfrischungen anläßlich von Ausflügen u. a. Leistungen, die zusätzlich zur Tagesverpflegung gewährt werden, zu leisten.
Die Beköstigung auf Wanderfahrten wird bei Titel 540 19 nachgewiesen.
Mehr, da der Ansatz unter Berücksichtigung der tatsächlichen Belegung, der Altersstruktur der Jugendlichen und der Personalbeköstigung ermittelt wurde.

522 79
Ausgaben für Gesundheits- und Körperpflege, Sanitätsmaterial sowie für Verbrauchsmittel wie Butterbrotpapier und Streichhölzer.

540 19
Ausgaben für die kulturelle und sportliche Betreuung der Minderjährigen unter besonderer Berücksichtigung des Bedarfs für die Durchführung von Wanderfahrten. Hieraus sind auch Fahrt-, Unterbringungs- und Verpflegungskosten für das Begleit- und Betreuungspersonal zu finanzieren.

540 94
Die Erträgnisse der Kranzler-Stiftung sind dem Stiftungszweck entsprechend für Zwecke der Säuglingspflege im Kinderheim Hagelberger Str. 30 bestimmt (vgl. auch Erläuterung und Zweckbindungsvermerk zu Titel 359 94).
Ausgaben dürfen nur in Höhe der eingegangenen Einnahmen geleistet werden (verbindliche Erläuterung).

546 90
Die Zuwendungen sollen für Belehrung und Unterhaltung der in den Heimen untergebrachten Personen verwendet werden (vgl. auch Erläuterungen und Zweckbindungsvermerke zu Titel 253 90 und Titel 282 90).
Ausgaben dürfen nur in Höhe der eingegangenen Einnahmen geleistet werden (verbindliche Erläuterung).

681 11
Taschengelder und Arbeitsbelohnungen nach den Taschengeldvorschriften:
79 Plätze × 350 DM / jährl. × 85 v. H. Belegung . . . . . 23 500 DM
                                     erhöht auf 24 000 DM
Der Ansatz ist auch für Friseurleistungen vorgesehen.

681 68
Aus dem Ansatz können auch Fahrgelder für nichtschulpflichtige Pfleglinge geleistet werden.

681 90
Die Zuwendungen sollen für Belohnungen, Taschengelder, Feststagsgaben und Geschenke für die in den Heimen untergebrachten Personen verwendet werden (vgl. auch Erläuterungen und Zweckbindungsvermerke zu Titel 253 90 und Titel 282 90). Ausgaben dürfen nur in Höhe der eingegangenen Einnahmen geleistet werden (verbindliche Erläuterung).

Deckungsvermerk:
Die Ausgaben der mit dem Buchstaben Z gekennzeichneten Titel – ausgenommen Titel der Hauptgruppe 8 – sind nur innerhalb des Bezirksplans untereinander deckungsfähig.

425 01

Bezeichnung	M = Monate W = Wochenstunden	Gruppe	1987	1986	DM
Sozialarbeiter / Sozialpädagoge (Heimleiter)		IV b	5	5	291.500
Sozialarbeiter / Sozialpädagoge (ständ. Vertr. d. Heimleiters)		V b / IV b	5	5	266.300
1. Erzieher		V c / V b	5[1]	5	248.900
Erzieher		VI b / V c	28[2]	29	1.286.880
Hausmeister		X / IX a	2[3]	2[3]	72.360
Springkräfte (Erzieher) . .		VI b / V c	3	3	137.880
Erzieher (Springer)	W 20	VI b / V c	1	1	22.980
			49	50	2.326.800 rd. 2.327.000

1) Eine Stelle fällt bei Freiwerden weg.
2) Eine Stelle und ein Stellenteil von 20 Wochenstunden fallen bei Freiwerden weg.
3) Je eine halbe Stelle für die Heime Urbanstr. 44 und Adalbertstr. 23 b. Die anderen Stellenteile werden bei Kapitel 4050 nachgewiesen.

425 11
2,88 v. H. für Betreuungspersonal vorgesehene Mittel für Vertretungskräfte 64.930
                                                           rd. 65.000

426 01

Bezeichnung	M = Monate W = Wochenstunden	Gruppe	1987	1986	DM
Koch		III / V	3[1]	3[1]	114.480
Koch	W 20	III / V	1[1]	1[1]	19.080
Küchenwirtschaftsarbeiter .		III	1	1	38.160
Wäscheausbesserer / Wäscher (Durchschnittslohn)		II / IV a-	3	4[2]	110.760
Wäscheausbesserer / Wäscher (Durchschnittslohn)	W 20	II / IV a-	1[3]	—	18.460
Küchenarbeiter		II	—	1	—
Küchenarbeiter	W 20	II	1	1	18.460
Reiniger		I	8	8	284.800
Reiniger	W 6	I	1	1	5.340
			19	20	609.540 rd. 610.000

1) Die Stellen dürfen auch mit Köchen der Lohngr. V / VI besetzt werden, wenn geeignete Dienstkräfte der Lohngr. III / V nicht zur Verfügung stehen.
2) Ein Stellenteil von 30 Wochenstunden fällt bei Freiwerden weg.
3) Die Stelle fällt bei Freiwerden weg.

426 11
5,76 v. H. der für planmäßige Arbeiter vorgesehenen Mittel für Vertretungskräfte 35.110
                                                           rd. 35.200

151

42701
Ausgaben nach der Allgemeinen Anweisung für Honorare im
Geschäftsbereich Familie, Jugend und Sport.
Honorare für Sonderkräfte, Schularbeitshilfen, Diplompsy-
chologen, in stundenweiser Beschäftigung.
(1986: 32.100) 39.200

Mehr wegen Honorarerhöhungen.

Grundsätzlich gilt, daß Ausgaben nur innerhalb des Rahmens in den einzelnen
Haushaltsstellen getätigt werden können. Dies geschieht nach Haushaltsgrundsät-
zen, die z. B. bei höheren Beträgen eine genaue Prozedur vorschreiben: mehrere
Kostenvoranschläge einholen, vom Rechnungsprüfungsamt bzw. Preisamt prüfen
lassen und die Zustimmung einholen, erst dann kann geordert werden.
Es besteht aber die Möglichkeit, die Mittel per Antrag und Begründung an den
Wirtschafter des Einzelplans umzuwidmen, wenn eine Haushaltsstelle verbraucht
ist, auf einer anderen aber noch Mittel vorhanden sind. Diese gehen dieser
Haushaltsstelle dann verloren. Neue, zusätzliche Mittel gibt es nicht.
Einzige Ausnahme bilden die sogenannten Nachtragshaushalte. Es besteht weiterhin die Möglichkeit, innerhalb des bestehenden Ansatzes Mittel zu beschaffen, wenn
auf höherer behördlicher Ebene Mittel aus einem Einzelhaushalt, die dort nicht
ausgegeben wurden, einem anderen, der Mehrbedarf geltend gemacht hat,
zugeschlagen werden. Dies kommt zum Ende eines Haushaltsjahres schon hin und
wieder vor, da sich meist dann erst abzeichnet, wo Mittel übrig bleiben. Jeder
Wirtschafter wird aber sein Augenmerk darauf legen, daß „seine" Mittel auch
ausgegeben werden, denn sonst würden sie ihm bei zukünftigen Haushaltsplänen
verlustig gehen. Das ist mit ein Grund dafür, daß die Erzieher ca. im November
aufgefordert werden, jetzt die Mittel „abzukaufen", sonst gäbe es im folgenden Jahr
weniger.
Jeweils zwei Jahre im voraus müssen die einzelnen Einrichtungen Veränderungen in
der Fortschreibung ihrer Haushaltmittel und ihren Neubedarf dem Wirtschaftslei-
ter (Amtsleiter) melden. Dieser lange Zeitraum erschwert hier die genaue
Kalkulation für den Erzieher erheblich. Trotzdem sollte er auf eine Beteiligung nicht
verzichten. Er sollte z. B. rechtzeitig Bedarf anmelden für eine geplante Außenstelle.
Ad hoc-Entscheidungen sind nach dem Haushaltsrecht kaum möglich.

Die Beteiligung der Erzieher ist nach unserer Auffassung zwingend, wenn einrichtungsintern die Mittel auf die einzelnen Gruppen aufgeteilt werden. Es ist in einigen Heimen noch immer so, daß alle Mittel zentral vom Leiter verwaltet werden. Er ist dann auch der einzige, der über den laufenden Stand der einzelnen Haushaltsstellen informiert ist.

Es ist sinnvoll, zu Beginn jedes Haushaltsjahres die für die Gruppe wichtigen Positionen wie Bekleidung, Freizeitmittel, Festtagsgaben, Geräte und technische Einrichtung, Ausstattung u. ä. m. den einzelnen Gruppen der Einrichtung in genauen Beträgen zuzuordnen. Sie können sich dann gruppenintern ein Heft anlegen, in dem Sie die Ausgaben regelmäßig vom Gesamtbetrag abziehen, so daß Sie stets den Überblick haben, über wieviel Mittel Sie noch verfügen können. Diese Absprachen können in der allgemeinen Erzieherbesprechung getroffen werden. Besser ist es aber, wenn Sie eine Finanzkommission installieren, in der Delegierte aus den einzelnen Gruppen mit dem Leiter Entscheidungsvorbereitungen für die Hausrunde treffen, da in einem kleineren Gremium leichter Einblick genommen werden kann. Wir schlagen vor, diesen Delegierten jährlich zu wechseln, so daß alle Kollegen einmal daran beteiligt sind.

Der überwiegende Anteil der Mittel wird mit sogenannten Bestellscheinen ausgegeben. Die Prozedur dürfte bekannt sein. Man schaut, in welchem Geschäft etwas billig zu kaufen ist und geht zum Leiter. Der stellt einen Bestellschein in der geforderten Höhe aus. Dieser wird an das Amt weitergereicht, dort bekommt er eine Verrechnungsnummer und geht zurück zum Heim. Dann kann der Erzieher mit dem Bestellschein in das betreffende Geschäft gehen und den Bestellschein abkaufen. Auch wenn man diese Prozedur zeitlich sehr straffen kann (wie uns versichert wurde), gibt es gerade auch aus pädagogischen Erwägungen Bedenken dagegen (Versorgung!). Neben der noch unglücklicheren Form, daß alles zentral von der Leitung beschafft wird und die Erzieher aus dem Geschäft des Einkaufens herausgehalten werden (die Wirtschafterin kauft z. B. zentral die Bekleidung ein), gibt es auch die Möglichkeit, über Barmittel zu verfügen. Der Leiter erhält auf ein Konto Selbstbewirtschaftungsmittel in drei Raten im Jahr überwiesen. Diese können für Toilettenartikel, Festtagsgaben, Freizeitmittel, teilweise Bekleidung, teilweise Verpflegung, kleinere Hausreparaturen, Geräte, technische Einrichtungen verwendet werden. Die Höhe dieser Selbstbewirtschaftungsmittel ist von Amt zu Amt sehr unterschiedlich. Auch hier gilt, daß man seinen Anspruch auf Barmittel begründet kundtun und den Betrag schrittweise erhöhen muß. Als Argument gegen Barmittel wird vorgebracht, bei der zentralen Beschaffung könne günstiger eingekauft werden. Dem haben wir Pädagogen entgegenzuhalten, daß einerseits die Kinder und Jugendlichen lernen müssen, mit größeren Beträgen umzugehen, zum anderen, daß bei Barmitteln sofort günstige Sonderangebote wahrgenommen werden können, also ebenso sparsam gewirtschaftet werden kann. Der Streit ist nicht entschieden, es kommt hier wesentlich auf die Geschlossenheit der Erzieherschaft in der Argumentation gegenüber dem Amt bzw. gegenüber dem Leiter an. Wenn Sie über Barmittel verfügen, müssen Sie diese natürlich mit dem Leiter abrechnen. Das heißt konkret, Sie benötigen für jede Ausgabe Quittungen oder sonstige Ausgabenbelege, aus denen nicht nur die Höhe der ausgegebenen Mittel ersichtlich ist, sondern auch der Kaufgegenstand. Haben Sie mehrere Kassenbons, dann müssen Sie prüfen, ob diese Ausgaben alle unter einer Haushaltsstelle verrechnet werden können. Wenn ja, dann kleben Sie diese Bons in der Reihenfolge auf, schreiben dahinter, was Sie damit gekauft haben, ziehen zum Ende eine Summe und geben diese Aufstellung in das Büro Ihrer Einrichtung. Mehr ist es im Prinzip nicht, was von Ihnen verlangt wird. Und wenn Sie nicht zuviel anhäufen, so daß Sie Schwierigkeiten in der Zuordnung der Quittungen bekommen, ist dieses Geschäft eigentlich unproblematisch, zumal die Kinder und Jugendlichen leicht daran beteiligt werden können (und sollten!). Dann tragen Sie den ausgegebenen Betrag in Ihrem gruppeninternen Haushaltsheft ab, und Sie haben wieder den Überblick, über wieviel Sie noch verfügen können. Der Leiter ist übrigens verpflichtet, über die Selbstbewirtschaftungsmittel mit seiner Buchführung immer auf dem laufenden Stand zu sein. Es ist also nicht immer eine Schikane, wenn er auf zügige Bearbeitung Ihrerseits dringt.

Auch für die behördlichen Heime gilt, daß man natürlich versuchen kann, sich außerhalb des Haushaltsplanes Mittel zu besorgen. Der Spendendreh funktioniert hier ebenso wie bei den privaten Einrichtungen. Es besteht auch die Möglichkeit, z. B. eine Einzeltherapie aus anderen Töpfen finanzieren zu lassen, etwa über das BSHG. Hier sind aber für die Kinder bzw. Jugendlichen Prozeduren notwendig, die in unseren Augen für das Selbstbild der Heimbewohner nicht positiv zu werten sind: etwa Gutachten, die sie als psychisch gestört beschreiben. Dies müßte im Einzelfall immer abgewogen werden. Was billig für die Einrichtung ist, ist es nicht unbedingt für die Heimbewohner. Hier sollten andere Kriterien zum Tragen kommen als die der Haushaltsrationalität. Außerdem sollte man auch den Vertretern der Wirtschaftlichkeit eine längere Perspektive aufzeigen und erst dann berechnen, was letztlich billiger ist.

Ein Letztes noch: Die Eltern der Heimbewohner werden an den Kosten der Unterbringung beteiligt. Das hat früher dazu geführt, daß z. B. die Eltern ihre Zustimmung für eine Unterbringung im Heim zurückzogen, wenn sie merkten, wieviel ihnen im Monat abgezogen wurde. 1970 ist nach einem Urteil des Bundesverwaltungsgerichts deshalb zum Nutzen des Minderjährigen festgestellt worden, daß die Eltern nur den Betrag zu leisten haben, den sie dadurch einsparen, daß ihr Kind nicht mehr im eigenen Haushalt lebt. D. h., nicht mehr nur das Einkommen wird berücksichtigt, sondern auch die Lebensführung, da die Einweisung in ein Heim von den Eltern nicht als Strafe empfunden werden soll. Das Kindergeld des Untergebrachten erhält der Kostenträger, eventuell auch die Sozialhilfe, wenn das Kind Sozialhilfeempfänger war.

9 Erzieher in Aktion: Ein Heim gerät in Bewegung

Wir haben in den vorangegangenen einzelnen Abschnitten versucht, in einer gezielten und gebündelten Auswahl die Problemaspekte zu behandeln, die wir für den Bereich der öffentlichen Ersatzerziehung als grundlegend und wesentlich erachten. Dabei ließ es sich für die Darstellung nicht vermeiden, die einzelnen Problembereiche zunächst getrennt voneinander zu bearbeiten, um in deren Komplexität und Kompliziertheit nicht zu ersticken. Wenn wir also Zusammengehöriges bisher voneinander isoliert untersucht haben, so wird es im folgenden darauf ankommen, die Einzelaspekte in ihrer Gesamtheit zu berücksichtigen. Denn auf den Heimalltag wirken nahezu alle beschriebenen Faktoren gleichzeitig ein, ohne daß sich die Erziehungspraxis in Einzelteile zerlegen läßt.

Wir wollen jedoch bei unseren Erklärungsversuchen über Entstehungs- und Wirkungsweisen der grundsätzlichen Probleme der Heimerziehung nicht stehenbleiben, ohne planbare Veränderungsschritte und konkrete Handlungsperspektiven anzudeuten.

Will man vorfindliche Praxis verändern, so stellt deren Analyse einen ersten wichtigen Schritt in diese Richtung dar. Sie ist gewissermaßen Grundlage und Voraussetzung, um das Wesen der vielfältigen Erscheinungsformen zu erkennen, und trägt zur Orientierungsfähigkeit bei. Eine lediglich gedankliche, also betrachtende Untersuchung reicht allerdings für die Erkenntnis der Wirklichkeit bei weitem nicht aus, wenn sie nicht gleichzeitig auch eine Anleitung zum Handeln darstellt[1]. Damit ist gemeint, daß ein wesentlicher Teil des Erkenntnisgewinns nur *im Vollzug* von Tätigkeiten erworben werden kann: Es wird gehandelt, um zu erkennen; das Erkennen dient wiederum dem Handeln, es soll ein geplantes und besseres Handeln ermöglichen[2]. Wir möchten Sie nun im folgenden ermutigen, in ihrer konkreten Erziehungsarbeit sich gleichsam als „Forscher" im eigenen Praxisfeld zu betätigen. Schrecken Sie, bitte, nicht sofort vor dem vermeintlich hohen Anspruch zurück! Wir werden versuchen, Sie bei der Realisierung zu unterstützen, ohne daß von Ihnen erhebliche Mehrarbeit verlangt würde.

Zu diesem Zweck möchten wir Ihnen eine Methode vorstellen, die eine geplante, schrittweise Veränderung des Heimalltags herbeiführen kann und Ihnen gleichzeitig

---

1 Vgl. Mao Tse-Tung: Über die Praxis, S. 19, Berlin 1972.
2 Derselbe a.a.O., S. 25

die Gelegenheit gibt, die Bedingungen, unter denen Sie arbeiten, zu untersuchen. Diese Methode ist von der „Qualifizierungsvereinigung Berliner Sozialpädagogen" (QuaBS) als ein neues Konzept der Fortbildung der Mitarbeiter sozialpädagogischer Einrichtungen unter dem Namen „AKTIONSPROJEKT" entwickelt und in der Praxis bereits erfolgreich durchgeführt worden.

Zur Einführung und zum besseren Verständnis einige grundsätzliche Überlegungen:[3]

● Aus der Kritik an der Wirkungslosigkeit der üblichen Fortbildungsveranstaltungen entstand das kompakte Theorie-Praxispaket „Aktionsprojekt". In einer gemeinsamen Aktion und ihrer vorbereitenden und auswertenden Reflexion lernen alle Beteiligten: Kinder, Erzieher, Administration und Fortbilder.

● Bei den ersten Versuchen dieser Art zeigte sich, daß die oft beklagten „Defizite" der Heimkinder nicht wirklich existierten oder von ganz anderer Beschaffenheit waren, als man angenommen hatte. Deutlich wurde auch, daß die angenommenen (zugeschriebenen) und wirklichen Mängel der Kinder eine Folge der Bedingungen im Heim sind. Anders ausgedrückt: Defizite auf der Seite der Kinder sind die Folge derjenigen Interessenlagen, die die Heimwirklichkeit bestimmen. Es zeigte sich auch, daß diese Interessenlagen im Verlauf der Projekte erkennbar und bearbeitbar wurden.

● Heimkinder brauchen mehr Herausforderungen: Es kommt darauf an, pädagogische Situationen zu schaffen, in denen die Kinder von *ihrem* Interesse aus veranlaßt sind, neue Fähigkeiten, Fertigkeiten und Kenntnisse zu erwerben. Dies betrifft sowohl handwerklich-manuelle, technische, kognitive als auch soziale Bereiche des Lernens.

● In allen Institutionen besteht eine Tendenz, das einmal eingependelte Gleichgewicht vor Veränderungen zu schützen. Wer selbst Teil der balancierenden Kräfte ist, unterliegt den Täuschungen, die Teil des Gleichgewichts sind. Es ist daher mehr als wünschenswert, wenn ein Aktionsprojekt von außenstehenden Beratern begleitet wird. Gegebenenfalls sind Mitarbeiter von Fach-, Fachhoch- und Hochschulen anzuwerben.

● Will man Kinder wirksamer fördern, reicht es nicht aus, gelegentlich mit ihnen zu basteln oder ein Fest zu feiern. Diese Einzelaktivitäten müssen in einen weiteren, am perspektivischen Interesse der Kinder orientierten Zusammenhang gebracht werden. Dabei haben dann Bastelarbeiten und Feste eine wichtigen Platz.

● Aktionsprojekte sollen auch immer die Berufszufriedenheit der Erzieherkollegen verstärken. Indem Perspektive und Erfolgsmessung in den Heimalltag gelangen, erfährt der Erzieher selbst die anregenden Wirkungen, die er für die Kinder organisiert: Ansätze von Verwirklichung durch bewußte, gegenständlich ändernde Tätigkeit.

● Aktionsprojekte allein können eine weiterreichende Heimreform nicht ersetzen. Sie sind allerdings geeignet, Reformen in Gang zu setzen beziehungsweise voranzutreiben.

---

3 QuaBS 2. Arbeitshilfe 2a/2b

Die vorgestellten Grundsätze lassen uns erst ahnen, wie die Arbeit für die Erzieher aussieht, die sich für ein Aktionsprojekt entschieden haben. In den anderen Kapiteln sind Probleme abgehandelt worden, deren Erklärungsversuche schon teilweise als Begründung für die Grundsätze dienen können. Was jetzt noch fehlt, ist das Vorstellungsvermögen, wie denn nun wirklich ein solches Aktionsprojekt aussieht. Zu diesem Zwecke bemühen wir zum letzten Mal die Erzieher der Gruppe II des Kinderheims „Schlaraffenland".

Wenn Sie sich erinnern, war in dem Kapitel „Hilfe, wir brauchen Beratung!" das Team zu dem Entschluß gekommen, sich Unterstützung von außerhalb zu holen, um gegen die aufkommende Resignation anzukämpfen. Versuchen wir uns jetzt gemeinsam vorzustellen, mit welchen Fragen unsere Erzieher Fortbildnern begegnen könnten, die ihnen die Aktionsprojektmethode als Möglichkeit vorschlagen, durch alternative Praxis Schritt für Schritt die Heimstrukturen zu verändern.

DIENSTBESPRECHUNG

Zu dieser Dienstbesprechung sind Fortbilder der „Qualifizierungsvereinigung Berliner Sozialpädagogen" eingeladen worden. Diese Fortbilder werden auch, wenn sich die Kollegen dafür entscheiden, diejenigen sein, die mit den Erziehern zusammen das Projekt planen und durchführen.

Wolfgang gibt sich einen Ruck und beginnt: „Also, wir hier sind die Erzieher aus der Gruppe II. Dies ist Nora, unsere Jahrespraktikantin, neben mir sitzt Monika. Das ist Axel. Christa kennt Ihr ja schon, die hat mit Euch telefoniert."

Daraufhin stellen sich die Fortbildungsteamer vor. Nachdem die Erzieher sie ein wenig ausgefragt haben, was sie alles schon gemacht haben und ob sie denn überhaupt schon einmal in einem Heim gewesen seien – waren sie alle schon, was die Erzieher offensichtlich beruhigt, denn mit „Theoretikern" wollte man sich lieber nicht abgeben – fängt Monika an, den Grund zu schildern, warum sie um Fortbildung nachgesucht hätten.

„Eigentlich wollten wir ja Beratung und keine Fortbildung, da wir ziemliche Teamschwierigkeiten haben. Je länger wir zusammenarbeiten, desto schwieriger wird es, sich zu verstehen. Im Moment sind wir alle so mißtrauisch und sauer aufeinander, daß keiner mehr gerne zum Dienst kommt. Nun hat Christa von Euch erzählt und daß Ihr das bearbeiten könnt mit den Teamschwierigkeiten und so. Was ich aber nicht verstehe, ist: Warum redet Ihr dauernd von Aktionsprojekten, das ist doch ganz 'was anderes?"

Die Teamer: „Stimmt, es ist ein Unterschied vorhanden. Es gibt Beratungsformen, die ausschließlich die Kooperation der Erzieher untereinander herausgreifen und mit gruppendynamischen Methoden die Teilnehmer andere Kommunikationsstrukturen lernen lassen. Unsere Auffassung ist die: Heimerzieher sind zur Zusammenarbeit gezwungen, da sie sich im Dienst gegenseitig abwechseln und auch bei den Kindern nur dann Erziehungserfolge erreichen, wenn sie möglichst an einem Strang ziehen und sich nicht gegenseitig lähmen. Da unserer Meinung nach Zusammenarbeit und Teamfähigkeit immer mit der eigentlichen Arbeit verbunden sein müssen, – denn wozu sollte man sonst kooperieren, es gäbe keine Nötigung – haben wir während unserer Fortbildungsarbeit gelernt, daß sich für alle befriedigendere Kooperationsformen herstellen lassen, wenn das Team in einem gemeinsamen, geplanten Vorhaben auch eine bessere Alltagspraxis einübt."

Axel: „Ja, könnt Ihr uns denn versprechen, daß Ihr mit unseren Kindern in unserem Sinne 'was ausprobiert? Nicht, daß wir nachher das ausbaden müssen, was Ihr uns eingebrockt habt. Ihr geht nach einiger Zeit ja wieder weg."

Teamer: „Jetzt müssen wir aber mal mit einem grundsätzlichen Mißverständnis aufräumen. Nicht wir Teamer bestimmen, was letztendlich geplant und durchgeführt wird, sondern Ihr selbst. Dabei werden wir selbstverständlich auch unsere eigenen inhaltlichen Vorstellungen zur Diskussion stellen. Aber Ihr werdet letzten Endes diejenigen sein, die planen und zusammen mit den Kindern das Aktionsprojekt durchführen. Wir Teamer werden Euch in erster Linie beratend zur Seite stehen und Materialien und Techniken bereithalten, die Euch die Arbeit erleichtern. Und wenn Ihr einverstanden seid, dann übernehmen wir auch gerne eine Funktion in dem Aktionsprojekt und entlasten Euch ein wenig. Ihr müßt Euch darüber klar sein, daß anfangs Mehrarbeit auf Euch zukommt."

Christa: „Na, das klingt ja nicht gerade motivierend. Wieviel Mehrarbeit ist das denn?"

Teamer: „In den anderen Heimen, in denen wir schon solche Aktionsprojekte durchgeführt haben, sind wir einmal in der Woche mit allen Erziehern zusammengetroffen; als dann die Aktion selbst losging, auch mal öfter. Unsere Bedingung ist, daß Ihr freiwillig und regelmäßig an der Fortbildung teilnehmt. Wenn jemand öfter mal fehlt, ist es sehr schwierig, ihm das hinterher zu erzählen; auch wenn man sich große Mühe gibt, es bleibt ein Aufguß. Die direkten Erfahrungen lassen sich nicht ersetzen, da muß man schon dabei sein. Und was den Zeitraum anbelangt, das schwankt je nach dem Umfang des Aktionsprojekts. Da wir ein Interesse haben, daß sich die neuen Erfahrungen auch im Heimalltag niederschlagen, dies allerdings seine Zeit braucht, kalkulieren wir mindestens 3 Monate, längstens ein Jahr."

Wolfgang: „Was, so lange? Dann könnt Ihr ja gleich bei uns eingestellt werden. Aber nun sag mal endlich, was hier Sache ist. Ich hör' immer nur Aktionsprojekt, was ist das denn nun? Was 'ne Aktion ist, weiß ich. Mal action machen und so, das finde ich ja auch gut, da wird nicht dauernd herumgeschwafelt, da passiert was. Aber was hat es jetzt mit dem Projekt auf sich?"

Teamer: „Das mit dem action machen ist schon richtig. Nur machen wir nicht Aktionen um der Aktion willen oder damit die Kinder beschäftigt sind; dann könntet Ihr Euch ein paar Freizeitmitarbeiter engagieren, und damit wäre das Problem gelöst. Wir versuchen, gezielte Aktionen auf die Beine zu stellen, in denen die Kinder und Jugendlichen ihre Fähigkeiten und Fertigkeiten weiterentwickeln können. Dabei suchen wir uns solche Fertigkeiten aus, von denen wir uns vorstellen, daß die Kinder sie später, wenn sie mal nicht mehr im Heim sind, brauchen werden, damit sie sich draußen selbständig und selbstbewußt bewegen können und nicht im Knast landen oder von der Sozialhilfe abhängig werden. Da wir sicher sind, daß man den Kindern die Gelegenheit geben muß, sich diese Fähigkeiten aktiv anzueignen, müssen wir bzw. Ihr Erzieher Situationen arrangieren, in denen es schon jetzt für sie wichtig wird, diese gewünschten Fertigkeiten zu erwerben. Es muß sich also für sie lohnen und außerdem Spaß machen."

Nora: „Logisch, daß das denen Spaß machen muß, sonst kriegt Ihr die erst gar nicht dazu, auch nur irgendwas zu machen. Nun sagt aber 'mal endlich, was es mit dem Projekt auf sich hat!"

Teamer: „Das Projekthafte an den Aktionen besteht im Wesentlichen darin, daß die verschiedenen Handlungsteile zu einem gemeinsamen Ziel führen. Also sagen wir 'mal, in einem Erkundungsprojekt ist von einigen Kindern herauszufinden, wo es die billigsten Cassettenbänder zu kaufen gibt, andere müssen billig Lebensmittel einkaufen. Beide Gruppen lernen Preise zu vergleichen. Dann kann man sie ja nicht einfach so in den Laden schicken, ohne einen für sie erkennbaren Sinn. Da lernen sie kaum etwas, außer, daß sie dem Erzieher gehorchen müssen, wenn er sie loshetzt. Wenn ihnen aber das Ziel ihrer Erkundung klar ist und die Ergebnisse ihrer Erkundung zum Schluß gebraucht werden, lassen sie sich auch auf solche Aufträge ein. In dem Fall, in dem sie Lebensmittel einkaufen, gibts anschließend z.B. ein riesiges Fest, auf dem dann fürstlich getafelt wird. Projekt bedeutet deshalb immer, die Aktionen und ihre Teile auf ein gemeinsames Ziel hin zu orientieren. Dieses Ziel muß für die Kinder nützlich und attraktiv sein. Und für die Erzieher müssen die Wege zum Ziel Situationen beinhalten, in denen ihre Erziehungsziele in spielerischer Form umgesetzt werden und sich für die Kinder glaubhaft und erstrebenswert darstellen."

Christa: „Und woher wollt Ihr wissen, was die Kinder gerne machen? Wie wollt Ihr das denn überhaupt machen? Ihr wißt ja gar nicht, was bei uns los ist. Meint Ihr, Ihr könntet in die Werkstatt? Nur über die Leiche vom Nagel, unserem Hausmeister. Oder in die Küche? Nur mit einem Gesundheitspaß. Sie wird bewacht, keiner von uns war im letzten $^1/_4$ Jahr 'mal drin."

Teamer: „Ja, das sind Fragen, die wir zusammen klären müßten. Wir haben eine Skizze mitgebracht, die die Bereiche aufführt, die für eine Konstruktion von Aktionsprojekten von uns gemeinsam bearbeitet werden. Gib die Blätter doch 'mal weiter, bitte."

In der folgenden halben Stunde sind die Erzieher und Teamer damit beschäftigt, die graphische Darstellung (s. S. 160) zu deuten. Fragen und Erklärungen gehen hin und her. Schließlich erlahmt die Aufmerksamkeit an dem Papier, und Wolfgang ist es wieder, der fragt, ob sie sich denn jetzt für oder gegen ein Aktionsprojekt entscheiden könnten.

Axel: „Also ich kann mich noch nicht entscheiden, mir fehlt noch die Vorstellung, wie dies bei uns aussehen könnte (dabei schmunzelt er), oder, wie das kluge Papier hier sagt: die Projektidee. Solange die so im Nebel bleibt, ist mir das alles immer noch zu abstrakt."

Teamer: „Wir möchten mal einen Vorschlag machen. Auch uns ist die Sache noch zu undurchsichtig. Wenn Ihr dazu bereit wärt, uns einmal die wichtigsten Probleme zu nennen, die Ihr mit den Kindern habt, die Ihr bei den Kindern seht, kämen wir

ARBEITSBOGEN FÜR DIE KONSTRUKTION VON
AKTIONSPROJEKTEN [4]

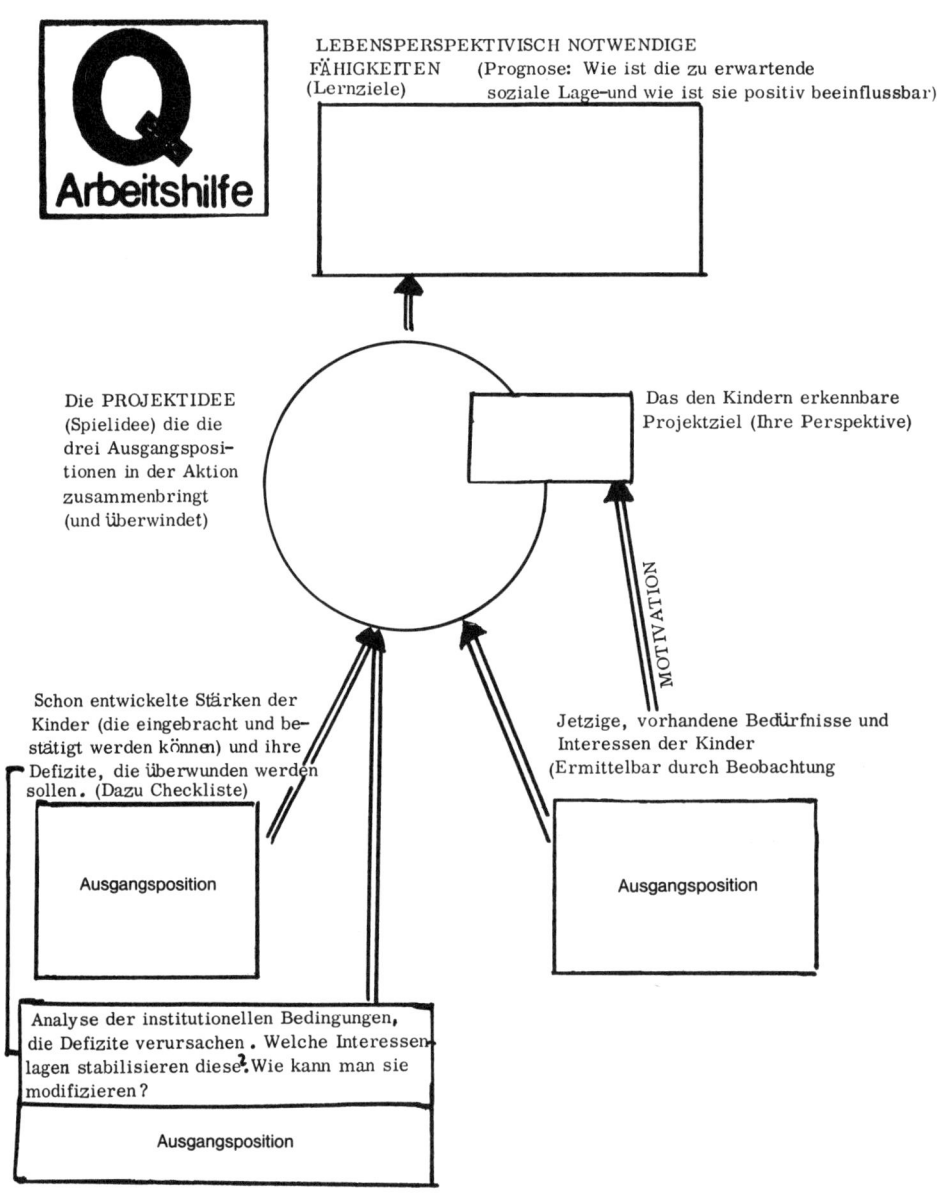

LEBENSPERSPEKTIVISCH NOTWENDIGE
FÄHIGKEITEN   (Prognose: Wie ist die zu erwartende
(Lernziele)   soziale Lage–und wie ist sie positiv beeinflussbar)

Die PROJEKTIDEE
(Spielidee) die die
drei Ausgangsposi-
tionen in der Aktion
zusammenbringt
(und überwindet)

Das den Kindern erkennbare
Projektziel (Ihre Perspektive)

MOTIVATION

Schon entwickelte Stärken der
Kinder (die eingebracht und bestätigt werden können) und ihre
Defizite, die überwunden werden
sollen. (Dazu Checkliste)

Jetzige, vorhandene Bedürfnisse und
Interessen der Kinder
(Ermittelbar durch Beobachtung

Ausgangsposition

Ausgangsposition

Analyse der institutionellen Bedingungen,
die Defizite verursachen. Welche Interessenlagen stabilisieren diese? Wie kann man sie
modifizieren?

Ausgangsposition

---

4 QuaBS 3. Arbeitshilfe

schon ein bißchen weiter. Damit es aber nicht eine Klagestunde wird, bitten wir Euch, auch die Vorlieben und Fertigkeiten der Kinder zu nennen, damit wir einen weiteren Anhaltspunkt bekommen. Wir werden alles auf eine große Wandzeitung schreiben, damit nichts verloren geht und jeder auf einen Blick weiß, worüber wir schon diskutiert haben."

Wolfgang: „Ihr Gauner wollt schon mit der Fortbildung anfangen was? Ich hab nichts dagegen, ich will auch, daß es konkret wird, also hängt Eure Wandzeitung auf. Vorbereitet habt Ihr Euch ja, muß man Euch lassen. Am besten fange ich gleich 'mal an. Was mir am meisten auf den Geist geht, ist das Hausaufgabenproblem. Fehler machen die, unglaublich. Unkonzentriert sitzen sie da 'rum und malen Männchen. Eh, wieso schreibst Du bei Vorlieben „Malen" hin, so meinte ich das gar nicht."

Teamer: „Ich dachte, daß wir auch aufschreiben wollen, was sie gerne machen. Und wenn sie gerne Männchen malen?"

Nora: „Doch, stimmt, malen tun sie eigentlich alle gern. Norbert, der Neue, der malt sogar richtige Comics."

Christa: „Ja, ja, wir haben noch mehr Talente. Christian hat eine Karikatur von seinem Meister gemacht, echt gut."

Wolfgang: „Ja, aber schreiben können sie nicht, hauen sofort ab. Ist ihnen auch egal, ob sie Fehler machen."

Monika: „Nun mach sie 'mal nicht zu schlecht. Als ich die Schreibmaschine 'rübergeholt habe, um den Erziehungsbericht sauber abzutippen, da wollten sie fast alle dran und haben dann wild herumgetippt und mich gefragt, was sie schreiben könnten. Ich habe dann gesagt, sie sollten die Hausaufgaben machen, da haben sie gemault und gesagt: „Mit Schreibmaschine würden wir ja, aber das dürfen wir nicht."

Axel: „Stimmt, wenn sie an etwas interessiert sind, konzentrieren sie sich auch. Mir stinkt, daß uns die Kinder wie den letzten Dreck behandeln, aber wenn sie mal an den Leiter oder einen Fremden geraten, stottern sie 'rum und benehmen sich wie die Doofen."

Nora: „Ich finde, sie gucken zuviel Fernsehen, sogar das Werbeprogramm. Die können die ganze Reklame auswendig. Neulich sind sie mit einem Stock herumgewetzt und haben sich gegenseitig interviewt: „Welche Wäsche ist weißer?" Zum Schluß gab's mehr Interviewer als Interviewte. Sie müßten sich mal wieder freuen können, auf irgendetwas, die hängen nur herum und konsumieren."

So geht es noch eine Zeitlang weiter. Die Teamer schreiben alles auf und stellen Fragen, wenn sie etwas nicht verstehen. Plötzlich, ohne genau zu wissen, wer es nun eigentlich eingebracht hat, bildet sich die Idee heraus, das Aktionsprojekt könne eine „Heimzeitung" sein.

Wir möchten jetzt die Kollegen aus dem „Schlaraffenland" wieder verlassen und Ihnen auf den folgenden Seiten einmal beispielhaft vorführen, wie eine Planung des Aktionsprojektes „Heimzeitung" aufgebaut sein kann.

Aktionsprojekt «HEIMZEITUNG»[5]

Vorarbeit I.   VEREINHEITLICHUNG DES VORGEHENS DER KOLLEGEN

* Im Heim ist die Idee entstanden, eine Heimzeitung zu produzieren.

* Die Idee wird auf mehreren Hausbesprechungen diskutiert. Die Erzieher beschließen, dieses Zeitungsprojekt v o r Beginn genau zu planen, um ihre pädagogischen Zielsetzungen verwirklichen zu können.

* Eine Gruppe von Kollegen erklärt sich bereit, die Aktion verantwortlich zu planen und zu realisieren.

* Es wird festgelegt, daß alle Kollegen des Heims und der Leiter über das Vorhaben informiert werden. Dabei werden möglichst alle Kollegen zur Mitarbeit aufgefordert.

* Die Kollegen, die sich nicht beteiligen wollen, müssen dem Projekt zumindest passiv abwartend, aber nicht behindernd gegenüberstehen.

* Die fortlaufende Information aller Kollegen muß während des gesamten Projekts gewährleistet sein.

* Bei der Planung darf die Heimleitung nicht übergangen werden. Sie muß eventuell den Heimträger informieren.

* Das Ausmaß des Arbeitsaufwandes muß für alle Kollegen deutlich sein und diskutiert werden.

* Ebenso muß der Materialaufwand kalkuliert werden (die Kosten richten sich nach den Qualitätsansprüchen und dem "Talent zu organisieren").

* Es wird festgelegt, von wem und bis zu welchem Termin projekt-vorbereitende Arbeitsschritte übernommen werden können.

* WICHTIG: WÄHREND DIESER VORARBEITEN WERDEN DIE KINDER NOCH NICHT INFORMIERT !

---

5 QuaBS 2. Überarbeitete Arbeitshilfe „Heimzeitung"

Vorarbeit II. LISTE DER BEDINGUNGEN IM HEIM, DIE FÜR DAS AKTIONSPROJEKT VON BEDEUTUNG SIND

* Die Bedingungen im Heim müssen im Hinblick auf die Verwirklichungschance des Projekts betrachtet werden. Die Kriterien für die Beurteilung der Bedingungen ergeben sich aus der pädagogischen Ziel-
setzung des Projekts.
In bestimmten Fällen können diese Bedingungen bzw. ihre positiven
oder negativen Auswirkungen auch der Auslöser für das Projekt sein.

Folgende Bedingungen sollten untersucht und festgehalten werden:

* Größe des Gesamtheims und der Gruppen;

* Anzahl der Jungen und Mädchen; Altersverteilung;

* die zu erwartende Aufenthaltsdauer der Kinder;

* Welche Kinder sollen für die Erstellung der Heimzeitung gewonnen
werden ?

* Welche Fähigkeiten und Fertigkeiten sind bei den Kindern bereits
vorhanden; welche sollen im Projekt gelernt werden?
(Präzisierung der Erziehungsziele!)

* Beziehungen, Kontakte und Verhältnis zu Nachbarn, Schule, Eltern,
anderen Heimen, Freizeitheimen, Sportvereinen.......;

* Welche Fähigkeiten und Fertigkeiten sind im Hinblick auf das geplante
Projekt bei den Erziehern vorhanden; welche Spezialkenntnisse müssen
sie sich noch aneignen; welche Fachleute können ihnen dabei helfen?

* Welcher Zeitpunkt ist für die Durchführung des Projekts am geeignetsten? (Urlaub, Feiertage, Krankheit, Überstunden u.s.w.)

* Kalkulation des Projektumfangs (Dauer) und Aufteilung in einzelne
Planungs- und Ablaufphasen;

* Bestimmung der Modalitäten und Heimgremien zur fortlaufenden Information aller Kollegen;

* Festlegung regelmäßiger Termine, zu denen sich die projekt-vorbereitende Erziehergruppe trifft;

* Aufstellung einer Übersicht über die schon vorhandene Ausstattung
mit Maschinen und Material, über Bargeld für kurzfristige Ausgaben,
über vorhandene Räume, die für die Dauer des Projekts zur Verfügung
stehen etc.;

* WICHTIG: WELCHE KONFLIKTE KÖNNTE EIN SOLCHES PROJEKT IM HEIM AUS-
LÖSEN BZW. WELCHE BESTEHENDEN KÖNNEN EINFLUSS AUF DAS PROJEKT
NEHMEN ?

Vorlaufphase

<div style="writing-mode:vertical">AKTIONS – EBENE</div>		<div style="writing-mode:vertical">KONTROLLE DER VORHERIGEN PHASE, ERGEBNISSE BEACHTEN, WEITER!</div>
<div style="writing-mode:vertical">ORGANISATORISCH – PÄDAGOG. PLANUNG</div>	Analyse der bestehenden Gruppenstrukturen und vorhandenen Interessen der Kinder - Welche Hobbys, an die man anknüpfen kann, haben die Kinder? Was macht ihnen Spaß? - Gibt es schon bestehende Interessengruppen, die in das Projekt integriert werden können? - Wie können Außenseiter beteiligt werden? - Gibt es konkurrierende Gruppierungen bzw. einzelne Kinder, die andere körperlich oder verbal unterdrücken? - Gibt es unter den Kindern Freundschaften, die im Ablauf des Projekts berücksichtigt werden müssen?	
<div style="writing-mode:vertical">ANREIZE ZUR MOTIVATION</div>		
<div style="writing-mode:vertical">LERNMÖGLICHKEITEN FÜR DIE KINDER</div>		
<div style="writing-mode:vertical">MATERIAL – PLANUNG</div>	Das benötigte Material muß gesichert werden, d.h., es muß entweder schon im Heim vorhanden oder bei Bedarf ohne Umstände zu kaufen sein. Dabei muß die Frage, wo sich das Geschäft befindet, vorher geklärt werden.	

Animationsphase I.

AKTIONS – EBENE		Spielerisches Einführen von Materialien und Techniken durch gezielte Freizeitangebote.	KONTROLLE DER VORHERIGEN PHASE, ERGEBNISSE BEACHTEN, DANN WEITER !
ORGANISATORISCH – PÄDAGOG. PLANUNG		Es müssen Situationen hergestellt werden, in denen die Erzieher nicht direkt für eine Heimzeitung werben, sondern durch die Attraktivität eines leicht herzustellenden Produkts und/oder durch die Möglichkeit der Kinder, sich selbst darzustellen, diese zum Mitmachen motivieren. Die Aktivitäten sollten sich auf das geplante Projekt beziehen. Die Erzieher stellen nur die Materialien zur Verfügung und helfen den Kindern beim technischen Umgang mit diesen. Die thematische Wahl bleibt den Kindern überlassen.	
ANREIZE ZUR MOTIVATION		Kurzfristig erreichbare Erfolgserlebnisse durch beschränkte Gruppen- oder Einzelaktionen wie z.B.: Herstellung von Fotos, Collagen, Zeichnungen, Bilderrätsel, Puzzle, Plakaten, Wandzeitungen u.s.w. Weiter können verschiedene Drucktechniken geübt werden (z.B. Kohlepapier, Spiritusmatritzen, Linolschnitte, Kartoffeldrucke, Frottagen). Die Produkte werden aufgewertet durch Wettbewerb und Präsentation in den Gruppen.	
LERNMÖGLICHKEITEN FÜR DIE KINDER		Kennenlernen von Materialien und deren Bearbeitung.	
MATERIAL – PLANUNG		Graphische Erzeugnisse und Werkzeuge; Fotopapier, Filme, Kameras und Fotochemikalien; Matritzen, Spiritus, Abzugspapier, Abzugsmaschine; Linolschnittkasten; Farben, Papier, Bleistifte, Buntstifte, Filzer, Kohlepapier; Kartoffeln, Messer.	

Animationsphase II.

AKTIONS – EBENE	Verschiedene Aktionsformen sind möglich, etwa: Ferienfahrt oder Ausflüge; Heimfest mit Eltern, Nachbarn, befreundeten Kindern außerhalb des Heims.	**KONTROLLE DER VORHERIGEN PHASE, ERGEBNISSE BEACHTEN, DANN WEITER !**
ORGANISATORISCH – PÄDAGOG. PLANUNG	Es muß ein außergewöhnliches Erlebnis oder Ereignis sein, das mitteilens- bzw. darstellenswert ist für die Teilnehmenden, die anderen Kinder und Erzieher im Heim, für Eltern, Schule oder die Nachbarschaft. In den Gruppen werden Zeitungen anderer Heime verteilt, um das Interesse der Kinder auf das geplante Vorhaben zu lenken.	
ANREIZE ZUR MOTIVATION	Anreiz ist hier das <u>tatsächliche</u> und vermutete Interesse derjenigen, denen gegenüber die Erlebnisse dargestellt werden sollen. Darüberhinaus wirken die Aktivitäten wie z.B. Photoserien herstellen, die Produktion von Collagen und Wandzeitungen motivationsbildend. Außerdem kann die Auslage von fertigen Zeitungen aus anderen Heimen anregen, eigene Versuche in dieser Richtung zu übernehmen.	
LERNMÖGLICHKEITEN FÜR DIE KINDER	Erfahrungen der eigenen Kreativität und Produktivität; verschiedene Darstellungsmöglichkeiten beherrschen, z.B. Photographieren.	
MATERIAL – PLANUNG	Zusätzlich: Packpapier, alte Zeitschriften, Scheren, Klebstoff, Exemplare anderer Heimzeitungen.	

Phase I.

AKTIONS – EBENE	Gründungssitzungen der Redaktionsmitglieder	
ORGANISATORISCH – PÄDAGOG, PLANUNG	Vorankündigung der Redaktionssitzung(en) an zentraler Stelle im Heim (Plakate). Was mit den Kindern besprochen werden muß: - Wozu eine Heimzeitung? - Was soll drinstehen? - Wer darf in der Zeitung schreiben (auch Erzieher)? - Wer soll sie lesen? - Wieviele Seiten soll die erste Ausgabe haben? - Name der Zeitung (Preisausschreiben)? - Verkaufspreis der Zeitung (Erzieher zahlen mehr)? - Bestimmung der Redaktionsmitglieder, des Redaktions-raums und der Sitzungstermine.	**KONTROLLE DER VORHERIGEN PHASE, ERGEBNISSE BEACHTEN, DANN WEITER !**
ANREIZE ZUR MOTIVATION	- Gruppenerlebnis (wir sind wichtig!) - Selbstdarstellung (eigene Fähigkeiten werden benötigt)	
LERNMÖGLICHKEITEN FÜR DIE KINDER	- Verhalten in Gruppen; - Gruppendiskussionen führen; - Vereinheitlichung auf ein gemeinsames Ziel; - Entscheidungen fällen; - Interessen artikulieren und vertreten	
MATERIAL – PLANUNG	- Plakate; - Packpapierrollen oder große Papierbögen zum Festhalten der Diskussionsinhalte während der Sitzungen (möglichst keine Tafel wegen der Ähnlichkeit mit Schulsituationen benutzen!); - Tesakrepp zum Befestigen des Papiers an der Wand; - dicke Filzstifte; - eigener Raum zum Aufbewahren des Materials; - Türschild "Redaktionsraum"; - Briefkasten für die Redaktionspost.	

Phase II.

AKTIONS – EBENE	Material für Artikel (Reportagen) sammeln		
ORGANISATORISCH – PÄDAGOG. PLANUNG	Erlebnisberichte der Kinder (z.B. die Aktionen aus der "Animationsphase" II); Sport, Witze, Interviews, Hobbys von Kindern und Erziehern, Anzeigen, Photos, Karikaturen, Linolschnitte, Comics, Veranstaltungskalender.		**KONTROLLE DER VORHERIGEN PHASE, ERGEBNISSE BEACHTEN, DANN WEITER !**
ANREIZE ZUR MOTIVATION	Zugehörigkeit zur Redaktionsgruppe; eigener Beitrag zum Produkt; Zuschreibung von Kompetenzen; Übernahme attraktiver Rollen; Bewußtsein, "etwas zu können".		
LERNMÖGLICHKEITEN FÜR DIE KINDER	Kenntnisse verschiedener graphischer Techniken vertiefen; Preise kalkulieren; Informationen sammeln und verwerten; Interviews durchführen; technische Manipulationsmöglichkeiten kennenlernen; Abbau von Ängsten im Umgang mit fremden Personen.		
MATERIAL – PLANUNG	Zusätzlich: Schreibmaschinen (möglichst alt und einfach, damit man sich darauf austoben kann); Zeichenmaterial; Buntpapier zum Proben des Lay-out; Cassettenrecorder für Interviews (einfache Geräte mit automatischer Aussteuerung und Stop-Taste am Mikrophon); Cassetten-Photoapparate; Filmcassetten in Schwarz-Weiß; Linolschnittkasten für die Herstellung des Titelseitenklischees; Leitz-Ordner zum Sammeln der Artikel und Produkte.		

168

Phase III.

		Technische und kaufmännische Organisation	
AKTIONS – EBENE		Technische und kaufmännische Organisation	**KONTROLLE DER VORHERIGEN PHASE, ERGEBNISSE BEACHTEN, DANN WEITER !**
ORGANISATORISCH – PÄDAGOG. PLANUNG		- Was braucht man unmittelbar zur Herstellung einer Zeitung? - Wo bekommt man es her? (Einkauf mit den Kindern) - Wie teuer ist es? (Preisvergleich) - Ist der vorgesehene Verkaufspreis realistisch? (genaue Kalkulation mit den Kindern machen) - Wer wird für Kassen- und Buchführung verantwortlich gemacht? - Was ist dabei zu beachten?	
ANREIZE ZUR MOTIVATION		Besuch einer Druckerei; Aufwertung der einzelnen Kinder durch Übernahme von Verantwortlichkeiten und Funktionen.	
LERNMÖGLICHKEITEN FÜR DIE KINDER		Verbindliches Handeln gegenüber der Gruppe wird eingeübt; durch den Kontakt mit der Berufswelt lernen die Kinder reale Berufsbilder kennen; sie werden ermutigt, professionelle Standarts zu übernehmen. Umgang mit Geld.	
MATERIAL – PLANUNG		Druckmaschine, die ständig verfügbar ist (billiges Verfahren, "Spirit-Carbon"). Danach richtet sich das zu verwendende Papier und die Matritzen (Spiritus- oder Wachsmatritze). Korrekturlack; Ordner zur Aufbewahrung der Matritzen bis zum Druck; Kasse, Kassenbuch, Rechnungsbelegablage.	

Phase IV.

AKTIONS – EBENE	Artikel schreiben		**KONTROLLE DER VORHERIGEN PHASE, ERGEBNISSE BEACHTEN, DANN WEITER !**
ORGANISATORISCH – PÄDAGOG. PLANUNG	Die Kinder schreiben allein, zu zweit oder in Gruppen mit oder ohne Hilfe der Erzieher; die Kinder diktieren sich untereinander oder den Erziehern ihre Artikel; die Erzieher können auch eigene Artikel schreiben; Bildkommentare werden erstellt.		
ANREIZE ZUR MOTIVATION	Beherrschung von "Erwachsenen"-Techniken (Schreibmaschine schreiben); in der Gruppe Erzeugnisse probeweise gegenseitig vorstellen; erster Produktstolz.		
LERNMÖGLICHKEITEN FÜR DIE KINDER	Verständliche Formulierungen nach den Regeln der Orthographie und Grammatik; perspektivisches Denken (im Hinblick auf das Interesse des Lesers); Aneignung von Wissensgebieten, die für den Artikel wesentlich sind; Herstellung eines Gruppenproduktes (Arbeitsteilung, Wir-Gefühl, Gruppenidentität).		
MATERIAL – PLANUNG	Material wie zuvor, zusätzlich: Tesa-Film, Uhu, Hefter, Locher. <u>WICHTIG:</u> ES IST DARAUF ZU ACHTEN, DASS ALLE MATERIALIEN IN GENÜGENDER MENGE VORHANDEN SIND !		

Phase V.

AKTIONS – EBENE	Redaktionskonferenz zur Auswahl der Artikel	
ORGANISATORISCH – PÄDAGOG. PLANUNG	Autonomie der Gruppe gewährleisten, wenn z.B. Zensur durch Heimleiter oder Erzieher versucht wird; Überprüfung von außen herangetragener Vorschläge (Redaktionsbriefkasten); die Kinder der Redaktionsgruppe wählen gemeinsam die für den Druck bestimmten Artikel aus. Hierbei ist von den Erziehern darauf zu achten, daß sich nicht nur einige wenige durchsetzen, sondern daß möglichst jeder wenigstens einen Artikel oder einen anderen Beitrag unterbringen kann (Hinweis auf Vielseitigkeit der Meinungen).	**KONTROLLE DER VORHERIGEN PHASE, ERGEBNISSE BEACHTEN, DANN WEITER !**
ANREIZE ZUR MOTIVATION	Zuschreibung von Entscheidungskompetenz in der Gruppe; Erleben, ernst genommen zu werden.	
LERNMÖGLICHKEITEN FÜR DIE KINDER	Überprüfung der Plausibilität (Ziele) der Beiträge und Auswahl der entsprechenden Artikel; Erprobung von Konfliktlösungsstrategien; Diskussion, Entscheidungen und Disziplin in Gruppen.	
MATERIAL – PLANUNG	Packpapier; bunte Schreiber (zur Kennzeichnung der Artikel); große, freie Wandflächen zum Aushängen der ausgewählten Artikel, um die Reihenfolge der Beiträge zu bestimmen.	

Phase   VI.

AKTIONS – EBENE	Letzte Redaktionsarbeiten und Produktion der Zeitung	**KONTROLLE DER VORHERIGEN PHASE, ERGEBNISSE BEACHTEN, DANN WEITER !**
ORGANISATORISCH – PÄDAGOG. PLANUNG	Überschriften wählen und graphisch gestalten; auf Matrizen tippen nach den Erfordernissen des Lay-out; evtl. Dunkelkammerarbeit, um Matrizen für Rotaprint-Druckmaschinen vorzubereiten; Drucken der Matrizen; Aussortierung von Fehldrucken; evtl. Bildseiten außerhalb des Heims drucken lassen; Sortieren der Seiten in der vorgesehenen Reihenfolge; Zusammenheften der Zeitung; nicht vergessen: Aufräumen des Arbeitsraumes !	
ANREIZE ZUR MOTIVATION	Erste, fertige Produkte eigener Arbeit werden begutachtet (Stolz auf das gemeinsame Erzeugnis); Vervielfältigung der eigenen Arbeit (meinen Artikel mit meinem Namen gibt es x-mal); Anerkennung von Kindern und Erziehern durch eine gemeinsame kleine Feier (Selbstbelohnung).	
LERNMÖGLICHKEITEN FÜR DIE KINDER	Umgang mit Druckmaschinen; graphische Gestaltung; der materialgerechte Umgang mit allen zur Zeitungsherstellung benötigten Materialien und Werkzeugen wird vertieft; Vorteile von Gruppenarbeit; Erfahrung, daß eine Idee Wirklichkeit werden kann; Arbeit und Anstrengungen können Spaß machen; Erzieher sind wertvolle Ratgeber und Anleiter.	
MATERIAL – PLANUNG	Schablonen; Papier im Format der Zeitung (für Lay-out); für das Druckverfahren passende Matrizen; großflächige Tische; Hefter; Klammergerät; Scheren; Klebeband. ALLES IN AUSREICHENDER MENGE !	

172

Phase VII. | Phase VIII.

AKTIONS-EBENE	Vertrieb, Verteilung, Verkauf der Zeitung		Die zweite Ausgabe der Zeitung vorbereiten
ORGANISATORISCH-PÄDAGOG, PLANUNG	Die Aktion muß sichtbar sein; Verkauf in Gruppen; Einrichtung eines Verkaufsstandes; Aufruf zu Leserbriefen; Hinweis auf den Redaktionsbrief-kasten; Bekanntgabe einer Kontaktperson zur Redaktion; Anregung zur Diskussion über die Beiträge, indem die Erzieher und Kinder gemeinsam lesen.	**KONTROLLE DER VORHERIGEN PHASE, ERGEBNISSE BEACHTEN, DANN WEITER !**	
ANREIZE ZUR MOTIVATION	Präsentation des fertigen Produkts Selbstdarstellung der Gruppe nach außen; Aussicht auf Anerkennung und Beachtung; Erfolge sind wiederholbar; Was geschieht jetzt mit dem "verdienten" Geld?		
LERNMÖGLICHKEITEN FÜR DIE KINDER	Erfahrung, daß eine kontinuierliche Arbeit zum Erfolg führt und für andere interessant ist; Umgang mit Geld; Kassenabrechnung; Einblick in eine berufsähnliche Arbeit.		
MATERIAL-PLANUNG	Verkaufsstand (an einem zentralen Punkt des Heimes, hergestellt aus Karton, oder an einem Türdurchgang gelegen); Werbeplakate, grell bemalt; verschließbare Kasse.		

173

Sie werden nach gründlichem Studium des vorgelegten Prozeßablauf-Schemas möglicherweise einwenden: Und all das soll bei der Planung und Durchführung eines Aktionsprojekts berücksichtigt werden? Wo bleibt da noch Raum für Spontaneität? Sollen die Kinder und Jugendlichen denn vollkommen „verplant" werden? Demgegenüber ist zu betonen, daß es sich hierbei um ein idealtypisches *Modell* handelt, in dem möglichst viele Faktoren und Eventualitäten, die im Prozeß der gesamten Durchführung eine Rolle spielen können, aufgeführt sind. Das bedeutet keinesfalls, daß ein Projekt – in diesem Fall die Produktion einer Heimzeitung – in der dargestellten Weise und nicht anders gestaltet werden *muß*. Die einzelnen Ebenen (vertikal) und Ablaufphasen (horizontal) sollten als ineinander übergehend und durchlässig betrachtet werden, wobei insbesondere die genaue Einhaltung einer bestimmten Reihenfolge des Vorgehens nicht zwingend ist. Die verschiedenen Aktionselemente *können* also auch in einer anderen, modifizierten Anordnung durchgeführt werden. Dies wird sich in erster Linie nach der konkreten Problemlage im Heim und den pädagogischen Zielen und Intentionen zu richten haben. Insofern eröffnen sich genügend Spielräume für die Entwicklung von Spontaneität und Phantasie.

Da sich jenseits der Pädagogik des Zwangs, der Appelle, des Gehorsams oder der von Liebesvergabe und Liebesentzug kein Niemandsland befindet, sondern ein Bereich sorgfältiger Planung von Umweltbedingungen und Herausforderungen, sollten allerdings die einzelnen Phasen des Gesamtprojekts so umfassend wie nur irgend möglich geplant werden. Dies trifft im besonderen für die anfängliche, die Motivierungsphase von Projekten zu. Hier muß die didaktische Planung nahezu total sein – damit sie dann um so rascher überflüssig werden kann.

Um Kinder/Jugendliche auf Dauer zur aktiven Auseinandersetzung mit ihrer Umwelt zu motivieren, ist es die vordringlichste Aufgabe der Pädagogen, in ihren Einrichtungen Bedingungen herzustellen, die es den Bewohnern ermöglichen, sich schon morgens beim Wachwerden auf den kommenden Tag, auf Morgen, die nächste Woche, das nächste Jahr zu freuen[6]. Die didaktische Planung muß deshalb Handlungsmöglichkeiten für die Interessen der Kinder/Jugendlichen so anlegen, daß in ihnen der provozierende Anlaß zur nächsten schon enthalten ist. Dies kann aber nur erfolgen, wenn die Minderjährigen sich durch ihre gegenständlich-ändernde Tätigkeit als Ursache von beabsichtigten und erfolgreichen Wirkungen erleben. Die sich schrittweise, aber immerhin sichtbar vollziehenden Erfolge der Kinder/Jugendlichen werden jedoch auch gleichzeitig zum Erfolgsmaßstab einer planvollen Erziehungsarbeit der Pädagogen. So können die Erzieher durch die Entwicklung von Perspektiven für ihre Kinder/Jugendlichen ihre eigenen beruflichen Perspektiven einschätzen und bestimmen.

---

6 Vgl. A. S. Makarenko: Ausgewählte pädagogische Schriften, S. 92 ff., Berlin (DDR)

Sie werden vielleicht schon gemerkt haben: Ein Aktionsprojekt ist im Prinzip nichts Neues; nur die Zusammenfassung altbekannter pädagogischer und psychologischer Erkenntnisse zum Zweck ihrer gezielten Anwendung; ein sorgfältig entworfenes Paket von motivierenden Anreizen, materiellen Angeboten, sozialen Arrangements und technisch-qualifizierenden Herausforderungen.

Dieses Paket soll Wirkungen hervorrufen, Wirkungen auf die Kinder/Jugendlichen. Sie sollen eine Chance gewinnen.

- sich in neuen Rollen zu erfahren;
- neue Kontakte zu schließen und alte in neuem Licht zu sehen;
- eigene Fähigkeiten und Fertigkeiten zu entdecken und auszubauen;
- die Ursachen von Begrenzungen ihrer Möglichkeiten zu erkennen und Wege herauszufinden, wie man die Grenzen zu den eigenen Gunsten verschieben kann;

kurzum: Die Kinder/Jugendlichen sollen sich als URSACHE VON WIRKUNGEN erleben, ebenso wie die Erzieher[7].

Bei der Betrachtung unseres Modells für ein Aktionsprojekt dürfte Ihnen nicht verborgen geblieben sein, daß in ihm beinahe ebensoviele Schwierigkeiten wie Planungs- und Durchführungsschritte enthalten sind, so daß die Frage naheliegt:

Und wenn die Kinder nicht wollen?

Während der Anfangsphase dürfen niemals Aktionen angekündigt werden, deren Verwirklichung nicht personell und materiell garantiert ist!

Trotz intensiver und guter Vorbereitung wird es sich jedoch mit Sicherheit nicht vermeiden lassen, daß bisweilen Hindernisse auftauchen, die den Weg zum Projektziel erheblich blockieren. In diesen kritischen Situationen besteht nach unseren Erfahrungen oft die gefährliche Tendenz, das Aktionsprojekt insgesamt abzubrechen. Eine häufig zu beobachtende Bereitschaft zur vorschnellen Kapitulation, auch nur bei geringen Anlässen, vermag nicht zu verwundern: Viele – und gerade die in besonderer Weise engagierten – Erzieher haben sich mittlerweile, bewußt oder unbewußt, an die eigene Erfolglosigkeit und Perspektivelosigkeit ihrer beruflichen Anstrengungen derart gewöhnt, daß sie unverhofft auftretende Schwierigkeiten bereitwillig zum Anlaß nehmen, sich wiederum und aufs neue ihren Mißerfolg zu bestätigen. Sie glauben mehr oder weniger fest an die Vergeblichkeit ihrer ständigen Bemühungen und lösen sich mit den Worten: „Ich habe es ja gleich gewußt, daß das nicht geht!" ihre vorher behaupteten Prophezeihungen (self-fullfilling prophecy) ein. Da pädagogische Erfolgsresultate ohnedies nur schwer zu demonstrieren sind, geraten sie in ein Karussell sich ununterbrochen wiederholender Mißerfolgserlebnisse.

Warum soll man dann noch weitermachen, wenn die unternommenen Anstrengungen doch nicht zum Ziel führen?

---

7 QuaBS 3. Arbeitsmaterialien 4/5

Es kommt daher darauf an, diesen Kreislauf zu durchbrechen. In einem Aktionsprojekt könnte dies in der Weise geschehen, daß die Erzieher schon im Anfangsstadium des Projektentwurfs eine Liste der eventuell zu erwartenden Konflikte aufstellen und deren Lösungsmöglichkeiten erörtern. Wenn das Projekt jedoch bereits angelaufen ist, empfiehlt es sich, bei auftauchenden Hindernissen durch den Vergleich der Planung mit den „mißlungenen" Aktionen kurzfristige Fehlerquellen zu erforschen.

 Die ständige Überprüfung und Korrektur des Projektplans ist notwendiger Bestandteil der Methode, soweit dadurch nicht das Projektziel in Frage gestellt ist. Das flexible Reagieren auf Behinderungen in der konkreten Situation ist eine der wesentlichen Erfahrungen, die im Prozeß selbst gelernt werden müssen.

 Dabei sollten auch scheinbare Umwege in Kauf genommen werden; denn es ist wichtiger, daß der einmal begonnene Prozeß weitergeht, als daß der vorgesehene Zeitplan eingehalten wird. Sie sollten sich vor Augen halten, daß Sie Zeit haben und nicht unbedingt alles an einem Tag oder in einer Woche erreichen müssen.

 Wir möchten Ihnen darüberhinaus empfehlen, daß Sie sich bei einem ersten Versuch dieser Art fachkundige Beratung von Leuten ins Haus holen, die schon über Erfahrung im Umgang mit der Projektmethode verfügen. Sie gehen dadurch nicht nur der anfangs auftretenden Mehrbelastung aus dem Wege, sondern können sich auch die inhaltliche Arbeit beträchtlich erleichtern.

 Für den Fall, daß es uns gelungen ist, Sie zu ermutigen, ein ähnliches oder auch ein ganz anderes Aktionsprojekt (z. B. Stadtspiel oder Bau eines Heimradios) in ihrer Einrichtung zu planen und durchzuführen, haben wir ein unbearbeitetes Schema erstellt, das Sie auf den folgenden Seiten finden. In diesem Zusammenhang machen wir Sie noch einmal auf die Frage- und Einschätzungsbögen in den vorangegangenen Kapiteln aufmerksam, die sie bei der Analyse der bei Ihnen vorfindlichen Heimbedingungen verwenden können.

Zum Schluß halten wir noch eine wesentliche Einschränkung für angebracht. Aktionsprojekte können selbstverständlich nicht unbegrenzte Wirkungen entfalten. Sie sind dort angebracht, wo es darum geht, die Routine und Selbstverständlichkeiten im Heimalltag durch neue Aktivitäten und Aktionsformen aufzubrechen und insofern einen Teil der Defizite verursachenden Bedingungen zu verändern. Sollte diese Absicht gelingen, so wäre schon Beträchtliches erreicht.

Wir gehen allerdings davon aus, daß Aktionsprojekte zwar heiminterne Reformen in den jeweiligen Einrichtungen in Gang setzen bzw. vorantreiben, nicht jedoch die politische Arbeit zur Verbesserung des Jugendhilfesystems insgesamt ersetzen oder gar überflüssig machen können. Die Veränderung der politischen Machtverhältnisse, die das derzeitige System der Jugendhilfe konstituieren, ist durch Reformen im Heimbereich nicht zu erwarten. Dazu bedarf es vielmehr der politischen Organisation der Arbeitnehmerinteressen in beruflichen, gewerkschaftlichen oder anderen politischen Organisationen!

Weiterführende Literatur:
C. FREINET: Die moderne französische Schule, Paderborn 1965.
P. FREIRE: Pädagogik der Unterdrückten, Reinbek 1973.
DERS.: Erziehung als Praxis der Freiheit, Stuttgart 1974.
Eine gute Zusammenfassung über projektorientiertes Lernen finden Sie in der Zeitschrift
betrifft:erziehung
Heft 1 1975 S. 26–39

HINWEIS:
Für weitere Informationen steht Ihnen die „Qualifizierungsvereinigung Berliner Sozialpädagogen e. V." (QuaBS) zur Verfügung.
Neue Adresse: c/o Wolfgang Eschenhorn
               Neue Kantstr. 31
               1000 Berlin 19

Aktionsprojekt

Vorarbeit   I.   VEREINHEITLICHUNG DES
VORGEHENS DER KOLLEGEN

178

Vorarbeit II. LISTE DER BEDINGUNGEN IM HEIM,
DIE FÜR DAS AKTIONSPROJEKT VON
BEDEUTUNG SIND

Vorlaufphase

	AKTIONS – EBENE	ORGANISATORISCH – PÄDAGOG. PLANUNG	ANREIZE ZUR MOTIVATION		
				LERNMÖGLICHKEITEN FÜR DIE KINDER	MATERIAL – PLANUNG

KONTROLLE DER VORHERIGEN PHASE, ERGEBNISSE BEACHTEN, WEITER!

Animationsphase I.

Aktionsebene	Organisatorisch – pädagog. Planung	Anreize zur Motivation	Lernmöglichkeiten für die Kinder	Material – Planung	Kontrolle der vorherigen Phase, Ergebnisse beachten, dann weiter !

Animationsphase   II.

AKTIONS – EBENE	ORGANISATORISCH – PÄDAGOG. PLANUNG	ANREIZE ZUR MOTIVATION	LERNMÖGLICHKEITEN FÜR DIE KINDER	MATERIAL – PLANUNG	KONTROLLE DER VORHERIGEN PHASE, ERGEBNISSE BEACHTEN, DANN WEITER !

Phase I.

	Aktions-ebene	Organisatorisch-pädagog. Planung	Anreize zur Motivation	Lernmöglichkeiten für die Kinder	Material-Planung

Kontrolle der vorherigen Phase, Ergebnisse beachten, dann weiter !

183

Phase II.

	AKTIONS – EBENE	ORGANISATORISCH – PÄDAGOG, PLANUNG	ANREIZE ZUR MOTIVATION	LERNMÖGLICHKEITEN FÜR DIE KINDER	MATERIAL – PLANUNG	KONTROLLE DER VORHERIGEN PHASE, ERGEBNISSE BEACHTEN, DANN WEITER !

184

Phase III.

MATERIAL – PLANUNG	LERNMÖGLICHKEITEN FÜR DIE KINDER	ANREIZE ZUR MOTIVATION	ORGANISATORISCH – PÄDAGOG. PLANUNG	AKTIONS – EBENE	KONTROLLE DER VORHERIGEN PHASE, ERGEBNISSE BEACHTEN, DANN WEITER !

Phase IV.

	Aktions – Ebene	Organisatorisch – pädagog. Planung	Anreize zur Motivation	Lernmöglichkeiten für die Kinder	Material – Planung	Kontrolle der vorherigen Phase, Ergebnisse beachten, dann weiter !

Phase V.

MATERIAL- PLANUNG	LERNMÖGLICHKEITEN FÜR DIE KINDER	ANREIZE ZUR MOTIVATION	ORGANISATORISCH- PÄDAGOG. PLANUNG	AKTIONS- EBENE

KONTROLLE DER VORHERIGEN PHASE, ERGEBNISSE BEACHTEN, DANN WEITER !

Phase VI.

	AKTIONS – EBENE	ORGANISATORISCH – PÄDAGOG. PLANUNG	ANREIZE ZUR MOTIVATION	LERNMÖGLICHKEITEN FÜR DIE KINDER	MATERIAL – PLANUNG
KONTROLLE DER VORHERIGEN PHASE, ERGEBNISSE BEACHTEN, DANN WEITER !					

	Phase VII.		Phase VIII.
Aktions- Ebene		Kontrolle der vorherigen Phase, Ergebnisse beachten, dann weiter !	
Organisatorisch- pädagog. Planung			
Anreize zur Motivation			
Lernmöglichkeiten für die Kinder			
Material- Planung			

189

10 Aspekte der Planung und Konstruktion des Arbeitsbuches

10.1 Vorbemerkung

Der folgende Teil richtet sich – gewissermaßen als „Metatext" – an diejenigen interessierten Leser, die unseren Erkenntnishorizont bzw. die damit zusammenhängende Form der didaktischen Bearbeitung genauer kennenlernen und einschätzen wollen.

Er soll die grundsätzlichen Implikationen offenlegen und begründen, die in die Planung und Konstruktion des Arbeitsbuches eingegangen sind. In dieser Darstellung können wir selbstverständlich nicht die gesamte Komplexität unserer theoretischen und praktischen Auseinandersetzungen mit dem Feld Heimerziehung berücksichtigen, die es uns ermöglicht haben, das Arbeitsbuch in der vorliegenden Form zu schreiben; wir beschränken uns daher auf die Aspekte, die den inhaltlichen und didaktischen Aufbau betreffen.

Mit den nachfolgenden Erläuterungen soll gleichzeitig der Beweis dafür angetreten werden, daß Planung und Didaktik keine geheimnisumwitterten Zauberformeln sind, zu denen nur wenige Auserwählte Zugang haben. Die Präsentation unserer gedanklichen Vorüberlegungen und Reflexionen erfolgt vielmehr in der Absicht, die Art und Weise der Bearbeitung des Problemgegenstandes Heimerziehung in einen erklärenden Begründungszusammenhang zu stellen, auf dessen Grundlage der kritische Leser deren Angemessenheit beurteilen soll.

10.2 Das Prinzip „ad hominem"[1]

Wer beabsichtigt, mit einem bestimmten Vorhaben eine bestimmte geplante und kalkulierte Wirkung hervorzurufen, wird zu überlegen haben, wie er diese am besten erreichen kann. Wenn wir also mit dem vorliegenden Arbeitsbuch den Versuch

---

1 Marx hat den Begriff „ad hominem" in folgendem Sinnzusammenhang verwendet: „Die Waffe der Kritik kann allerdings die Kritik der Waffen nicht ersetzen, die materielle Gewalt muß gestürzt werden durch materielle Gewalt, allein auch die Theorie wird zur materiellen Gewalt, sobald sie die Massen ergreift. Die Theorie ist fähig, die Massen zu ergreifen, sobald sie *ad hominem* demonstriert, und sie demonstriert *ad hominem*, sobald sie radikal wird. Radikal sein ist die Sache an der Wurzel fassen. Die Wurzel für den Menschen ist aber der Mensch selbst." MEW Bd. 1, S. 385

unternehmen, das Arbeitsfeld Heimerziehung nicht in erster Linie für einen beliebigen Leserkreis – gleichsam objektivistisch darstellend – zu erklären und zu untersuchen, sondern den in Heimen arbeitenden Pädagogen eine handlungsleitende Hilfestellung für eine verändernde und veränderte Arbeitspraxis zu offerieren, so haben wir über die Reflexion des eigentlichen Bearbeitungsgegenstandes Heimerziehung hinaus den speziellen Personenkreis als Zielgruppe zu berücksichtigen, dem das Buch Nutzen bringen soll. Das bedeutet, daß wir nicht nur *über* eine bestimmte Sache (ad rem), sondern *für* konkrete Menschen (ad hominem) schreiben müssen, wenn wir den avisierten Leserkreis erreichen wollen. Denn „viele politische und pädagogische Pläne sind gescheitert, weil ihre Autoren nur aus ihrer eigenen persönlichen Wirklichkeitsschau heraus geplant und den Menschen in der Situation überhaupt nicht in Rechnung gestellt haben (es sei denn als Objekt ihrer Aktion)"[2]. Will man ein solches Scheitern vermeiden, so erweist es sich auf der einen Seite als notwendig, die objektiven, also „wirklichen" materiellen Arbeits- und Lebensbedingungen von Heimpädagogen einer sorgfältigen Analyse zu unterziehen: „Die Voraussetzungen, mit denen wir beginnen, sind keine willkürlichen, keine Dogmen, es sind wirkliche Voraussetzungen, von denen man nur in der Einbildung abstrahieren kann. Es sind die wirklichen Individuen, ihre Aktion und ihre materiellen Lebensbedingungen, sowohl die vorgefundenen wie die durch ihre eigene Aktion erzeugten. Diese Voraussetzungen sind also auf rein empirischem Wege konstatierbar"[3].

Auf der anderen Seite sind jedoch auch diejenigen Denk- und Verhaltensweisen in die Untersuchungen miteinzubeziehen, die durch die materiellen Lebensbedingungen der konkreten Menschen determiniert sind. Dazu P. Freire:

„Die Untersuchung einer Thematik schließt die Untersuchung des Denkens der Leute ein – eines Denkens, das sich nur in und unter Menschen begibt, die miteinander die Wirklichkeit zu ergründen suchen. Ich kann nicht *für andere*, auch nicht *ohne andere* denken, noch können andere *für mich* denken. Selbst wenn das Denken der Leute abergläubisch oder naiv ist, können sie sich nur ändern, wenn sie ihre Voraussetzungen im Handeln neu durchdenken. Die Erzeugung von Ideen und das Handeln auf ihrer Grundlage – nicht das Konsumieren von Ideen anderer – muß diesen Prozeß konstituieren"[4].

Wir waren also gehalten, ein – wenn man so will – „Gruppenbild" zu montieren aus der materiellen und ökonomischen Lage von Heimerziehern und den davon abgeleiteten Bewußtseinsformen einerseits und aus unseren persönlichen Erfahrungen in extrem unterschiedlichen Fortbildungsprojekten andererseits.

Dieses Bild soll an dieser Stelle nur grob skizziert werden:

---

2 Freire, 1973, S. 77
3 Marx/Engels in MEW Bd. 3, S. 20
4 Freire, 1973, S. 90

- Lohnerzieher[5] sind als Beschäftigte in den sozialen Diensten den von der Revenue[6] lebenden „Mittelklassen"[7] zuzurechnen. Sie erhalten ihre Bezahlung für eine unproduktive Tätigkeit, für die Verwahrung und Versorgung von Minderjährigen.
- Die in erster Linie durch Heimträgerinteressen bestimmten Arbeitsbedingungen verhindern permanent, daß die Resultate der Arbeit im Heim den an die Arbeit herangetragenen Ansprüchen entsprechen[8].
- Diese von tatsächlichen und vermeintlichen Mißerfolgen geprägte Arbeitssituation schlägt sich massiv auf die Verhaltens- und Bewußtseinsstrukturen nieder[9].

„Dieser entfremdete und zutiefst unbefriedigende Charakter der Arbeit führt zu zweierlei Reaktionen: die eine ist das Ideal vollkommener *Trägheit*, die andere eine tiefsitzende, wenn auch oft unbewußte *Feindseligkeit* gegen die Arbeit und gegen jedermann und alles, was damit in Verbindung steht"[10].

Mit diesem Bild vor Augen war es für uns nicht immer einfach, „ad hominem" zu schreiben. Wir hätten mitunter lieber die „ganze Wahrheit", also eher „ad rem" geschrieben. Die Erfahrungen mit den konkreten Menschen in Heimen und die dadurch bei uns ausgelöste Betroffenheit haben es uns dennoch ermöglicht, bei der Buchproduktion in gleichsam dialogischer Weise vorzugehen, so daß wir die Aussage von B. Brecht bekräftigen können, die er „über das Anfertigen von Bildnissen" getroffen hat:

„Es genügt nicht (aus den wahrgenommenen Verhaltensarten auf vermutliche zu schließen, d. Verf.), weil die Menschen nicht ebenso fertig sind wie die Bildnisse, die man von ihnen macht und die man also auch besser nie ganz fertig machen sollte. Außerdem muß man aber auch sorgen, daß die Bildnisse nicht nur den Mitmenschen, sondern auch die Mitmenschen den Bildnissen gleichen. Nicht nur das Bildnis eines Menschen muß geändert werden, wenn der Mensch sich ändert, sondern auch der Mensch kann geändert werden, wenn man ihm ein gutes Bildnis vorhält. Wenn man den Menschen liebt, kann man aus seinen beobachteten Verhaltensarten und der Kenntnis seiner Lage solche Verhaltensarten für ihn ableiten, die für ihn gut sind. Man kann dies ebenso wie er selber. Aus den vermutlichen Verhaltensarten werden so wünschbare. Zu der Lage, die sein Verhalten bestimmt, *zählt sich plötzlich der Beobachter selber*. Der Beobachter muß also dem Beobachteten ein gutes Bildnis schenken, das er von ihm gemacht

---

5 Vgl. dazu Heinsohn/Knieper, 1974, S. 216ff.
6 (Unter „Revenue" ist der Anteil des durch produktive Arbeit erzeugten Mehrwerts zu verstehen, der nicht in die Warenproduktion re-investiert wird, sondern in erster Linie der Realisierung und Sicherung des Systems der Mehrwertgewinnung, letztlich also der kapitalistischen Produktionsweise insgesamt dient. Dazu gehört insbesondere die Bezahlung von Dienstleistungen jeglicher Art. Auch das Budget des Staates – obgleich zum großen Teil durch Steuergelder aufgebracht – bildet in diesem Sinne einen von mehreren Revenueposten.)
7 Vgl. Marx in MEW Bd. 26/II, S. 576
8 Vgl. v. Gustedt/Wendland, S. 34ff. und Eschenhorn/Ruhrberg, S. 12ff.
9 Vgl. dazu Schmidt-Traub, S. 126. In ihrer Untersuchung gaben 89% der befragten Erzieher an, daß sie Heimerziehung für kein erfolgreiches Erziehungsmittel halten.
10 Fromm, 1960, S. 164

hat. Er kann Verhaltensarten einfügen, die der andere selbst gar nicht fände, diese zugeschobenen Verhaltensarten bleiben aber keine Illusion des Beobachters; sie werden zu Wirklichkeiten: Das Bildnis ist produktiv geworden, es kann den Abgebildeten verändern, es enthält (ausführbare) Vorschläge. Solch ein Bildnis machen heißt lieben"[11].

10.3 Das Prinzip von Distanz und Nähe

Wir wollten bei der Konstruktion des Arbeitsbuches bewußt vermeiden, daß die Darstellung von Praxissituationen unvermittelt neben verallgemeinernden, also theoretischen Aussagen steht. Eine Vermittlung dieser beiden Aspekte kann nur dann gelingen, wenn sie sich in stetem Wechsel von induktiver und deduktiver Darstellungsform aufeinander beziehen und in ihrem Wechselverhältnis insgesamt plausibel sind. Diese Plausibilität wiederum darf keine abstrakte sein, sondern muß unmittelbar an die Arbeits- und Vorstellungswelt des lesenden Erziehers gebunden sein.

Für die Organisation der Inhalte des Arbeitsbuches bedeutet dies grundsätzlich, daß einerseits die Inhalte nicht zu nah an den Vorstellungen der arbeitenden Erzieher anknüpfen dürfen; sie hätten in diesem Fall kaum Neuigkeitswert und wären somit ohne erkennbaren Nutzen. Andererseits darf die Präsentation von Inhalten nicht so weit von den jeweiligen Wahrnehmungen und Situationsdefinitionen der Pädagogen entfernt sein, daß sie von ihnen nicht mehr als ihre eigenen wiedererkannt werden können bzw. ihnen so abenteuerlich und/oder abstrakt erscheinen, daß sie sie nicht mehr in ihre Sichtweise integrieren können.

Aus den Untersuchungen von Leon Festinger[12] geht hervor, daß Einstellungen und Meinungen einer Person sich herausbilden im Prozeß der Verminderung und Verstärkung von kognitiven Dissonanzen zwischen Wissen und tatsächlichem Verhalten. So wird eine Person, die über verfestigte und eingeübte Verhaltensmuster verfügt, mehr an den Informationen interessiert sein, die dieses Verhalten bestätigen, als an denen, die ihre Verhaltensweisen und Einstellungen in Frage stellen. Das bedeutet aber auch umgekehrt, daß eine Person dann bereit ist, neue Informationen in ihre Einstellung zu übernehmen, wenn diese geeignet sind, vorhandene Dissonanzen zu vermindern. Der subjektive Ausgleich von unerträglich erscheinenden Dissonanzen ist allerdings nicht gleichzusetzen mit der Aufhebung von objektiven Widersprüchen in der Situation selbst, da diese in der Regel bestehen bleiben. Denn die Sichtweise einer Person spart bei der Wahrnehmung ihrer Lage jene Teile nur aus, die die Dissonanz wieder verstärken würden.

Diese Sichtweise hat notwendigerweise „Lücken, die durch die Zurückweisung von Wahrnehmung entstehen, (sie) werden durch Pseudologik verdeckt. Ihre täuschen-

---

11 Brecht, Bd. 20, S. 169/170
12 Vgl. Festinger, S. 27 ff.

den Aussagen sind durch eine hohe affektive Besetzung geschützt; an sie zu rühren weckt Mißbehagen und oft Angst in einer Stärke, der das kritische Ich nicht gewachsen ist"[13].

Beim Schreiben der „Wahrheit" aus unserer Sicht sind wir also Schwierigkeiten[14] ausgesetzt, die wir nur mit List und Phantasie erfolgreich meistern können. Wir stehen vor dem Problem, das Alltägliche des Erziehers für diesen wieder interessant zu machen. Wir müssen es dabei so verfremden, daß es, außergewöhnlich gemacht, nun wieder lohnend erscheint, den Alltag analysierenden Betrachtungen auszusetzen. B. Brecht hat diesen Verfremdungseffekt für das Theater entwickelt: „Der V-Effekt besteht darin, daß das Ding, das zum Verständnis gebracht, auf welches das Augenmerk gelenkt werden soll, aus einem gewöhnlichen, bekannten, unmittelbar vorliegenden Ding zu einem besonderen, auffälligen, unerwarteten Ding gemacht wird. Das Selbstverständliche wird in gewisser Weise unverständlich gemacht, das geschieht aber nur, um es dann um so verständlicher zu machen. Damit aus etwas Bekanntem etwas Erkanntes werden kann, muß es aus seiner Unauffälligkeit herauskommen; es muß mit der Gewohnheit gebrochen werden, das Ding bedürfe keiner Erläuterungen"[15].

Der Verfremdungseffekt verfolgt den Zweck, dem Leser „... eine untersuchende, kritische Haltung gegenüber dem darzustellenden Vorgang zu verleihen"[16]. Wir haben von daher versucht, die in den Kapiteln 1 bis 6 bzw. Kapitel 9 eingefügten Kurzgeschichten so anzulegen, daß sie den Erziehungsalltag durch die Komprimierung auf problemspezifische Sichtweisen verfremden. Anknüpfend an die bekannten „alten" Erfahrungen des Erziehers werden diese unter „neuen" Sichtweisen präsentiert. Es soll ein Spannungsverhältnis aufgebaut werden, das den lesenden Erzieher dazu verleiten soll, in die Position des Untersuchers der eigenen Lage zu wechseln. Wir beabsichtigen, jene Distanz zu erzeugen, die zu dieser Haltung erforderlich ist, ohne die Erzieher allerdings aus ihrer Betroffenheit und Verantwortlichkeit zu entlassen.

Der Leser soll sich nicht als Objekt der Autoren begreifen, sondern als Subjekt und kritischer Untersucher seiner Lage. Deshalb ist die Darstellung typischer, existenzieller Situationen aus seiner Arbeitswelt in das Buch aufgenommen worden. Auch die thematische Wahl der Kapitel orientiert sich weitgehend an den Beschreibungen, die uns die Erzieher in den Heimen vorstellten.

Aus den bisher vorgenommenen Überlegungen lassen sich auch die Benutzung von Alltagssprache[17] (mit einigen wenigen Einsprengseln mehr analytischer Kategorien) und die Verwendung graphischer Mittel in der Aufbereitung des Textes ableiten. Wir wollten so weitgehend wie möglich dem Eindruck des Lehrhaften oder Gönnerhaften entgehen, um nicht an die negativen Lernerfahrungen der Erzieher aus der Schul- und Ausbildungszeit anzuknüpfen.

13 Mitscherlich, S. 380
14 Vgl. Brecht, Bd. 18, S. 222 ff.
15 Brecht, Bd. 15, S. 355
16 Brecht, a. a. O., S. 341
17 Zur Bedeutung der Alltagssprache vgl. Freire, 1973, S. 79

10.4 Das Prinzip der Provokation von Eigeninitiative

Wenn wir weiterhin davon ausgehen, daß unser Arbeitsbuch für die avisierte Zielgruppe Nutzen haben soll, so ist an dieser Stelle eine wesentliche Einschränkung geboten: Wir sind uns darüber im klaren, daß der intendierte Nutzen im Medium des geschriebenen Wortes selbst seine Grenzen findet. Denn die Rezeption der Inhalte erfolgt wie bei jedem anderen Buch auch in sogenannter Einbahnkommunikation. Ein unmittelbarer Dialog mit Rede und Gegenrede ist also nicht möglich.

Indem wir den Leser oft persönlich ansprechen, um die „nüchterne" und versachlichende Distanz zwischen ihm und den Autoren zu vermindern, oder indem wir ihn an einigen Stellen auffordern, die angebotenen Arbeitsmaterialien nicht im stillen Kämmerlein, sondern gemeinsam mit den Kollegen zu bearbeiten, haben wir zwar versucht, diese Grenzen ein wenig zu verrücken.

Unsere Aufforderungen müssen allerdings dann im Stadium verbaler Appelle steckenbleiben, wenn ihre Lektüre nicht gleichzeitig eine Herausforderung für die Umsetzung in praktisches Handeln darstellt. Doch auch hier bestehen wieder feste Grenzen, deren wir uns bewußt sind:

„Es genügt nicht, daß der Gedanke zur Verwirklichung drängt, die Wirklichkeit muß sich selbst zum Gedanken drängen"[18]!

Es ist also evident, daß wir mit unserem Buchprojekt einen Veränderungsprozeß zunächst nur auf der gedanklichen Seite vorantreiben können; dies allerdings in der Absicht, über verbale Appelle hinaus Eigeninitiative und Handlungsperspektiven von Erziehern zu ermöglichen.

Um dieses Ziel zu erreichen, unterbreiten wir dem Leser konkrete Vorschläge, die zur Veränderung von verkrusteten Heimstrukturen beitragen können und in ihrer Ausführung auch praktikabel erscheinen. So haben wir zu den einzelnen Kapiteln jeweils Arbeitsmaterialien und Fragebögen entworfen, die einerseits im Sinne einer Service-Leistung die Arbeit für den Erzieher direkt erleichtern können, ihn andererseits aber auch anregen sollen, seine eigene, konkrete Arbeitssituation mit der dargestellten fiktiven zu vergleichen.

Wenn unsere konkreten Vorschläge auch vielleicht bisweilen den Eindruck eines rezepthaften „Man-nehme"-Schemas hervorrufen, so ist doch folgendes zu bedenken:

„Die Wahrheit mag oft bedeuten: Kritik üben. Aber die ganze Wahrheit umfaßt den neuen Vorschlag"[19].

Wir können mit einiger Berechtigung von der Vermutung ausgehen, daß die meisten Erzieher in ihrer Arbeitssituation einem erheblichen Leidensdruck ausgesetzt sind, der nur allzu leicht in Resignation umschlägt. Theoretische Erklärungen, die lediglich in der kritischen Reflektion des Bestehenden verhaftet bleiben, würden diese resignativen Tendenzen eher noch verstärken und (meist ohnehin vorhande-

---

18 Marx in MEW Bd. 1, S. 386
19 Brecht, Bd. 16, S. 926

ne) Schuldgefühle und Insuffizienzen bestätigen. Wir haben uns daher bemüht, aus den vorfindlichen Bedingungen des Erziehers heraus Perspektiven mit Verwirklichungschancen aufzuzeigen. Das bedeutet, daß wir in unseren Vorschlägen nicht eine umfassend neue, alternative Erziehungspraxis zusammenhanglos neben eine alte, überkommene stellen, sondern unsere Anregungen sich direkt aus der Verbindung mit den derzeitigen pädagogischen Arbeitsbedingungen ableiten.

Darüberhinaus haben wir uns von folgender Überlegung leiten lassen: Die praktischen Anregungen sollen die Möglichkeit eröffnen, daß Erzieher sich überhaupt erst auf andere, neue Praxis einlassen und im Prozeß der Ausführung selbst zur Organisation von Veränderungen vorstoßen. Denn „jede ‚theoretische‘ Richtung oder Meinungsverschiedenheit muß augenblicklich ins Organisatorische umschlagen, wenn sie nicht bloß Theorie, abstrakte Meinung bleiben will, wenn sie wirklich die Absicht hat: den Weg zu ihrer Verwirklichung zu zeigen ... (...) Eine Fragestellung aber, die die Erkenntnis ihrer Lehren für die Zukunft als Antwort auf die Frage: ‚was nun zu tun sei?‘ auffaßt, stellt das Problem bereits organisatorisch. Sie versucht, in Erwägung der Lage, in der Vorbereitung und Führung der Aktion jene Momente aufzufinden, die von der Theorie *notwendig* zu einem ihr möglichst angemessenen Handeln geführt haben; sie sucht also die *wesentlichen Bestimmungen* auf, die Theorie und Praxis verbinden"[20].

Wenn das Erteilen von Ratschlägen, Hinweisen, Tips und – wenn man so will – „Rezepten" auch mit der Absicht verbunden ist, den Erzieher von seinen „Schuldgefühlen", Insuffizienzen, den Gefühlen der eigenen Inkompetenz und mangelnden Professionalität weitgehend zu entlasten, indem Erklärungsmuster zum Verständnis seiner eigenen beruflichen Situation angeboten werden, so kann dies keinesfalls bedeuten, ihn generell aus seiner pädagogisch-professionellen Verantwortlichkeit zu entlassen. Aus diesem Grund fordern wir (manchmal auch indirekt) zur aktiven Mitarbeit auf. Wir haben bisweilen mehr Fragen als Antworten zu bieten; denn „unsere besseren Mitarbeiter werden diejenigen sein, die durch ungelöste Probleme angelockt werden"[21]. In dieser Hinsicht haben wir also kein „fertiges" und nach allen Seiten hin widerspruchsfreies Konstrukt anzubieten, das ohne Mühe nur noch der Umsetzung bedarf, sondern weisen fragend auf Probleme hin, auf die es keine rezepthafte Antwort gibt und die nur in der und durch die Erziehungspraxis selbst gelöst werden können. Selbst da, wo wir meinten, „schon zu wissen, wie man's machen muß", haben wir versucht, behutsam mit dem umzugehen, was wir für „wahr" oder „objektiv geboten" halten. Unabhängig davon, daß wir in diesem Falle lediglich die „Wahrheiten" von Leuten angeboten hätten, die gerade nicht den Institutionszwängen in ähnlicher Weise unterliegen wie die Pädagogen im Heim, hätten wir uns damit leicht den Vorwurf der Besserwisserei und insofern der Unglaubwürdigkeit einhandeln können.

„Ich habe bemerkt", sagte Her K(euner), „daß wir viele abschrecken von unserer

---

20 Lukács, S. 458/459
21 Brecht, Bd. 16, S. 926

Lehre dadurch, daß wir auf alles eine Antwort wissen. Könnten wir nicht im Interesse der Propaganda eine Liste der Fragen aufstellen, die uns ganz ungelöst erscheinen"[22]?

Zum Schluß dieses Abschnitts sei noch ein einschränkender Hinweis erlaubt, der den schon anfangs geäußerten Gedanken wieder aufnimmt. Wir sehen uns nicht in der Lage, durch den erzeugten Spannungsbogen – auf der einen Seite konkrete, praktikable Vorschläge, auf der anderen Seite offene Fragen – a priori und einigermaßen präzise den direkten Alltagsnutzen für sozialpädagogische Praktiker zu bestimmen. Ein solcher Nutzen kann nur jeweils in der Kontextgebundenheit an bestimmte, konkrete Erziehungssituationen auftreten. Wir hoffen allerdings, den Leser über seine direkten Nützlichkeitserwartungen hinaus zum Weiterlesen „verführt" zu haben.

---

22 Brecht, Bd. 12, S. 382

11 Literaturverzeichnis

AHLHEIM u. a.: Gefesselte Jugend – Fürsorgeerziehung im Kapitalismus, Frankfurt/M. 1972.
AICH, P. (Hrsg.): Da weitere Verwahrlosung droht ... Reinbek 1974.
BASAGLIA, F. (Hrsg.): Die negierte Institution oder die Gemeinschaft der Ausgeschlossenen, Frankfurt/M. 1973.
BERGER, P. L./LUCKMANN T.: Alltagswissen, Institutionen, Legitimierung, In: Steinert, H. (Hrsg.): Symbolische Interaktion, S. 344 ff., Stuttgart 1973.
BERNFELD, S.: Sisyphos oder die Grenzen der Erziehung, Frankfurt/M. 1973.
BERNFELD, S.: Antiautoritäre Erziehung und Psychoanalyse. Ausgewählte Schriften in 3 Bänden, Frankfurt/M.–Berlin–Wien 1974.
betrifft:erziehung, Heft 1/1975
BRECHT, B.: Gesammelte Werke in 20 Bänden, Frankfurt/M. 1967.
BROSCH, P.: Fürsorgeerziehung – Heimterror und Gegenwehr, Frankfurt/M. 1971.
BRÜCKNER, P.: Zur Sozialpsychologie des Kapitalismus, Frankfurt/M. 1973.
BRUSTEN, M.: Prozesse der Kriminalisierung – Ergebnisse einer Analyse von Jugendamtsakten. In: Otto, H.-U./Schneider, S. (Hrsg.): Gesellschaftliche Perspektiven der Sozialarbeit, 2. Halbband S. 85 – S. 125, Neuwied 1973.
BRUSTEN, M./HOHMEIER, J. (Hrsg.): Stigmatisierung, Bände 1 u. 2, Neuwied 1975.
CHIN, R.: System- und Entwicklungsmodelle – ihr Nutzen für den Praktiker. In: Bennis/Benne/Chin (Hrsg.): Änderung des Sozialverhaltens, S. 238 ff., Stuttgart 1975.
DEWEY, J. Demokratie und Erziehung, Braunschweig 1964
Drucksachen des Abgeordnetenhauses von Berlin: V. Wahlperiode, Nr. 1274/18. 9. 70. Bericht über die pädagogische und personelle Situation in den geschlossenen Einrichtungen der Jugendhilfe Berlin 1970.
ESCHENHORN, W./RUHRBERG, G.: Erzieherfortbildung in der Aktion – Projektfortbildung als feldverändernder Faktor – Diplomarbeit PHB 1977.
FESTINGER, L.: Die Lehre von der „kognitven Dissonanz": In: Schramm, W. (Hrsg.): Grundfragen der Kommunikationsforschung, S. 27 ff., München 1968.
FREINET, C.: Die moderne französische Schule, Paderborn 1965.
FREIRE, P.: Pädagogik der Unterdrückten, Reinbek 1973.
FREIRE, P.: Erziehung als Praxis der Freiheit, Stuttgart 1974.
FROMM, E.: Der moderne Mensch und seine Zukunft, Frankfurt/M. 1960.
GOFFMAN, E.: Asyle, Frankfurt/M. 1973.
GOFFMAN, E.: Stigma, Frankfurt/M. 1974.
HEINSOHN, G./KNIEPER, R.: Theorie des Familienrechts. Geschlechtsrollenaufhebung, Kindesvernachlässigung, Geburtenrückgang, Frankfurt/M. 1974.
KOKIGEI, M.: Kooperation zwischen Erzieherinnen, Berlin 1975.
KRAPPMANN, L.: Soziologische Dimensionen der Identität, Stuttgart 1975.
LEC, S. J.: Das große Buch der unfrisierten Gedanken, München 1971.
LICHTENBERG, G. C.: Aphorismen, Frankfurt/M. 1977.
LUKÁCS, G.: Geschichte und Klassenbewußtsein, Darmstadt/Neuwied 1975.
MAGER, R. F.: Lernziele und programmierter Unterricht, Weinheim 1972.
MAGER, R. F.: Zielanalyse, Weinheim 1973.
MAO TSE-TUNG: Über Praxis und Widerspruch, Berlin 1972.
MAKARENKO, A. S.: Ausgewählte pädagogische Schriften, Berlin (DDR) 1967.

MARX, K.: MEW Band 1, Berlin (DDR) 1974.
MARX K./ENGELS, F.: MEW Band 3, Berlin (DDR) 1973.
MARX, K.: MEW Band 26/II Theorien über den Mehrwert, Berlin (DDR) 1974.
MAYNTZ, R.: Soziologie der Organisation, Reinbek 1969.
MILHOFFER, P.: Familie und Klasse, Frankfurt/M. 1973.
MITSCHERLICH, A.: Auf dem Weg zur vaterlosen Gesellschaft, München 1969.
OTTOMEYER, K.: Ökonomische Zwänge und menschliche Beziehungen – soziales Verhalten im Kapitalismus, Reinbek 1977.
POPITZ, H.: Prozesse der Machtbildung. In: Steinert, H. (Hrsg.): Symbolische Interaktion, S. 139 ff., Stuttgart 1973.
PROJEKTGRUPPE HEIMERZIEHUNG: Projektstudium am Beispiel Heimerziehung, Arbeitsmaterialien Sozialarbeit/Sozialpädagogik, Heft 1, Offenbach 1974.
QuaBS 1. Patient Familie – Patient Heim? Berlin 1974.
QuaBS 2. IGFH workshop '75 Rolandseck, Aktionsprojekt, Berlin 1975.
QuaBS 3. QuaBS workshop '76 Altenmelle, Berlin 1976.
QuaBS 4. Internationale Fachgruppenbegegnung zur Thematik geschlossene Unterbringung – Kopenhagen, Berlin 1977.
RICHTER, H. E.: Lernziel Solidarität, Reinbek 1974.
RICHTER, H. E.: Flüchten oder Standhalten, Reinbek 1976.
ROTH, J.: Heimkinder – Ein Untersuchungsbericht über Säuglings- und Kinderheime in der Bundesrepublik, Köln 1973.
SCHEIN, E. K.: Wie vollziehen sich Veränderungen. In: Bennis/Benne/Chin (Hrsg.): Änderung des Sozialverhaltens, S. 128 ff., Stuttgart 1975.
SCHMIDBAUER, W.: Die hilflosen Helfer, Reinbek 1977.
SCHMIDT-TRAUB, S.: Rollenkonflikte der Heimerzieher, Weinheim 1975.
Senator für Familie, Jugend und Sport Berlin: Ausführungsvorschriften über die Unterbringung Minderjähriger in Heimen (HUV) vom 28. 12. 1976, Berlin 1976.
SOUKUP, G.: 7 Thesen zur Didaktik der Heimerzieherfortbildung. In: Neuer Rundbrief 4/72, S. 13 ff., Berlin 1972.
SOUKUP, G.: Die Auswirkungen der sozialen Lage auf die Interessen der Beschäftigten in den sozialen Diensten. Arbeitspapier 6 zur Hauptvorlesung im SS '75, Pädagogische Hochschule Berlin 1975.
SOUKUP, G.: Institutionelle Bedingungen und Erziehungserfolg, unveröffentlichtes Rahmenkonzept eines Referates für den Heilpädagogentag 1977 in Rothenburg.
V. GUSTEDT, R./WENDLAND, R.: Soziale und fachbezogene Lernprozesse im projektorientierten Studium, Diplomarbeit PHB 1975.
WEDEKIND, E.: Heimstrukturen und Erziehersituation. In: Informationsdienst Sozialarbeit, Heft 18, S. 35 ff., Offenbach 1977.

Kinder in fremder Erziehung

Fremdunterbringung – ein heikles Thema. Unsicherheit und Ratlosigkeit haben sich breitgemacht. Nicht nur wegen der knapper werdenden Mittel. Neue Formen sind entstanden. Neben traditionellen Heimen und Pflegefamilien gibt es: Kinderhäuser, Kleinstheime, Jugendwohnkollektive, heilpädagogische Pflegestellen, Verbundsysteme von Heimgruppen und pädagogische Familienhilfe. Praktiker aus diesen Einrichtungen geben Auskunft über diese neuen Wege der stationären Erziehunghilfe und ihre Chancen für die Betroffenen. Was brauchen Kinder und Jugendliche in ihrer Entwicklung? Welche Form der Fremdunterbringung ist für wen am geeignetsten? Das sind die Leitfragen dieses Bandes. Er bietet eine Fülle von Informationen, Anregungen und Entscheidungshilfen für Erzieher und Sozialarbeiter.

Paul G. Hanselmann/Benedikt Weber
Kinder in fremder Erziehung
Heime, Pflegefamilien, Alternativen –
ein Kompaß für die Praxis
1986. 216 S., 20 Abb. Br. DM 26,–
ISBN 3-407-62095-0

Preisänderungen vorbehalten.

Beltz Verlag, Postfach 11 20, 6940 Weinheim

87021-7 9.161/8